W0073116

Kurt Tepperwein

# Die hohe Schule des Erfolgs

## Das 30-Schritte-Programm

Die Deutsche Bibliothek – CIP-Einheitsaufnahme

**Tepperwein, Kurt**
Die hohe Schule des Erfolgs : Das 30-Schritte-Programm /
Kurt Tepperwein – 2. Auflage – Landsberg am Lech : mvg-verl., 2000
  (mvg-Hardcover)
  ISBN 3-478-72300-0

2. Auflage Januar 2000

© by Akademie FKP, FL-9495 Triesen

© 1999 by mvg-verlag im verlag moderne industrie AG, Landsberg
am Lech
Internet: http://www.mvg-verlag.de

Umschlaggestaltung: mvg – J. Wallenstein, Landsberg
Satz: Fotosatz H. Buck, Kumhausen
Druck- und Bindearbeiten: Himmer GmbH, Augsburg
Printed in Germany 072 300/1004502
ISBN 3-478-72300-0

# Inhaltsverzeichnis

# Dreißig Erfolgsschritte für Eilige

## Erfolg – Reich – Sein!

- Manchmal darf es einfach keinen Mißerfolg geben.
- Erfolg ist tatsächlich erlernbar.
- Die Wirklichkeit als Spiegel des eigenen Selbst.
- Wir selbst erschaffen unsere Wirklichkeit.
- Was Sie brauchen, ist eine Idee.
- Das Grundgesetz des Erfolgs.

### Wie man Erfolg unvermeidbar macht:

*1. Schritt:*
Bevor Sie Erfolg haben können, müssen Sie zunächst einmal exakt bestimmen, was Erfolg für Sie bedeutet.Wollen Sie den Erfolg, den Sie derzeit anstreben?

*2. Schritt:*
Ent-wickeln Sie Wohlstandsbewußtsein und lassen Sie Mangelbewußtsein los. Wie Sie die „innere Formel" ändern.
Nie mehr „arbeiten".

*3. Schritt:*
Alle Dinge sind möglich, dem der glaubt.
Der Glaube an sich selbst. Glaube schafft Tatsachen.
Der geheime Sinn des Dankens.

*4. Schritt:*
Sie müssen wissen, **Was** Sie wollen. Bestimmen Sie exakt den erwünschten Erfolg.
Wie Sie die Weichen richtig stellen.
Lassen Sie sich von der Freude führen.

## 5. Schritt:

Sie müssen überhaupt etwas **wollen**. Und Sie müssen es **jetzt** wollen. Möchten und wünschen genügen nicht.
Gebrauchen Sie Ihre Phantasie.

## 6. Schritt:

Optimieren Sie Ihre innere Haltung. Erkennen und lösen Sie Hemmungen und Blockaden.
Wie Sie sich von Angst, Ärger, Streß usw. befreien.
Lassen Sie los, was nicht mehr zu Ihnen gehört.

## 7. Schritt:

Schaffen Sie die inneren Voraussetzungen für den Erfolg.
Selbsterkenntnis und Disziplin.
Denken Sie nicht in Problemen, sondern in Lösungen.
Erfolg ist wichtig, nicht Perfektion.
Richtiger Umgang mit Risiken.
Lernen Sie aus Fehlern und lassen Sie diese dann los.
Lernen Sie die Vorteile einer Krise zu nutzen.

## 8. Schritt:

Finden Sie Ihren eigenen Rhythmus und leben Sie stimmig.
Folgen Sie Ihren Einfällen. Die Kunst des Genießens.

## 9. Schritt:

Die Kunst, die richtigen Partner zu finden. Auch Ihre Herzensentscheidung beeinflußt Ihren Erfolg.
Lernen Sie, die Dinge mit den Augen des anderen zu sehen.
Partnerschaften unterliegen Wandlungen, Entwicklungen und können enden.

## 10. Schritt:

Optimieren Sie die inneren Bilder.
Ihr Selbstbild bestimmt Ihr Leben.
Sie werden das, was Sie fortwährend von sich denken.
Wie Sie Mißerfolgsautomatismen erkennen und auflösen.
Das Leben als Spiegel der inneren Bilder.
Lernen Sie die inneren Bilder bewußt zu lenken.

## 11. Schritt:
Nutzen Sie die Kraft Ihrer Imagination.
Das Geheimnis des Reichtums.
Ereignisse „vorauserleben".
Die Vergangenheit mental umerleben.
Den Seinen gibt's der Herr im Schlaf.
Die hochwirksame „als-ob-Methode".

## 12. Schritt:
Erkennen und nutzen Sie die Macht Ihrer Gedanken.
Denken ist das Bewegen geistiger Energie.
Alles was ist, ist zuvor gedacht worden.
Das Geheimnis der wahren Konzentration.
Wie Sie einen „Gedanken-Laser" schaffen.
Wahres positives Denken lernen.
Nicht das Beginnen, sondern das Durchhalten wird belohnt.
Jeder Rückschlag ist ein „Entwicklungshelfer".
Vom wahren Denken zum positiven Leben.

## 13. Schritt:
Eine neue Einstellung zu Problemen und Schwierigkeiten.
Jedes Problem ist eine Auf-gabe.
Probleme lösen Sie am besten, **bevor** sie entstehen.
Nachlässigkeit ist die häufigste Ursache von Mißerfolgen.
Jedes Problem entsteht im Kopf.
Die sieben Schritte zur Lösung von Problemen.

## 14. Schritt:
Vom richtigen Umgang mit Kritik, Ablehnung und Mißer-
folg. Der beste Lehrer ist die Kritik der anderen.
Ablehnung stört nur, wenn Sie sich selbst ablehnen.
Mißerfolg als Sprungbrett zum eigentlichen Erfolg.

## 15. Schritt:
Erkennen Sie die Chancen, die das Leben Ihnen ständig bie-
tet. Hören Sie auf zu suchen – finden Sie!
Jede Schwierigkeit ist eine verkleidete Chance.
Was bietet Ihnen dieser Augenblick?

*16. Schritt:*
Menschenkenntnis und Selbsterkenntnis.
Der Körper kann nicht lügen.
Wie innen, so außen. Jeder betreibt Physiognomik.
Die vier Schritte zur Selbsterkenntnis.

*17. Schritt:*
Die geistigen Gesetze:
Die Ursache für alles was ist, ist immer geistiger Natur.
Das Gesetz der Harmonie
Das Gesetz der Evolution
Das Gesetz der Schwingung
Das Gesetz der Polarität
Das Gesetz des Rhythmus
Das Gesetz der Analogie
Das Gesetz der Resonanz
Das Gesetz der Fülle
Das Gesetz der Freiheit
Das Gesetz des Denkens
Das Gesetz der Imagination
Das Gesetz des Glaubens
Das Gesetz von Ursache und Wirkung
Das Gesetz des Schicksals
Das Gesetz des Glücks

*18. Schritt:*
Das Geheimnis des ersten Wortes.
Lernen Sie, „subcutan" zu sprechen.
Die Kunst des Zuhörens. Wer redet, sät – wer fragt, erntet.

*19. Schritt:*
Die Kunst, die richtige Entscheidung zu „treffen".
Intuition ist trainierbar. Genialität ist erlernbar.
Den optimalen Zeitpunkt für eine Entscheidung erkennen.
Nur wer richtige Fragen stellt, bekommt richtige Antworten.

## 20. Schritt:

Das als richtig Erkannte auch **tun**. Um eine Sache zu beenden, müssen Sie diese erst beginnen.
Tun Sie, was zu tun ist, und tun Sie es **jetzt**.
Erledigen Sie Unangenehmes sofort.

## 21. Schritt:

Die Zeitqualität beachten – Zeitmanagement.
Wie Sie Ihre „Hochzeiten" erkennen.
Mehr leisten – weniger tun. Die Kultur des Genießens.
Werden Sie ein „Zeit-Pionier".

## 22. Schritt:

Begeisterung ist eine Liebeserklärung an das, was Sie tun.
Nur wer begeistert ist, begeistert auch andere.
Wie Sie sich richtig motivieren. Lieben Sie was Sie tun!
Die Kunst, mitreißende Gedanken zu denken.

## 23. Schritt:

Schaffen Sie sich eine „Erfolgs-Aura".
Wie Sie Charisma entwickeln. So öffnen sich alle Türen.

## 24. Schritt:

Halten Sie durch, bis zum Erfolg.
Ein Mißerfolg ist immer nur ein Zwischenergebnis
und der beste Lehrmeister für den endgültigen Erfolg. Das Geheimnis von Ausdauer und Beharrlichkeit.

## 25. Schritt:

Ändern Sie sich nicht – treten Sie hervor.
Erkennen Sie, wer Sie wirklich sind – **Sie selbst!**
Schritte zu sich selbst.
Ihr Leben sei Ihre Botschaft.

## 26. Schritt:

Erkennen Sie den Sinn Ihres Lebens.
Was ist Ihre wahre Berufung?
Beruf ist etwas **wofür**, nicht **wovon** man lebt.
Arbeiten, um Geld zu verdienen, hält den Erfolg in Grenzen.

*27. Schritt:*
Das Leben ist ein Spiel.
Im Spiel des Lebens können Sie nur gewinnen.
Macht das Leben keine Freude, machen Sie etwas falsch.
Das Karriere-Spiel. Das Leben spielt auch „Monopoly".

Der Tod im Spiel des Lebens.

*28. Schritt:*
Der wichtigste Augenblick Ihres Lebens ist **jetzt**. Leben können Sie weder vorher, noch nachher, sondern nur jetzt.
Wunder gibt es immer wieder. Ein erfülltes Leben leben.

*29. Schritt:*
Leben im Tao. Vom Haben-wollen zum Sein.
Wer seine Mitte gefunden hat, steht im Mittelpunkt.
Leben in der „Leichtigkeit des Seins".
Der Weg ist das Ziel. Genießen Sie also Ihren Weg.
Begnügen Sie sich nicht mit weniger als dem Allerbesten.

*30. Schritt:*
Integrieren Sie alle Schritte in das eigene Sein zu Ihrem unverwechselbaren, einmaligen Leben.
Sie sind ein Gewinner. Erfolg und Erfüllung.
Ein neues Abenteuer kann beginnen.

# Einführung

*Das Leben ist zu wichtig,*
*um es dem Zufall zu überlassen!*

Ich gratuliere Ihnen, daß Sie eine Voraussetzung für den Erfolg schon mitbringen – Sie wissen offensichtlich, wofür es sich lohnt, sein Geld, seine Zeit und sich selbst einzusetzen, nämlich für die beste Investition, die es gibt, die Investition in sich selbst. Wenn Sie dieses Buch gelesen haben, wissen Sie: **Erfolgreich sein, kann man lernen!** Denn der Erfolg gehorcht ganz einfachen Gesetzen. Sobald Sie diese kennen und befolgen, ist der Erfolg nicht mehr aufzuhalten.

Überfluß ist ein natürliches Gesetz des Universums. Wohin Sie schauen, ist die Natur geradezu verschwenderisch großzügig. Und doch ist ebenso offensichtlich, daß es vielen nicht gelingt, an dieser Fülle teilzuhaben, weil sie nicht wissen, daß sie selbst die Ursache für Erfolg oder Mißerfolg in sich tragen. Jeder bekommt vom Leben das, was er verursacht. Jeder gestaltet seine Verhältnisse selbst durch sein Verhalten. Es gibt daher weder unverdientes Glück, noch unverdientes Leid, sondern nur Ursache und Wirkung. Der einzige Mensch, der Sie erfolgreich und glücklich machen kann, sind Sie selbst. Allerdings sind Sie auch der einzige, der Sie unglücklich machen kann. Die meisten Menschen können ihre Wünsche nicht verwirklichen, weil sie ihr Denken nicht beherrschen, weil sie nicht Meister ihrer Gedanken sind. Sie denken hin und her und zerstreuen so das wunderbare Potential ihrer schöpferischen Urkraft, anstatt sie konzentriert auf ein Ziel zu lenken und dadurch zu erreichen, was immer sie wollen. Sie wollen Geschenke vom Leben erhalten und vergessen, daß sie nur ernten können, was sie gesät haben. Doch liegt es in der Freiheit Ihrer Wahl zu säen, was immer Sie wollen. Die Fülle wartet darauf, für Sie in Erscheinung zu treten – Sie brauchen nur zu säen.

# Alles ist möglich!

Ich habe beruflich viel mit Menschen zu tun und bin immer wieder erstaunt, wie wenige ihr Leben bewußt gestalten. Die meisten wissen nicht einmal, was sie wollen, und die wenigen, die es wissen, sehen kaum Möglichkeiten, ihre Wünsche zu realisieren. Mit diesem Buch möchte ich Ihnen zeigen, wie Sie Schritt für Schritt Ihre Probleme lösen, Ihre Wünsche erfüllen und Ihre Ziele sicher erreichen können.

Wenn Sie dieses Buch gekauft haben, um spirituell zu wachsen, finden Sie darin Anleitungen, wie Sie geistig erfolgreich werden, wie Sie achtsam und gelassen durchs Leben gehen können, wie es Ihnen möglich wird, im **Tao** zu leben und so erfolgreich die Schöpfungsidee Mensch verwirklichen können.

Da wir in einer Welt der Materie leben, werde ich hier aber auch aufzeigen, wie Sie sich ganz materielle Wünsche erfüllen können, wie Sie gesund und fit bleiben, wie Sie Glück verursachen und Ihr Recht auf Reichtum hier und jetzt verwirklichen.

Sie alle kennen sicher die Geschichte vom „Geist in der Flasche". Auch wir haben den Geist, die schöpferische Urkraft eingesperrt in die Flasche der Begrenzung unserer Vorstellung. Die schöpferische Urkraft an sich aber ist grenzenlos und kann alles verwirklichen, was Sie denken und glauben können. Sie sollten Ihrer Phantasie freien Lauf lassen, wieder lernen zu träumen und dem Leben gestatten hervorzubringen, was immer Sie wollen. Doch wer hat schon leben gelernt, und wo sollte man es auch gelernt haben? Wo lernt man erfolgreich zu sein und glücklich zu werden? In der Schule, an der Universität oder in der Berufsausbildung haben Sie sicher viele Kenntnisse erworben, vielleicht auch Fähigkeiten entwickelt und entfaltet. Aber haben Sie da auch gelernt, wie man Freunde gewinnt, wie man eine Persönlichkeit wird, wie man erfolgreich wird und das Leben wirklich genießt? Wohl kaum. Sie haben Ausbildungen durchlaufen und Prüfungen bestanden, aber zwischen den Lehrinhalten, wie sie Schule, Universität oder Lehre vermitteln und dem, was Leben wirklich ausmacht, liegen Welten.

Persönlichkeitsentfaltung, Selbstverwirklichung oder Glück sind keine Lehrfächer unserer auf Wissensvermittlung eingestellten Lehranstalten. Das alles lernt man erst in der Schule des Lebens, und dabei sind Sie Ihr wichtigster Lehrer. Glück ist nichts anderes, als das Zusammentreffen von guter Vorbereitung und günstiger Gelegenheit. Der kürzeste Weg zum Erfolg ist, sich die Erfahrungen und Erkenntnisse erfolgreicher und weiser Menschen anzueignen und sie in das eigene Leben individuell und maßgerecht einzubauen. Es gibt unzählige vom Schicksal begünstigte Menschen, die alle Voraussetzungen, Begabungen und Möglichkeiten für ein erfolgreiches und erfülltes Leben mitbringen, aber sie vertun ihre Zeit mit allen möglichen Zerstreuungen. Andere besitzen nur einen Bruchteil der Talente und Erfolgsmöglichkeiten, nutzen diese aber konsequent aus und bringen es so zum Meister ihres Faches. Es ist also nicht entscheidend, unter welchen Umständen wir leben, sondern wie wir damit umgehen und was wir daraus machen.

So war J. B. Shaw in der Schule schlecht in Rechtschreibung, und Albert Einstein wurde gar von der Schule verwiesen, weil er geistig träge sei. Dale Carnegie kam aus so ärmlichen Verhältnissen, daß er nicht einmal die nötige Schulkleidung besaß und wurde doch einer der bekanntesten Erfolgsautoren und Lebenslehrer. Das erinnert mich an eine kleine Geschichte:

In einer Kleinstadt hatte sich der Schulrat in der Grundschule angesagt, blieb aber unterwegs stecken, weil sein Auto streikte. Während der Schulrat noch ziemlich ratlos vor seinem Auto stand, kam ein Schuljunge vorbei, sah den hilflosen Mann und fragte, ob er helfen könne. In seiner Not meinte der Schulrat: „Verstehst Du denn etwas von Autos?" Der Junge redete nicht lange, ließ sich Werkzeug geben, hantierte eine Weile unter der geöffneten Motorhaube und bat, den Wagen einmal zu starten und – er lief wieder. Der Schulrat bedankte sich bei dem Jungen, wollte dann aber doch wissen, warum er zu dieser Zeit nicht in der Schule sei. „Nun," meinte der Junge „heute kommt in unserer Schule der Schulrat zu Besuch, und weil ich der Dümmste in der Klasse bin, hat mich der Lehrer nach Hause geschickt." Es ist nicht bekannt, was aus dem Jungen geworden ist, aber mit Sicherheit kann man sagen, daß er seinen Weg gemacht hat, denn er wußte, was er wollte und machte sich auch an unerwartete und unbekannte Aufgaben heran. Vieles wird nur deswegen nicht erreicht, weil es nie versucht wird. Wir brauchen uns nur bewußt zu machen, wo unsere Gaben liegen, dann wissen wir auch, wo unsere Aufgaben liegen. Wenn wir dann noch die Zeit nutzen, sind wir schon auf der Straße des Erfolgs. Denn wie heißt es schon in der Bibel: „Noah baute seine Arche bei schönem Wetter!"

So wie die Natur in jeder Hinsicht verschwenderisch ist, haben auch Sie ein natürliches Recht auf Reichtum. Dazu brauchen Sie nur Ihre natürlichen Geisteskräfte zu aktivieren. Die Physik lehrt uns: Nichts kommt von nichts. Sie aber können aus dem Nichts einen Gedanken erschaffen, der vorher nicht da war und der nicht eher ruht, bis er das erschaffen hat, was er beinhaltet. Der Gedanke ist eine unsichtbare und unfühlbare aber hochwirksame Kraft, die aus dem unbegrenzten Bereich der Möglichkeiten in Erscheinung treten läßt, was immer Sie denken und glauben können.

Die Kraft, die Sie arm hält, ist die gleiche, die Sie reich machen kann. Dieser latente Reichtum ist Ihr geistiges Erbe und wartet darauf, daß Sie ihn „in Erscheinung treten lassen". Sie wurden geboren, um in der Fülle zu leben, so wie es Ihrer Natur entspricht. Wenn Sie die Gesetzmäßigkeiten des Erfolgs kennen, diese Schritt für Schritt anwenden, werden Erfolg und Reichtum unvermeidbar.

Dazu gehört auch, daß Sie nie mehr arbeiten, denn solange Sie noch arbeiten, können Sie nicht erfolgreich sein. Arbeiten heißt, um Geld zu verdienen etwas zu tun, was man sonst nicht tun würde. Es ist jedoch eine unverzichtbare Voraussetzung für den Erfolg, nur noch das zu tun, was Freude macht. Denn was Sie gern tun, das tun Sie auch gut, und was Sie wirklich gut machen, das wird vom Leben gut bezahlt. Übrigens „verdient" man nur in der deutschen Sprache sein Geld. Die Ungarn suchen es, die Engländer ernten es und die Franzosen gewinnen es.

Sie sind geboren, um das Spiel des Lebens zu genießen, aber genießen Sie es wirklich? Glauben Sie, daß Sie erfolgreich werden könnten, indem Sie sich zwingen etwas zu tun, das Ihnen keine Freude bereitet? Vergessen Sie diese Taktik, denn so geht es nicht. Alle erfolgreichen Menschen hatten, bei allen Unterschieden, eines gemeinsam: Sie hatten Freude an dem, was sie taten. Deshalb wurden sie zu einem erfolgreichen Ausdruck ihres Lebens und hatten zudem viel Spaß dabei. Wahrer Erfolg und Freude sind nicht voneinander zu trennen, denn erst miteinander werden sie zu einem erfüllten Leben. Tun Sie ab heute nur noch das, was Ihnen gefällt. Das ist das ganze Geheimnis eines erfüllten Lebens. Betrachten Sie das Leben von der heiteren Seite. Und wenn Ihnen wirklich einmal eine Seite Ihres Daseins nicht gefällt, blättern Sie einfach um. Das wahre Leben wartet auf Sie!

Jeder Augenblick ist einmalig. Noch nie hat es diesen Augenblick gegeben, und in aller Ewigkeit wird es diesen Augenblick nicht noch einmal geben. Das ganze Leben ist eine ewige Premiere. Sie halten auch ein einmaliges Buch in den Händen. Denn noch nie hat ein Mensch dieses Buch so gelesen, wie Sie. Noch nie hat jemand die gleichen Erkenntnisse daraus gewonnen, die gleichen Konsequenzen gezogen. Das einzig Gemeinsame ist, daß sie alle dieses Buch als Gewinner lesen, denn sobald Sie dies erkannt haben, wissen Sie, daß Sie im Spiel des Lebens nur gewinnen können. Das heißt vor allem, daß **keiner** zu verlieren braucht. Einen wahren Sieg gibt es nur, wenn alle Beteiligten dabei gewinnen, auch wenn Ihnen das im Augenblick vielleicht noch unmöglich erscheint.

Ich hatte viele Jahre den folgenden Spruch über meinem Schreibtisch hängen:

---

### Die Hummel

Die Hummel hat 0,7 cm$^2$ Flügelfläche
bei 1,2 Gramm Gewicht.
Nach den bekannten Gesetzen der Aerodynamik
ist es unmöglich, bei diesem Verhältnis zu fliegen.

*Die Hummel weiß das aber nicht und fliegt einfach!*

---

Lassen Sie sich nicht mehr von anderen einreden, daß dieses oder jenes nicht machbar sei. Tun Sie es und beweisen Sie sich und den anderen, daß es eben doch geht – man muß es nur tun!

Dieser Tag ist Ihr Tag, dieser Augenblick gehört nur Ihnen, wartet darauf, von Ihnen mit dem erfüllt zu werden, was **Ihnen** wichtig ist. Nutzen Sie diesen einmaligen Augenblick, denn er wird Ihnen nie wieder begegnen.

Sie werden diesen Weg kein zweites Mal gehen können.

Gehen Sie ihn als Gewinner!

# Erfolg – Reich – Sein!

*Erfolgreich sein kann man lernen*
*wie man eine Fremdsprache lernt.*

Schon als junger Mann faszinierten mich die Erfolgreichen dieser Welt, und ich bemühte mich, dem Geheimnis ihres Erfolges auf die Spur zu kommen. Meine erste Entdeckung war, daß die Erfolgreichen keineswegs weniger Mißerfolge hatten als die weniger Erfolgreichen, eher war das Gegenteil der Fall, aber der wichtigste Unterschied bestand darin, daß sie nicht aufgaben. Der Erfolglose scheitert beim ersten Mißerfolg. Die Erfolgreichen aber betrachteten offensichtlich einen Mißerfolg nur als ein Zwischenergebnis auf dem Weg zum eigentlichen Erfolg. Ja, der Mißerfolg schien sie eher noch zu beflügeln, ihre Anstrengungen weiter zu erhöhen. Oft stellte sich der Erfolg erst nach einer ganzen Serie von Mißerfolgen ein, aber anstatt sich entmutigen zu lassen, lernten sie aus dem Mißerfolg, es beim nächsten mal besser zu machen. Und eine einmal angefangene Sache war eben erst abgeschlossen, wenn sie erfolgreich beendet werden konnte.

Seit dieser Erkenntnis habe ich **jedes** Vorhaben erfolgreich abschließen können, weil ich vorher nicht aufgab. Ich kann Ihnen sagen, es ist ein wunderbares Gefühl, nicht nur erfolgreich zu sein, sondern **in jedem einzelnen Fall** erfolgreich zu sein. Der Weg zum Erfolg ist oft mit Mißerfolgen gepflastert, aber in Wirklichkeit ist jeder sogenannte Mißerfolg nur eine Botschaft des Lebens, daß es so nicht geht, eine Aufforderung, die Lektion zu lernen und es beim nächsten Mal besser zu machen. So wird der scheinbare Mißerfolg zum wichtigsten Lehrer auf dem Weg zum Erfolg. Lernen auch Sie diese Lektion, und der Erfolg ist Ihnen absolut sicher!

Nun gibt es Menschen, die lernen eine Lektion gleich beim ersten Mal und andere, die brauchen eine mehrfache Wiederholung, bevor sie sie verstanden haben. Es gibt sogar einige, die scheinen auch aus schmerzhaften Erfahrungen nichts zu lernen und wiederholen ständig die gleichen, unangenehmen Lektionen.

Mitunter aber darf es im Leben einfach keinen Mißerfolg geben. Wie z.B. bei dem Mann, der mit der Bitte, ihn zu sterilisieren, zum Arzt kam. „Nun,“ meinte der Arzt, „das ist ein ganz entscheidender Schritt. Haben Sie sich das auch reiflich überlegt?“ „Hören Sie,“ drängte der Mann, „ich habe es eilig, wollen Sie mich nun sterilisieren oder nicht?“ „Gut,“ sagte der Arzt, „wenn Sie sich wirklich entschieden haben…“ und sterilisierte ihn. Draußen fragte ihn sein Freund, der auf ihn gewartet hatte: „Warum dauerte das denn so lange? Bist Du denn jetzt wenigstens geimpft?“ „Ach richtig,“ meinte der Mann, „impfen, das ist das Wort, das mir beim Arzt nicht eingefallen ist.“

Wenn Sie erfolgreich sein wollen, müssen Sie zunächst einmal klären, was das eigentlich ist – Erfolg? Hier hilft Ihnen die Weisheit der Sprache weiter. Erfolg kommt von erfolgen. Das heißt, wenn jemand etwas tut, dann erfolgt etwas. Immer, wenn jemand etwas tut, erfolgt etwas. Das heißt:

## Jeder hat immer Erfolg!

Denn ganz gleich, was Sie tun, irgend etwas erfolgt. Die Wirkung wird immer in Qualität und Quantität der Ursache entsprechen. Lassen Sie mich das an dem folgenden Beispiel zeigen:

Nehmen wir einmal an, Sie machen mit einem Freund einen kleinen Wettbewerb, wer einen Stein am weitesten werfen kann. Jeder sucht sich einen etwa gleich großen Stein, dann nehmen Sie Anlauf und werfen Ihren Stein. Nun gibt es drei Möglichkeiten:

1. Sie werfen den Stein am weitesten, dann haben Sie ihr Ziel erreicht.
2. Ihr Freund wirft den Stein weiter als Sie, dann haben Sie Ihr Ziel, zu gewinnen, nicht erreicht.

3. Der Stein landet in der Fensterscheibe eines Nachbarn, dann haben Sie eine unbeabsichtigte Wirkung erzielt und tragen natürlich auch die Konsequenzen: Sie müssen die Scheibe bezahlen, auch wenn Sie immer wieder beteuern, daß das gar nicht in Ihrer Absicht lag.

Die Größe des Steines entspricht dem Umfang dessen, was Sie in Tätigkeit setzen.

Die Wucht, mit der Sie den Stein werfen, entspricht Ihrer Motivation.

Das Ergebnis entspricht Ihrer Fähigkeit zu zielgerechtem Handeln.

Wenn Sie einen kleinen Stein mit geringer Kraft gegen eine Scheibe werfen, erzeugen Sie bestenfalls ein Geräusch als Wirkung, und das kann ja auch durchaus in Ihrer Absicht liegen. Wenn Sie einen kleinen Stein aber mit großer Wucht gegen die Scheibe werfen, wird sie kaputt gehen, egal, ob das in Ihrer Absicht liegt oder nicht.

Werfen Sie einen großen Stein, braucht es keine große Kraft mehr, um zum gleichen Ergebnis zu kommen.

Aus diesem einfachen Beispiel können Sie erkennen, daß Sie in jedem Fall Erfolg hatten. Sie hatten die Absicht, einen Stein zu werfen, und das ist dann auch erfolgreich geschehen. Wir nennen es aber nur Erfolg, wenn das Ergebnis mit unserer Absicht übereinstimmt. Stimmt das Ergebnis nicht mit unserer Absicht überein, nennen wir das einen Mißerfolg.

Erfolg ist also nichts anderes als die Wirkung, die auf eine Handlung erfolgt. Je mehr Handlungen Sie ausführen, desto mehr erfolgt, desto erfolgreicher sind Sie. Aber erst, wenn die meisten Ihrer Handlungen zum erwünschten Ergebnis führen, werden Sie sich wirklich erfolgreich nennen können.

Sollte es beim ersten Mal nicht gelingen, bleibt Ihnen immer noch die Möglichkeit der Wiederholung, denn Beharrlichkeit führt immer zum Ziel. Nicht umsonst heißt es:

# Dem Menschen wäre nichts unmöglich, hätte er die Beharrlichkeit

## Es gibt keine Fehlleistung

Hinter jeder Wirkung steckt immer eine entsprechende Ursache. Wenn sich jemand beim Geschirrspülen so ungeschickt anstellt, daß immer wieder ein Teil zerbricht, dann zeigt das, daß er sich bewußt oder unbewußt dagegen wehrt, Geschirr zu spülen. Wenn jemand etwas „vergißt", dann steht auch da eine bewußte oder unbewußte Absicht dahinter, und so wird alles zur Botschaft. Wir sind von Natur aus erfolgreich, und wenn das Ergebnis unserer Handlungen mit unseren Absichten übereinstimmt, dann übernehmen wir auch gern dafür die Verantwortung und sagen: „Ich habe diese Firma aufgebaut, mir dieses Haus erarbeitet." usw. Entspricht das Ergebnis jedoch nicht unserer Absicht, dann sind die anderen schuld. Die Unzuverlässigkeit der Menschen, das Versagen der Politiker, die falsche Erziehung der Eltern, die Unfähigkeit der Lehrer, der Chef, der mich nicht meinen Fähigkeiten entsprechend einsetzte, die wirtschaftliche Lage oder das Wetter – nur eben nicht ich!

## Aber es gibt zum Glück keine „Zu-fälle".

Es gibt nur Ursache und Wirkung, und es erfolgt das, was Sie verursachen, nicht das, was Sie haben wollen oder dringend brauchen. Erfolg ist nicht nur selbstverständlich, er ist einfach unvermeidbar und nichts Besonderes. Worauf es ankommt, ist, durch zielgerechtes Verhalten die richtigen Ursachen zu setzen, damit die erwünschten Wirkungen hervorgerufen werden. Denn Sie tragen die Folgen, egal, ob sie angenehm oder unangenehm sind. Daher sollten Sie die Ursachen auch bewußt setzen.

Haben Sie aber einmal die Erfahrung gemacht, daß durch Ihr Tun eine Scheibe zu Bruch ging, dann werden Sie beim nächsten Mal aufpassen, „daß nicht wieder etwas passiert".

Sie werden vermutlich einen kleineren Stein wählen, behutsamer werfen und vermutlich weder eine beabsichtigte, noch eine unbeabsichtigte Wirkung erzielen. Sie haben gerade „erfolgreich" verursacht, daß „nichts passiert" und damit unmerklich einen Mißerfolgsmechanismus geschaffen.

### Erfolg ist tatsächlich erlernbar

Es kann sein, daß Sie sich auch einmal anstrengen müssen, aber der Weg zu Erfolg und Reichtum ist nie ein Weg harter Arbeit. Vielmehr ist es ein Weg, zunächst einmal die Erfolgshindernisse zu erkennen und aufzulösen, Ballast abzuwerfen, dann seine Fähigkeiten zu erkennen und diese optimal einzusetzen und die Chancen zu nutzen, die das Leben ständig bietet.

Ob Sie gesund und erfolgreich sind, oder arm und krank, es kostet Sie die gleiche Energie, nur ist das eine wesentlich angenehmer. Wenn Sie im Mangel leben, zeigt das, daß Sie etwas falsch machen, es bietet sich Ihnen aber auch in jedem Augenblick die Chance, es zu ändern. Die erforderliche Änderung ist **immer** eine Änderung **Ihres** Bewußtseins, **Ihrer** inneren Überzeugungen, Bilder und Verhaltensmuster. Denn **dort** entstehen die Ursachen für das, was wir Schicksal nennen. Erfolg hat wenig mit Intelligenz und Fleiß zu tun, obwohl beides zeitweise ganz hilfreich sein kann. Aber es gibt genügend intelligente und fleißige Menschen, die es nie im Leben zu etwas bringen werden, da sie ihr Bewußtsein nicht gezielt einsetzen. Jeder Mensch hat seine Chance, erfolgreich zu werden und zu sein!

Nehmen wir einmal an, Sie arbeiten derzeit 8 Stunden täglich und verdienen 5.000 DM im Monat. Wenn Sie 20.000 DM verdienen wollen, werden Sie das sicher nicht dadurch erreichen, daß Sie viermal soviel arbeiten – also 24 Stunden täglich –, denn gelegentlich müssen Sie auch etwas schlafen. Schließlich wollen Sie Ihren Wohlstand auch genießen, und dazu brauchen Sie ebenfalls Zeit. Sie können also Ihre Arbeitszeit nicht einfach verdoppeln, aber

# Sie müssen die Qualität Ihrer Leistung erhöhen!

Das heißt letztlich, in weniger Zeit mehr und besseres leisten. Mit Hilfe der Intuition die richtigen Entscheidungen treffen und diese mit zielgerechtem Handeln ohne Umwege verwirklichen. Noch etwas sollten Sie beachten: Ein wirklich erfolgreiches Leben zu leben heißt, Erfolg und Erfüllung zu finden. Das können Sie nur erreichen, indem Sie die in Ihnen liegende Lebensabsicht erkennen und erfüllen – indem Sie sich selbst erfüllen. Natürlich genügt es auch nicht, das zu wissen oder davon zu träumen. Wenn Sie davon träumen können, dann können Sie es auch verwirklichen. Erst das führt zu Erfolg und Erfüllung. Das wäre doch ein Ziel, für das es sich lohnt zu leben.

Sie müssen sich für das „resonanzfähig" machen, was Sie in Ihrem Leben anziehen und manifestieren wollen. Sie müssen das Gesetz von Ursache und Wirkung kennen und die Quelle Ihrer Kraft – die **ich bin!**

Dieses Buch ist eine einzige Aufforderung, erfolgreich und damit wohlhabend und glücklich zu sein. Sie sind tatsächlich verpflichtet, wohlhabend und glücklich zu werden, denn Sie sind hier, um die geistigen Gesetze zu erkennen und zu befolgen. Die automatische Wirkung davon ist Wohlstand und Glück. Sobald Sie sich auf **sich selbst** besinnen und Ihre unbegrenzten Möglichkeiten nutzen, fällt Ihnen der Erfolg als logische Folge in den Schoß. Die Kenntnis und das Befolgen der geistigen Gesetze macht Sie geradezu magnetisch für Erfolg, Gesundheit und Wohlstand!

**Positiver Erfolg ist das, was erfolgt,
wenn Sie richtig denken und handeln!**

Erfolg ist kein Geschenk, sondern muß geschaffen werden. Auch der günstigste Zufall fällt immer nur dem zu, der das Gesetz von Ursache und Wirkung befolgt hat.

Vielleicht sollten Sie sich auch einmal fragen, warum Sie mehr Erfolg haben möchten. Haben Sie wirklich Freude am Erfolg oder wollen Sie nur anderen damit imponieren? Können Sie sich an Ihrem Erfolg erfreuen, ohne mit anderen darüber zu sprechen, oder suchen Sie eigentlich Aufmerksamkeit, Achtung und Anerkennung? Wenn Sie das bei anderen suchen, könnte es sein, daß Sie sich selbst nicht genug Aufmerksamkeit und Achtung schenken!

Die Bereiche, in denen wir vor allem Erfolg haben möchten, sind eine gute Gesundheit, wirtschaftliche Unabhängigkeit und eine erfüllende Partnerschaft. Doch sobald wir das erreicht haben, werden wir anspruchsvoller. Wir suchen berufliche Anerkennung, Ruhm oder Macht, wir sammeln seltene oder kostspielige Dinge, gehen ungewöhnlichen Hobbies nach. Aber alles das kann unser Interesse nicht lange befriedigen, denn der Mensch neigt dazu, das Interesse an den Dingen schnell wieder zu verlieren, die er gerade mit großer Mühe erworben oder errungen hat. Tief in uns selbst wissen wir, daß wir eigentlich auf der Suche nach etwas ganz anderem sind, auf der Suche nach einem inneren Schatz, nach uns selbst!

# Sie sind der Schöpfer Ihres Schicksals

*Viele intelligente Menschen halten sich für klug,*
*weil sie den Unterschied nicht kennen und zeigen damit,*
*daß sie so intelligent auch wieder nicht sind.*

Es ist Ihre natürliche Bestimmung, erfolgreich zu sein, in allem, was Sie tun. Mit Ihrem Erfolg können Sie vielen helfen. Ihr Versagen dagegen würde keinem nützen. Bei richtiger Nutzung wird jeder scheinbare Mißerfolg zum Sprungbrett für den eigentlichen Erfolg. Erfolg bedeutet auch sehr viel mehr als die Befriedigung des persönlichen Ehrgeizes, denn diese Welt braucht Ihren Erfolg, und so ist es geradezu Ihre Pflicht, erfolgreich zu sein. Die Welt ist auch bereit, die Fülle für Sie in Erscheinung treten zu lassen. Sie brauchen nur durch Kenntnis der geistigen Gesetze des Erfolgs und der Gedankendisziplin Ihre „Empfangsberechtigung" nachzuweisen. Wir alle sind freie Menschen, die ihre eigene Zukunft frei gestalten können, und nicht die Opfer eines dunklen Schicksals. Das Leben wartet darauf, daß Sie ihm klar sagen, was Sie wollen, daß Sie dieses klare, zielgerichtete Wollen in Ihrem Bewußtsein festhalten, bis der Inhalt sich verwirklicht hat. Ereignisse sind keine Schicksalsfügungen, die einfach passieren und die Sie hinnehmen müssen, sondern es sind manifestierte Bewußtseinsinhalte.

Ob Sie in Armut leben oder erfolgreich sind, ob Sie immer wieder „Pech" im Leben haben oder 6 Richtige im Lotto, das alles kann Ihnen nur widerfahren, wenn Sie es verursachen, indem Sie es tief in Ihrem Inneren glauben. Ihr inneres Bild von sich selbst und Ihrem Schicksal prägt eben dieses Schicksal. Wenn Sie sich im Innersten nicht wert fühlen, wirklich Erfolg zu haben, wird er Ihnen ein Leben lang versagt bleiben, auch wenn Sie im Außen noch so fleißig sind. In Ihrem Innersten, und nur dort, fällt die Entscheidung, und Sie können sie in jedem Augenblick ändern, haben in jedem Augenblick aufs neue die Wahl. Dort entscheidet sich auch, ob Sie ein Vorhaben verwirklichen können oder nicht.

Ob Sie glauben, eine Aufgabe zu schaffen oder nicht, Sie werden **auf jeden Fall** recht behalten !

Jeder bekommt nur das, was er verursacht. Nicht mehr, nicht weniger und nichts anderes. Sie haben immer die Wahl!

### Was Sie brauchen, ist eine IDEE!

Sie haben schon viel erkannt. Was jetzt noch fehlt, ist eine zündende, wirklich erfolgreiche Idee. Weil Ihnen das alles zu langsam geht, könnten Sie auf die Idee kommen, eine Bank zu überfallen. Doch Sie brauchen nur eine Zeitung aufzuschlagen, um zu erkennen, daß selbst Experten immer wieder daran scheitern. Daran ändert auch nichts, daß es gelegentlich immer wieder einmal gelingt. Sie als Laie würden mit an Sicherheit grenzender Wahrscheinlichkeit gefaßt werden. Das bedeutete, daß Sie dann ein längeres Stipendium auf einer der „staatlichen Hochschulen für angewandte Kriminalität", besser bekannt als Gefängnis, bekämen. So mit 10 Jahren könnten Sie rechnen. Dort erhielten Sie eine sehr gründliche Ausbildung. Das Dumme wäre nur, daß man Sie nicht gehen ließe, bevor Ihre Ausbildung wirklich abgeschlossen wäre. Sie könnten auf die Idee kommen, es danach nochmals zu versuchen, aber Sie würden nur feststellen, daß die anderen auch dazugelernt hätten und alles gleich enden würde. Das ist also keine gute Idee, und Sie haben gerade wieder etwas gelernt. Es gibt gute und schlechte Ideen, und nur die guten sollten Sie in die engere Wahl nehmen.

Eine Idee ist schlecht, wenn sie nicht realisierbar ist oder nicht zu einem erwünschten Ergebnis führt. Eine gute Idee erkennen Sie daran, daß sie nicht nur auf möglichst direktem Weg zum Erfolg führt, sondern daß ihre Ausführung auch Freude macht und damit Erfüllung bringt. Lassen Sie auf dem Weg zum Erfolg nie die Freude aus den Augen, besser noch, lassen Sie sich von der Freude zum Erfolg führen.

Eine gute Idee zu finden, ist gar nicht so schwierig, wie es erscheinen mag. Wer mit offenen Augen durch die Welt geht, der bekommt eine Fülle von Ideen. Besonders dann, wenn Sie mit einer Sache unzufrieden sind und eine Verbesserung suchen. Wichtig ist, daß Sie jede Idee sofort aufschreiben. Verlassen Sie sich nicht darauf, daß sie Ihnen wieder einfallen wird. Machen Sie sich aber auch bewußt, wo so etwas vielleicht schon versucht und warum es aufgegeben worden ist. Wer versteht etwas davon, den Sie fragen könnten und wer macht etwas Ähnliches? So entsteht allmählich ein „Ideen-Archiv", und beim Lesen darin bekommen Sie neue Ideen oder Assoziationen zu Ihrer derzeitigen Aufgabe.

Vielleicht brauchen Sie zur Durchführung Ihrer Idee Geld und da Sie das nicht haben, erscheint Ihnen Ihre Idee nicht realisierbar. Lassen Sie nie eine wirklich gute Idee an Geldmangel scheitern, sondern machen Sie sich bewußt, daß die meisten erfolgreichen Menschen mit dem Geld der anderen arbeiten. Wenn Ihre Idee wirklich so gut ist, dann findet sich auch das benötigte Geld. Niemand aber vermag zu sagen, wieviele Dummheiten durch Mangel an Geld verhindert worden sind. Damit kommen Sie zur zweiten Hürde. Sobald Sie mit jemandem über Ihre Idee sprechen, besteht die Gefahr, daß der andere es selbst macht – ohne Sie. Zumindest aber, daß die anderen Sie überzeugen, daß Ihre Idee gar nicht so gut sei, denn die anderen sind alle Experten im Ausreden von Ideen. Sie aber sollten ein Experte werden im Verwirklichen von Ideen. Reden Sie deshalb nur mit solchen Leuten über Ihre Idee, die Ihnen bei der Verwirklichung behilflich sein können. Treffen Sie vor dem Gespräch eine schriftliche Vereinbarung, daß der andere diese Idee nur mit Ihnen gemeinsam verwirklicht. Natürlich sollten Sie auch die Bedingungen der Zusammenarbeit schriftlich vereinbaren. Dann erst sprechen Sie über Ihre Idee. Überhaupt sollte das Handeln im Vordergrund stehen und nicht das Reden über das Handeln. Denn was die Erfolgreichen von den weniger Erfolgreichen unterscheidet, ist, daß sie es **tun**. Und wenn es nicht gleich klappt, dann **machen** sie es eben besser, so lange, bis es erfolgreich ist. Das ist das ganze Geheimnis!

Wir leben in einer Zeit der Fülle. Unzählige Menschen beklagen die versäumten Gelegenheiten der Vergangenheit und übersehen dabei die Fülle an Chancen, die das Leben ihnen in diesem Augenblick bietet. Gerade entsteht das vereinigte Europa und damit ein noch größerer Markt mit noch mehr Freiheit und noch größeren Chancen zu noch mehr Erfolg. Das Leben meint es wirklich gut mit uns und belohnt jeden reich, vorausgesetzt er versteht die Gesetze des Lebens und richtet sich danach. Finden Sie ein Bedürfnis, und bieten Sie eine Lösung an. Wenn Sie nur diese eine Regel kennen und befolgen, ist der Erfolg nicht mehr zu vermeiden.

Vorausgesetzt, Sie umgehen eine andere Falle: Bevor man etwas tun kann, muß man immer erst etwas anderes tun. Das erinnert mich an die Geschichte von dem Mann, der Hunger hatte und sich etwas zu essen kochen wollte. Da bemerkte er, daß er keine Streichhölzer im Haus hatte. Also ging er in den Supermarkt und kaufte Zündhölzer. Zuhause angekommen, stellte er fest, daß er auch kein Holz hatte und so zog er sich wieder an, ging in den Wald, um Holz zu suchen. Nun hatte er genügend Brennmaterial, aber er war unschlüssig, was wohl das Beste für seine Ernährung sei und so beschloß er, zunächst einmal das Geheimnis der richtigen Ernährung zu erforschen. Er kaufte sich viele Bücher, aber als er anfing zu lesen, kam ihm in den Sinn, doch besser zunächst die Sprache zu erforschen, damit ihm keine wichtige Aussage entginge. Er entschloß sich zu einem Studium der Germanistik, doch mußte er zunächst einmal herausfinden, welche die beste Universität sei. Und wenn er nicht inzwischen gestorben ist, dann findet er noch immer etwas, was zu tun ist, bevor er mit dem Eigentlichen beginnen kann.

Also versuchen Sie gar nicht erst perfekt zu sein, sondern machen Sie einfach das Beste aus jeder Situation. Nicht Perfektion ist gefragt, sondern ein Ergebnis.

Damit Sie die verschiedenen Fallen auf dem Weg zum Erfolg vermeiden, brauchen Sie eine wichtige Tugend, die Achtsamkeit. Sie wird Ihnen helfen, zuerst die erforderlichen Voraussetzungen zu schaffen, bevor Sie sich auf den Weg machen. Eine der Voraussetzungen für den Erfolg ist die Kenntnis der geistigen Gesetze. Hier das Grundgesetz des Erfolgs.

# Das Grundgesetz des Erfolgs

Jede Handlung, jeder Gedanke und jedes Gefühl ist eine Ursache und bringt immer eine Wirkung hervor, ganz gleich, ob diese Wirkung erwünscht oder unerwünscht ist!

Jede Wirkung entspricht immer in Qualität und Quantität der Ursache.

Trifft die Ursache auf ein Hindernis, kann sie sich nur auswirken, wenn ihr Energiepotential größer ist als das des Hindernisses oder wenn das Hindernis beseitigt ist.

Das Energiepotential jeder Ursache kann durch Intensität oder durch Wiederholung so lange gesteigert werden, bis es das Hindernis überwindet.

Durch Beharrlichkeit ist jedes Hindernis zu überwinden (steter Tropfen höhlt den Stein) und jede Handlung zum Erfolg zu führen.

Dem Menschen wäre nichts unmöglich, hätte er die Beharrlichkeit!

# Der erste Schritt zum Erfolg

*Stellen Sie sich vor,*
*das Leben wäre eine Reise*
*und Sie könnten noch umbuchen!*

Der erste Schritt zum Erfolg ist die Frage, was eigentlich ein erfolgreiches Leben ist. Wann können Sie sagen, daß Sie erfolgreich waren? Welchen Maßstab gibt es dafür? Es gibt nur einen einzigen Menschen auf der Welt, der Ihnen diese Frage verbindlich beantworten kann und das sind Sie selbst! Sie selbst bestimmen, was Erfolg für Sie bedeutet. Sie selbst wählen aus der Fülle der unbegrenzten Möglichkeiten Ihre persönliche Form des Erfolgs aus. Grundsätzlich ist alles möglich, was **Sie** denken und glauben. Was außerhalb Ihres Vorstellungsvermögens liegt, ist für **Sie** nicht erreichbar.

Erfolgreich leben heißt ...

... sich seiner Fähigkeiten und Möglichkeiten bewußt zu werden, sich ein klar umrissenes Ziel zu setzen, seine Kräfte ganz auf dieses Ziel zu konzentrieren. Hindernisse auf dem Weg zu erkennen, zu beseitigen und jedes gesteckte Ziel sicher zu erreichen.

Erfolgreich leben heißt ...

... immer genügend Geld und genügend Zeit zu haben, für alles was Ihnen wichtig genug ist, um getan zu werden. Aber Sie sollten nicht danach streben, nur Erfolg zu haben, sondern selbst ein erfolgreicher Ausdruck des Lebens zu sein.

Erfolgreich leben heißt ...

... den idealen Partner zu finden und selbst ein idealer Partner zu sein. Es heißt, seinen Eltern ein gutes Kind und seinen Kindern ein guter Erzieher und ein gutes Vorbild zu sein.

Erfolgreich leben heißt ...

... den Sinn des Lebens überhaupt und insbesondere den Sinn des eigenen Lebens zu erkennen und zu verwirklichen. Es heißt, sich frei zu machen von allen Vorurteilen und Prägungen, sich zu ent-wickeln, damit Sie sich voll ent-falten können.

Erfolgreich leben heißt ...

... die geistigen Gesetze zu erkennen und verantwortungs-bewußt zu nutzen. Zu erkennen, daß es genügt, die richtigen Ursachen zu setzen, um die erwünschten Ergebnisse zu erzielen und dadurch sein Schicksal frei zu bestimmen.

Erfolgreich leben heißt ...

... die Wirklichkeit hinter dem Schein zu erkennen. Es heißt, wieder eine unmittelbare Beziehung zu seinem wahren Selbst herzustellen und ein harmonischer Teil der allumfassenden Harmonie zu sein.

Erfolgreich leben heißt ...

... zu erkennen, was zu tun ist und es auch zu tun, damit man das Wichtigste nicht versäumt – **sich selbst!**

Bevor Sie im Leben Erfolg haben können, müssen Sie Ihre Antwort auf die Frage gefunden haben:

### Was ist das eigentlich – Erfolg?

Bedeutet Erfolg für Sie:

*Geld,* damit Sie sich kostspielige Dinge leisten können?

*Macht,* um Ihren Willen durchzusetzen?

*Besitz?* Wenn ja, warum wollen Sie viel besitzen? Was versprechen Sie sich davon?

*Anerkennung?*

*Geliebt zu werden?* Wäre es nicht ein größerer Erfolg zu lieben?

Eine *unerschütterliche Gesundheit* und *Kraft* bis ins hohe Alter?

*Glück?* Ist Glück für Sie, das zu bekommen, was Sie haben wollen oder wenn Sie nichts mehr brauchen?

Vielleicht ist Selbstverwirklichung wahrer Erfolg? Dann stellt sich die Frage, wer dieses Selbst ist, das Sie verwirklichen wollen und wie man so etwas macht. Ist das Selbst vielleicht nicht längst verwirklicht und Sie brauchen es nur zuzulassen, brauchen nur zu sein, was Sie sind, immer waren und immer sein werden – **Sie selbst!**

Bevor Sie also Erfolg haben können, müssen Sie sich für Ihre Art von Erfolg entscheiden. Nur wenn Sie ein klares Ziel haben, können Sie es erreichen. Sie müssen die einmalige, unverwechselbare Form Ihres persönlichen Erfolgs finden. Sie müssen prüfen, ob Sie den Erfolg, den Sie derzeit anstreben, wirklich haben wollen. Wenn Sie sich für Ihre Form des Erfolgs entschieden haben, dann müssen Sie auch bereit sein, den Preis dafür zu zahlen, Ihre ganze Kraft, Ihre Zeit und Ihr Bewußtsein darauf zu richten, dieses Ziel zu erreichen!

# Der zweite Schritt zum Erfolg

*Vom Erfolg zur Erfüllung.*

Der zweite Schritt zum Erfolg ist, sein Wohlstandsbewußtsein zu entwickeln. In unserem Bewußtsein kann immer nur ein Gedanke gleichzeitig sein. Das ist eine Begrenzung, aber auch eine wunderbare Chance, wenn Sie dafür sorgen, daß es der richtige Gedanke ist. Machen Sie sich resonanzfähig für den Erfolg. Machen Sie sich bewußt, daß nur das in Ihrem Leben wirksam ist, was Sie **denken** und **glauben**. Wissen allein bewirkt noch nichts. Ihr Leben entspricht nicht dem Umfang Ihres Wissens, sondern dem Inhalt Ihres Denkens und Glaubens.

Wohlstandsbewußtsein zu entwickeln beginnt damit, daß Sie das Mangelbewußtsein loslassen. Das geschieht durch die Erkenntnis, daß die Fülle Sie umgibt und nur darauf wartet, für Sie in Erscheinung zu treten. Was für Sie in Erscheinung treten will, kann aber nur durch Sie Wirklichkeit werden. Sobald Sie das erkannt haben, wissen, daß in Wirklichkeit alles wohl steht, können Sie sich innerlich dafür öffnen, sich wert fühlen, es anzunehmen und sind somit im Wohlstandsbewußtsein. Mangelbewußtsein besteht darin, zu glauben, etwas müsse geändert, verbessert, optimiert werden. Mit diesem Denken leben Sie im Mangel. Solange Sie das glauben, muß der Mangel auch im Außen sichtbar bleiben, Sie durch Ihr Leben begleiten, bis Sie Ihr Bewußtsein ändern.

Ihr derzeitiges Einkommen, der Stand Ihres Bankkontos, Ihr persönlicher Erfolg ist das Ergebnis einer unbewußten geistigen Formel, die in Ihrem Inneren wirksam ist. Diese Formel ist meist das Ergebnis einer Konditionierung durch die Umwelt. Aber es ist natürlich jederzeit möglich, diese innere Formel zu ändern, so daß sie **für** und nicht mehr **gegen** Sie arbeitet. Vielleicht erscheint es Ihnen zunächst unglaublich, daß eine innere Formel einen solchen Einfluß auf Ihr Leben haben soll, aber es ist eine Tatsache.

Geändert wird diese Formel, indem Sie sich zunächst einmal Ihre derzeitige Formel bewußt machen. Dabei werden Sie feststellen, daß sie meistens nicht mehr Ihrem derzeitigen Maßstab entspricht. Machen Sie sich jetzt Ihre derzeit gültige Formel bewußt, bejahen Sie sie freudig, und im gleichen Augenblick beginnt sie, unaufhörlich für Sie zu arbeiten. Wenn Sie es sich nicht vorstellen können, daß auch Sie solche begrenzenden Vorstellungen in sich tragen, dann gehen Sie, am besten schriftlich, alle Ihre verschiedenen Lebensbereiche in Gedanken durch und schreiben Sie Ihre Überzeugung für jeden Bereich auf. Schreiben Sie nicht auf, was Sie in einem Bereich denken sollten oder wollen, sondern nur das, was Sie wirklich glauben, wovon Sie zutiefst überzeugt sind. Schreiben Sie diese Vorstellungen und Überzeugungen auf die linke Seite eines Blattes, und auf die rechte Seite schreiben Sie dann eine entsprechende neue Überzeugung, die Ihrem jetzigen Wertmaßstab entspricht. Vermutlich werden Sie mehrere Blätter brauchen. Das könnte etwa so aussehen:

| | |
|---|---|
| Ich kann im Leben nicht alles erreichen. | Ich erreiche im Leben, was immer ich wirklich will. |
| Es ist schwer, wirklich gute Freunde zu finden. | Ich bin mir selbst ein guter Freund und finde echte Freunde. |
| Ich kann mir nicht alle Wünsche erfüllen. | Ich erfülle mir jeden Wunsch, der mir wirklich wichtig ist. |
| Erfolg zu haben ist mühsam. | Erfolgreich sein macht viel Freude. |
| Ich habe nie genug Zeit für das, was ich tun will. | Ich habe immer für alles genügend Zeit. |
| Krankheiten sind oft unvermeidbar. | Die Harmonie meines Bewußtseins bestimmt meine Gesundheit. |
| Ich werde im Leben immer wieder enttäuscht. | Ich gestalte frei die Umstände meines Lebens. |

| | |
|---|---|
| Ich rechne damit, daß nicht immer alles glatt geht. | Es geschieht immer genau das, was ich verursache. |
| Ich kann nicht immer so, wie ich will. | Ich kann alles, was ich wirklich will. |
| Meinem Schicksal kann ich nicht entrinnen. | Ich bestimme mein Schicksal selbst. |
| Mit den Jahren wird Freude immer seltener. | Mein Leben wird immer erfüllender. |
| Die Jugend geht viel zu schnell vorbei. | Ich bin so jung, wie ich mich fühle. |

Machen Sie sich Ihre neuen Überzeugungen immer wieder bewußt. Stellen Sie sich alles auch bildhaft vor, und erfüllen Sie sich mit Freude und Dankbarkeit dafür, daß Sie alles jederzeit neu bestimmen können. Wiederholen Sie das mehrmals täglich mindestens einen Monat lang. Prüfen Sie, ob Sie noch eine Beziehung zu Ihren früheren Einstellungen haben. Wenn die neuen Einstellungen noch nicht klar dominieren, üben Sie einen weiteren Monat lang.

Schaffen Sie sich auch dort positive Glaubenssätze, wo Sie vielleicht keine negativen Muster vorfinden. Hier einige Beispiele für hilfreiche Affirmationen:

Es gibt immer eine Lösung
Ich kann die Aufgabe **jetzt** lösen.
Ich bekomme immer rechtzeitig alles, was ich wirklich brauche.
Das Leben bietet mir viele Möglichkeiten, dem Ganzen zu dienen und dabei mein Einkommen beliebig zu steigern.
Ich bin dankbar für einen endlosen Strom praktischer Ideen, die das Leben mir schickt, um immer erfolgreicher zu werden.
Alles will mir nur dienen und helfen.
Ich erkenne und nutze meine Chancen usw.

Mit solchen Glaubenssätzen räumen Sie sehr schnell mit Ihrem Mangelbewußtsein auf und schaffen damit Platz für ein umfassendes Wohlstandsbewußtsein. Lassen Sie sich nicht dadurch täuschen, daß es so einfach sein soll. Es **ist** so einfach, aber das Wissen allein genügt nicht, Sie müssen es auch **tun!**

Überprüfen Sie immer wieder Ihre Glaubenssätze und erfinden Sie ständig weitere, die Ihrem inneren Maßstab entsprechen, z.B.:

Die Welt bietet mir überall die Fülle.
Es gibt grenzenlos viele interessante Möglichkeiten in meinem Leben.
Erfolg und Geld zu haben ist gut.
Ich bin von Natur aus ein Gewinner.

Reden Sie sich das nicht ein, sondern erkennen Sie, daß es in Wirklichkeit so ist. Es kann sich aber in Ihrem Leben erst zeigen, wenn Sie es sich bewußt machen und es wirklich glauben. Hilfreich kann auch sein, sich einmal bewußt zu machen, wie erfolgreich Sie bisher schon waren und was Sie alles schon erreicht haben. Wie reich Ihr Leben derzeit schon ist!

Noch nie hat es jemand geschafft, mit einem Mangelbewußtsein im Wohlstand zu leben. Das eine schließt das andere absolut zuverlässig aus, aber ebenso zuverlässig zieht es das an, was es beinhaltet.

Zu „arbeiten" ist ein nicht zu unterschätzendes Erfolgshindernis. Sollten Sie sich gelegentlich dabei ertappen, daß Sie noch arbeiten, dann sollten Sie das schleunigst ändern. Menschen, die arbeiten, können nicht erfolgreich sein. Wenn Sie erfolgreich sein wollen, hören Sie auf zu arbeiten! Fangen Sie an, das zu tun, was Ihnen wirklich Freude macht. Sobald Sie etwas mit Freude tun, tun Sie es besser als zuvor und werden demnach auch besser dafür bezahlt.

Arbeit ist alles, was keinen Spaß macht, sonst wäre es ja Freude. Wer aber würde bei einer Tätigkeit, die Freude bereitet, auf die Uhr schauen? Für Freude gibt es keinen Feierabend, dafür immerwährenden Urlaub. Wenn Ihnen Ihre Tätigkeit keinen Spaß macht, machen Sie noch irgend etwas falsch – und das sollten Sie schnellstens ändern. Das heißt nicht, sofort alles fallen zu lassen, was Sie tun, und nur noch tun, wozu Sie gerade Lust haben. Das würde bald zur Last werden. Prüfen Sie vielmehr, welche Tätigkeit in Ihrem Leben noch Arbeit ist und machen Sie sich bewußt, was Sie viel lieber täten. **Schaffen** Sie sich die Möglichkeit, genau das zu tun. Lassen Sie sich Zeit, und stellen Sie Ihr Leben gründlich um, so daß die Tätigkeit zur Lust wird. Zu einem erfüllenden Ritual, bei dem Sie sich selbst immer näher kommen. Mit dieser Einstellung gehen Sie auch nie in Pension oder Rente, denn weshalb sollten Sie die Erfüllung Ihres Lebens mit einem bestimmten Alter beenden?

Machen Sie sich bewußt, daß Sie gekommen sind, um im Wohlstand zu leben. Zum Wohlstand gehört, daß es bei Ihnen in allen Lebensbereichen wohl steht. Prüfen Sie einen Bereich nach dem anderen und beseitigen Sie jeden Mangel. Zu wirklichem Wohlstand gehören: Gesundheit, ein glückliches Familienleben, gute Freunde, ein Beruf, der wirklich Berufung ist, genügend Geld und Zeit für alles zu haben, was Ihnen wichtig ist, Erfolg zu genießen und auch richtig lachen zu können, Freiheit, schöne Erinnerungen, reiches inneres Erleben, loslassen zu können, Offenheit, Ehrlichkeit, besonders sich selbst gegenüber, authentisch zu sein, die Wirklichkeit hinter dem Schein zu erkennen, mit den Jahren allmählich weise zu werden und damit möglichst früh anzufangen.

Zu wahrem Wohlstand gehört auch, den Erfolg nicht um des Erfolges willen zu wollen, sondern über den Erfolg zur Erfüllung zu kommen. Ihr Weg ist da, wo die Freude ist. Erfolg ist etwas, das ganz von selbst erfolgt, wenn Sie wirklich vermögend sind. Vermögend ist nicht jemand, der viel hat, sondern nur der, der etwas vermag, und wer viel vermag, der ist sehr vermögend. Wenn Sie dafür sorgen, daß Sie in diesem Sinne immer vermögender werden, dann folgt Ihnen der Erfolg. Deshalb heißt er ja Er-folg und nicht Er-kämpf oder Er-zwing. Laufen Sie dem Erfolg nicht mehr nach, sondern sorgen Sie dafür, daß der Erfolg Ihnen folgt. Erwarten Sie Erfolg, fühlen Sie sich wert, jetzt und hier Erfolg zu haben – in jeder Beziehung. Machen Sie sich bewußt, daß dies eine schöne Welt ist, zu Ihrer Freude geschaffen. Genießen Sie sie!

## Eine todsichere Methode, wie man so richtig unglücklich wird und bleibt:

Die meisten Menschen sind erst glücklich, wenn sie so richtig unglücklich sind. Noch immer aber gibt es eine kleine Gruppe von Menschen, die trotz aller Widrigkeiten des Lebens tagein, tagaus glücklich ist. Nie hört man sie bei ihren Mitmenschen jammern oder klagen, einfach weil sie keinen Grund dafür haben. Doch nun kann auch ihnen geholfen werden. Wenn Sie die folgenden Regeln genau beachten, wird auch das hartnäckigste Glück aufgelöst, und Sie können so richtig unglücklich sein:

*Die Lawinen-Methode:* Wenn Sie einmal ein Problem haben, dann bemühen Sie sich ja nicht, es zu lösen. Dann wäre es ja weg. Schieben Sie es einfach vor sich her, nach dem Motto: Ist viel zu tun – warten wir es ab! Warten Sie ab, bis weitere Probleme dazukommen, und mit etwas Geduld schieben Sie bald einen ganzen Berg von Problemen vor sich her. So ist Ihnen die Anteilnahme Ihrer Mitmenschen sicher, und gelegentlich können Sie sogar noch etwas Schadenfreude ernten.

*Die Wankelmut-Methode:* Manche Menschen stehen inmitten der Widrigkeiten des Lebens wie ein Fels in der Brandung. Schwierigkeiten sind für sie eine Herausforderung, die es souverän zu meistern gilt, um daran zu wachsen und zu reifen. Das ist natürlich grundfalsch! Seien Sie doch kein Klotz, bleiben Sie beweglich und lassen auch Sie sich von der geringsten Kleinigkeit im Leben erschüttern. Denn Schwierigkeiten sind dazu da, um sich darüber zu beklagen und nicht, um sie zu beseitigen.

*Die Negativ-Methode:* Denken Sie beständig negativ, und lösen Sie jeden auftauchenden positiven Gedanken sofort konsequent auf. Vergessen Sie niemals, wenn jemand Sie geärgert, beleidigt, verletzt oder gekränkt hat, und lassen Sie es den anderen wissen. Lassen Sie auch an sich selbst kein gutes Haar, und sollten Sie doch einmal an sich etwas Gutes entdecken, dann denken Sie schnell an Ihre Schwächen und Fehler. Mit geschicktem Negativdenken lassen sich so schon kleinste Ängste zu den tiefsten Depressionen steigern. Glauben Sie fest daran, daß Sie krank werden oder daß alles schief geht, und es wird so kommen.

*Die Barriere-Methode:* Sollten Sie eines Tages feststellen, daß sich zu enge Beziehungen zu Ihrer Familie und zu Ihren Mitmenschen entwickeln, dann behalten Sie ruhig Blut – nur keine Panik. Kritisieren Sie sofort jeden, der Ihnen begegnet, und meiden Sie jedes lobende Wort. Sie wissen ja, daß nur Sie recht haben können, also sagen Sie es auch. Nur keine falsche Bescheidenheit. Pochen Sie in Ihrer Familie darauf, daß Sie schließlich das Geld verdienen und sich daher alle nach Ihnen zu richten haben, und die nötige Distanz stellt sich von selbst wieder ein. Mit etwas Geschick schaffen Sie so das schönste Generationsproblem.

*Die Märtyrer-Methode:* Nehmen Sie jede Gelegenheit wahr, den anderen zu sagen, daß Sie sich für sie aufopfern. Halten Sie ihnen ständig vor, was Sie schon alles für sie getan haben und wie wenig man es Ihnen dankt und wie schamlos man Sie ausnutzt. Auf diese Art erhöhen Sie nicht nur Ihr Selbstmitleid, so bringen Sie auch die anderen gegen sich auf, und dadurch werden Sie sich bald noch elender fühlen.

Vielleicht aber gehören Sie zu den Unentwegten, die sich nicht abschrecken lassen und trotzdem glücklich sein möchten. Nichts ist einfacher als das. Drehen Sie einfach alle Regeln um, machen Sie das Gegenteil, und das Glück wird Ihnen als Folge Ihres Verhaltens in den Schoß fallen.

# Der dritte Schritt zum Erfolg

*Alle Dinge sind möglich dem,*
*der da glaubt.* Markus 9/23.

Der dritte Schritt zum Erfolg ist der Glaube an sich selbst und an seinen Erfolg. Dieser Glaube ist das Erinnern an die eigene, wahre Natur des Menschen. Wir glauben zuviel an den praktischen Wert des Wissens und wissen zuwenig vom praktischen Wert des Glaubens. Jede Vorstellung, Erwartung oder Hoffnung verändert die Wirklichkeit. Die Erwartung, daß ein Ereignis eintritt, erhöht die Wahrscheinlichkeit des Eintretens tatsächlich. Das zeigt ganz wissenschaftlich der sogenannte Rosenthal-Effekt, benannt nach dem amerikanischen Psychologen Robert Rosenthal, der in einer Fülle von Experimenten nachgewiesen hat, daß der Experimentator auf das Ergebnis seines wissenschaftlichen Versuchs durch seine Erwartung Einfluß nimmt. Das, was er erwartet, tritt mit höherer Wahrscheinlichkeit ein. Dieser Zusammenhang zwischen Erwartung und Ereignis ist statistisch gesichert.

Schon Jesus sagte: „Dir geschehe nach Deinem Glauben." Das ist ein geistiges Gesetz, welches heute noch gilt. Sorgen Sie also dafür, daß Sie stets das Richtige glauben, denn die Geisteskraft des Glaubens verbindet Sie mit der schöpferischen Urkraft des Universums, so daß nichts mehr unmöglich ist. Machen Sie sich bewußt:

## Wissen stellt Tatsachen fest,
## Glaube schafft Tatsachen!

Dieser Glaube ist eine innere Gewißheit, die nicht von äußeren Beweisen abhängig ist, sondern ein Erkennen und Bejahen der inneren Wahrheit und Wirklichkeit. Wahrer Glaube ist die absolute innere Gewißheit, daß das Geglaubte in Erscheinung tritt, wenn Sie Ihr Bewußtsein immer wieder auf das Geglaubte richten.

Wie aber kommt man zu diesem wunderwirkenden Glauben? Da ist zunächst der königliche Weg der Erkenntnis. Sie können sich die geistigen Gesetze, ihre Gültigkeit und Wirksamkeit bewußt machen und über die Anwendung dieser Gesetze zu diesem erfüllenden Glauben finden. Dazu bedarf es der steten Wiederholung, bis der Glaube zur Gewißheit geworden ist. Je nach Art Ihres Glaubens arbeitet dieser für oder gegen Sie, denn die Kraft des Glaubens verwirklicht das, wovon Sie innerlich fest überzeugt sind.

Glaube ist also nicht nur wiederholte Bejahung, sondern das Erkennen und Annehmen der inneren Wirklichkeit und die Gewißheit der Verwirklichung des gläubig Bejahten. Auch wer nicht glaubt, glaubt in Wirklichkeit, nur eben das Gegenteil des Erwünschten. Zweifel ist Glaube, der gegen Sie arbeitet. Lenken Sie jedoch diese Kraft des Glaubens auf Ihr Ziel und wiederholen dies immer wieder, so schaffen Sie damit eine innere Wirklichkeit, die außen in Erscheinung treten muß! Dieses wiederholte gläubige Bejahen löst schließlich alle Hindernisse auf und verwirklicht den erwünschten Erfolg.

## Alle Dinge sind möglich dem, der glaubt!

Glaube ist eine höchst intelligente Sache, denn im Glauben liegt die Bereitschaft, die Unbegrenztheit des menschlichen Geistes anzuerkennen. Dazu gehört natürlich auch der unerschütterliche Glaube an sich selbst. Daran, daß Sie es wert sind, erfolgreich zu sein, und daß Sie **jetzt** bereit sind, diesen Erfolg anzunehmen. Der unerschütterliche Glaube an Ihren Erfolg ist also eine wichtige Voraussetzung für eben diesen Erfolg.

Schon vor einigen Jahrzehnten hat der amerikanische Soziologe Robert Morton den Begriff der „sich selbst erfüllenden Prophezeiung" geprägt. Er hat erkannt, daß Prophezeiungen, die wir uns selbst geben oder von unserer Umwelt annehmen und glauben, in hohem Maße unser Leben bestimmen. Sie beeinflussen alle Bereiche unseres Lebens, unsere Gesundheit, unseren beruflichen Erfolg, unsere partnerschaftliche Erfüllung, unsere ganze Entwicklung.

Deshalb ist dieser Schritt zum Erfolg so wichtig, ja unverzichtbar. Der unerschütterliche Glaube daran, daß Sie keinen Wunsch haben können ohne die Möglichkeit, ihn auch zu verwirklichen. Aber auch der unerschütterliche Glaube daran, daß Sie erfolgreich sein werden, einfach, weil Sie vorher nicht aufgeben. Der Glaube ist die Grundlage aller Wunder und Geheimnisse, die die wissenschaftliche Logik nicht erklären kann. Der Glaube ist das zuverlässigste Mittel gegen Mißerfolg. Über diesen Glauben an die Macht des Glaubens haben schon viele gelacht –, aber es sind nicht die Erfolgreichen, die da lachen!

Doch der festeste Glaube muß scheinbar wirkungslos bleiben, wenn Sie die Erfüllung in die Zukunft verlegen, während Sie in der Gegenwart Ihr Bewußtsein auf den Mangel richten. Erst wenn Sie sich **jetzt** mit dem Gedanken der Verwirklichung erfüllen, ist der Weg für die schöpferische Urkraft frei, können Sie Erfüllung **jetzt** erfahren.

Das ist der geheime Sinn des Dankens. Denn indem Sie sich für etwas bedanken, das Sie erhalten **haben**, verlegen Sie die Erfüllung ins **jetzt**!

Die Macht des Glaubens ist jederzeit bereit, für Sie tätig zu werden. Wenn Sie wollen **jetzt**!

# Der vierte Schritt zum Erfolg

*Der Langsamste, der sein Ziel nicht aus den Augen verliert,*
*geht noch immer schneller als jener, der ohne Ziel umherirrt.*
*Die Welt tritt zur Seite, um jeden vorbei zu lassen, der weiß,*
*wohin er will!*

Der vierte Schritt zum Erfolg ist die Zielklarheit. Bevor
Sie ein Ziel erreichen können, müssen Sie eins haben,
müssen Sie exakt definieren, was Sie wollen, müssen Sie den
erwünschten Endzustand genau bestimmen. Viele Menschen erreichen nur deshalb ihre Ziele nicht, weil sie sich
diese gar nicht erst setzen. Erst Zielklarheit macht es möglich, zielgerichtet und beharrlich zu handeln, bis das Ziel erreicht ist. Dann können Sie alle Mißerfolge auf dem Weg
auch klar als Zwischenergebnisse sehen und als Botschaft,
wie Sie es besser machen könnten. Diese Zielklarheit bezieht sich nicht nur auf einzelne Lebensziele, sondern auch
und vor allem auf das Leben selbst. Sie müssen sich klar
darüber werden, weshalb Sie gekommen sind, was das Ziel
und der Sinn Ihres Lebens ist.

Wenn Sie einen Autofahrer nach seinem Ziel fragen, wird
er Ihnen fast immer eine klare Antwort geben können. Fragen Sie aber einen Menschen, wohin er lebt, was der Sinn
seines Lebens ist und wo er am Ende des Weges ankommen
möchte, wird er selten eine klare Antwort wissen. Bei einer
so unwichtigen Sache wie dem Autofahren wissen wir genau, was wir wollen, bei der wichtigsten Sache aber, bei unserem Leben, wissen wir das meist nicht. So geht das Leben
vorbei, ohne daß wir es erfüllen konnten.

Es gibt viele Gründe für die Gewohnheit, sich ohne Plan
und Ziel treiben zu lassen. Vor allem Gedankenlosigkeit, oft
aber auch die Neugier im Hinblick auf die Angelegenheiten
anderer Menschen und der Hang, sich dort einzumischen
und anderen zu sagen, was sie alles falsch machen, anstatt
es selbst besser zu machen. In den meisten Fällen fehlt eine
große Vision, oder sie wird nicht erkannt, oder man glaubt

nicht, den Mut und die Kraft zu haben, sie zu verwirklichen. Wenn man aber einmal vom Kurs abgekommen ist oder gar keinen hat, stolpert man normalerweise von einem Fehler zum anderen. Das ist der kleine, aber entscheidende Unterschied zwischen einer Person und einer Persönlichkeit. Die Persönlichkeit hat klare Ziele, aus denen sich die Richtung, der Weg und die Schritte wie von selbst ergeben. Obwohl jedes Leben einmalig ist und jeder Weg zum erstenmal gegangen wird, ergibt sich aus dieser Haltung eine ungeheure Sicherheit und Klarheit, mit der man auch andere begeistert und motiviert.

Kaum ein Erfolgsgesetz wird so häufig verletzt wie das Gesetz der Zielklarheit. Jeder weiß, daß man ein Ziel nicht erreichen kann, wenn man keines hat, und doch marschieren die meisten los, ohne sich vorher darüber klar zu werden, wo das Ziel ist. Schauen Sie einmal auf sich. Haben Sie klare Ziele? Falls nicht, werden Sie gleich jetzt damit beginnen, sich über Ihre Ziele klar zu werden, oder nehmen Sie sich nur vor, sich gelegentlich einmal darüber Gedanken zu machen? Wer ein klares Ziel hat, hat bereits den halben Weg dorthin zurückgelegt. Wer wirklich klare Ziele hat, setzt automatisch die richtigen Prioritäten und hat dadurch immer Zeit für das Wichtige, anstatt seine Zeit mit weniger Wichtigem zu vergeuden. Aus klaren Zielen ergeben sich klare Entscheidungen. Außerdem kann man so mit einem Minimum an Aufwand ein Maximum an Ergebnis erreichen.

Ein Ziel sollte ehrgeizig und auch erreichbar sein. Aber was Sie wirklich erreichen können, wissen Sie erst, wenn Sie es versucht haben. Wenn Sie Ihre Ziele festlegen wollen, lassen Sie sich dabei von der Freude führen. Fragen Sie sich:

1. Was tue ich so richtig gern?
2. Was war mein Jugendtraum? Will ich das noch immer?
3. Was ist heute mein Wunschtraum, und was kann ich tun, um ihn zu verwirklichen?
4. Warum will ich das? Lohnt sich der Aufwand für dieses Ziel?
5. Warum habe ich das bisher nicht erreicht?

44

6. Was habe ich bisher dafür getan?
7. Was bin ich jetzt bereit, dafür zu tun?

Wenn ein Architekt ein Haus bauen will, braucht er zunächst eine Idee. Dann macht er einen Entwurf, schafft sich ein Bild, nach dem er einen genauen Plan erstellen kann. Am Anfang steht immer die Vorstellung des erwünschten Endzustandes. Ob dieser Plan Wirklichkeit wird, hängt davon ab, wieviel Energie und Intensität Sie damit verbinden. Natürlich müssen Sie sich auch wert fühlen, dieses Ziel zu erreichen. Sie müssen sich mit dem Ziel identifizieren können und von der Erfüllung aus denken, fühlen und handeln. Es genügt nicht, zu sagen:

Ich will glücklich werden oder
ich will mehr Geld verdienen oder
ich will ein besserer Mensch werden.

Bestimmen Sie **genau**, was Sie wollen und bis zu welchem Zeitpunkt Sie dieses Ziel erreicht haben wollen.

Der sehr erfolgreiche Golfer Jack Niclaus hat in seinem Buch beschrieben, wie er seinen Erfolg erreicht hat. Er schreibt: „Zuerst sehe ich den genauen Ort, wo ich den Ball hinbefördern will." In diesem einen Satz liegt schon der Schlüssel für den Erfolg, nämlich vom Ziel aus zu denken. Haben Sie erst einmal ein klares Ziel, ergeben sich der Weg und die Schritte ganz von selbst. Es sind gar keine Entscheidungen mehr zu treffen, sondern nur noch vom Ziel aus zu erkennen, was zu tun ist, um dieses zu erreichen.

Viele Menschen verfolgen hartnäckig den Weg, den sie gewählt haben, aber nur wenige das Ziel!

Sorgen Sie dafür, daß Sie durch Zielklarheit die Weichen richtig stellen. Prüfen Sie aber auch vorher, ob dieses Ziel Sie auch wirklich erfüllen würde, sonst stellen Sie vielleicht am Ziel fest, daß Sie es gar nicht wollen. Doch haben Sie dann einen Teil Ihres Lebens dafür gegeben, um es zu erreichen. Wenn man etwas erreichen will, muß man immer auch etwas dafür geben. Wenn Sie ein Stück Ihres Lebens geben, dann sorgen Sie dafür, daß es sich auch lohnt. Wenn

Sie sich wirklich entschieden haben, dann geben Sie sich das Versprechen, daß Sie erst aufgeben, wenn das Ziel erreicht, die Aufgabe wirklich erfüllt ist. Begeistern Sie sich regelrecht für Ihr Ziel, dann wird das Ziel **Sie** begeistern.

*Wenn Sie voller Begeisterung zielgerecht denken, fühlen und handeln, fällt Ihnen der Erfolg in den Schoß!*

# Der fünfte Schritt zum Erfolg

*Ich denke – also bin ich!*
*Ich bin – also will ich!*
*Ich will – also kann ich!*
*Ich kann – also tue ich!*
*Ich tue – also wird es!*

Der fünfte Schritt zum Erfolg ist, überhaupt etwas wirklich zu wollen. Bloß möchten genügt nicht. Jede Veränderung beginnt mit dem starken Verlangen, wirklich etwas zu verändern. Es reicht nicht auszudenken, daß Sie es mal versuchen könnten. Versuchen Sie nie etwas im Leben – tun oder lassen Sie es! Im Versuch steckt schon der Zweifel, es könnte auch mißlingen. Nutzen Sie die Grenzenlosigkeit Ihrer Phantasie, um die Macht Ihres Wollens zu entfachen.

Machen Sie sich bewußt, daß Sie wissen, was Sie wollen und auch wie Sie es machen wollen. Erkennen Sie, daß Sie **jetzt** fähig sind, Ihr Ziel zu erreichen. Machen Sie sich aber auch bewußt, warum Sie es wollen. Brauchen Sie Sicherheit oder Anerkennung und warum brauchen Sie das? Sind Sie selbst unsicher, oder geben Sie sich selbst nicht genügend Anerkennung? Oder geht es Ihnen bei Ihrem Ziel um Selbstverwirklichung? Und was verstehen Sie darunter? Machen Sie sich bewußt, daß dieses Selbst bereits verwirklicht ist, daß es sich nur zum Ausdruck bringen will. Lassen Sie sich also zu. Gestatten Sie Ihren geheimsten Wünschen, Wirklichkeit zu werden. Wenn Sie Ihren Traum verwirklichen wollen, brauchen Sie nur aufzuwachen!

Prüfen Sie sorgfältig, ob Sie Ihr Ziel wirklich wollen und warum Sie es wollen, damit Sie die möglichen ungelösten Aufgaben dahinter erkennen. Ein hilfreicher Weg kann sein, sich einmal ganz lebendig in die Erfüllung des Wunsches zu versetzen. Zu erleben, wie das Gefühl ist, am Ziel zu sein. Finden Sie darin die Erfüllung, die Sie sich davon versprechen? Oder wie müßte das Ziel aussehen, damit Sie die gewünschte Erfüllung finden? Hier können Sie gar nicht sorgfältig genug vorgehen, damit Sie nicht einen Teil Ihres Lebens für ein Ziel hergeben, das Sie letztlich gar nicht wollten.

Machen Sie sich auch bewußt, daß Ihnen in Wirklichkeit ein dreifacher Wille zur Verfügung steht. Da ist zunächst:

Das, was gewöhnlich **Wille** genannt wird. Es ist der Wille, der im Tagesbewußtsein wirksam ist und mit den Gedanken gelenkt werden kann. Es ist der bewußte Wille, der Ihnen für eine beabsichtigte Handlung zur Verfügung steht.

Dahinter steht aber das oft viel mächtigere **Unbewußte wollen,** das Ihr Gemüt bewegt und die Kraft Ihrer Gefühle aktiviert. Ist es mit dem Trieb verbunden, entstehen Affekte und impulsives Handeln.

Über allem aber steht der überbewußte zentrale Wille Ihres wahren Selbst. Die innewohnende Zielgerichtetheit der Seele, die einer inneren Vision folgt. Erst wenn Sie, Ihrer inneren Vision folgend, diesen dreifachen Willen auf das eine Ziel lenken, entsteht das wahre Wollen, das unwiderstehlich zum Erfolg führt, ganz gleich, welche Hindernisse auch auftauchen mögen. Erst dann können Sie sagen: „Das will ich wirklich!"

Es gibt eine Zen-Geschichte, die dieses allumfassende Wollen deutlich macht. Ein Meister und sein Schüler gingen an einem Fluß entlang, als der Schüler den Meister fragte: „Wie werde ich erleuchtet?" Der Meister packte ihn am Kragen, zog ihn zum Ufer und drückte seinen Kopf vollständig unter Wasser. Nach einer Weile fing der Schüler an, um sich zu schlagen und versuchte verzweifelt, sich zu befreien – aber vergeblich. Schließlich, als er schon dem Ertrinken nahe war, ließ ihn der Meister los, und der Schüler schoß nach Luft schnappend aus dem Wasser. Als er sich gefaßt hatte, fragte ihn der Meister: „Was ist in dir vorgegangen, als ich dich unter Wasser gedrückt habe?" Der Schüler antwortete: „Anfangs gingen mir alle möglichen Gedanken durch den Kopf, aber als sie mich dann nicht losließen, da erfüllte mich nur noch ein Wunsch – **Luft!** Luft! Ich brauche Luft!" „Nun," sagte der Meister, „ wenn du mit der gleichen Intensität nach deinem Ziel strebst, kannst du es nicht mehr verfehlen!"

Wenn Sie sich entschieden haben, etwas wirklich zu wollen, können Sie mit sich selbst einen Vertrag abschließen. Schriftlich, mit Datum und Unterschrift. Darin verpflichten Sie sich, alles in Ihrer Macht Stehende zu tun, um Ihr Ziel zu erreichen und nicht eher aufzugeben, bis es erreicht ist. Wenn Sie das tun, werden Sie viel sorgfältiger mit Ihrem Willen umgehen. Wenn Sie sich einmal so entschieden haben, ist Ihnen der Erfolg sicher!

# Der sechste Schritt zum Erfolg

*Wir sind auf jede Überraschung vorbereitet,*
*nur die alltäglichen Dinge brechen über*
*uns herein wie Katastrophen!*

Der sechste Schritt zum Erfolg ist, Hemmungen und Blockaden zu erkennen und aufzulösen. Die Vergangenheit loszulassen und sich von Ärger, Angst, Schuldgefühlen, Neid, Haß und Streß zu befreien, damit alle Energie frei wird für den Erfolg. Damit Sie Ihr Leben wirklich selbst bestimmen. Die meisten Menschen glauben nur, daß sie ihr Leben selbst bestimmen, dabei wird ihr Leben von den selbstgewählten oder anerzogenen Verhaltensmustern bestimmt. Von ihren Vorstellungen und „Eindrücken", ihren Erwartungen und sehr oft von der Meinung der anderen. Sie sollten nicht länger zulassen, daß Sie gelebt werden, sondern anfangen selbst zu leben. Dazu gehört, daß Sie sich frei machen von allem, was nicht mehr wirklich zu Ihnen gehört. Daß Sie Ballast abwerfen, um in der Leichtigkeit des Seins zu leben. Jede Einstellung wird zur Belastung, wenn die Umstände, die sie notwendig gemacht haben, nicht mehr existieren.

Dazu gehört auch zu erkennen, daß Ihnen auf Ihrem Weg nichts anderes begegnen kann, als das, was in Ihnen ist. In jedem Augenblick haben Sie die Wahl, Vergangenes und Überholtes loszulassen und sich für das Hier und Jetzt zu entscheiden. Albert Einstein sagte einmal: „Das Wertvollste im Leben ist die Entfaltung der Persönlichkeit und ihrer schöpferischen Kräfte. Es ist das Wichtigste, denn es ist die Voraussetzung für ein erfülltes Leben." Die Voraussetzung für die Entfaltung der Persönlichkeit aber ist, sich frei zu machen von allem, was Sie dabei behindern könnte. Dazu sollten Sie sich auch bewußt werden, welche Gefühle Sie vorwiegend bewegen. Gefühle sind starke, aber oft blinde Energien, die von einem wachen Bewußtsein liebevoll gelenkt werden sollten. Denn negative Gefühle können nur negative Ereignisse verursachen, während lebensbejahende Gefühle auch entsprechende Wirkungen hervorrufen. Überprüfen Sie deshalb sorgfältig Ihre geistige Haltung, und machen Sie sich dabei frei von der Meinung anderer.

Die Erkenntnis, daß Gemütsklärung zur Erhaltung der seelischen Gesundheit des Menschen ebenso erforderlich ist wie körperliche Hygiene zur Erhaltung der körperlichen Gesundheit, ist nicht neu. Auch auf geistig-seelischem Gebiet gibt es Infektionen wie Ärger, Angst, Streß, Sorgen, Haß, Schuldgefühle und Aggressionen. Jeder von uns wird immer wieder mit dem einen oder anderen oder gar mit allem konfrontiert, bis er regelmäßig sein Gemüt klärt. Dazu gehört vor allem das abendliche mentale Umerleben, bei dem alle infizierenden Energien wieder aufgelöst und ins Gegenteil umerlebt werden, bevor sie Schaden anrichten können. Sobald diese Klärung des Gemütes zur regelmäßigen Gewohnheit geworden ist, haben diese geistig-seelischen Infektionen keine Chance mehr. Das Ergebnis ist seelische Harmonie und eine unerschütterliche Gelassenheit.

### Erkennen Sie Ihre Mißerfolgsmechanismen und lösen Sie diese auf!

Prüfen Sie einmal in allen Bereichen Ihres Lebens, wo die Dinge nicht so gelaufen sind, wie Sie es gern gehabt hätten. Im Beruf, in der Partnerschaft, mit der Gesundheit, bei der persönlichen Entfaltung usw. Schauen Sie zurück und halten Sie fest, wo eine wichtige Handlung nicht das erwünschte Ergebnis gebracht hat. Prüfen Sie danach aber auch die kleinen „Pannen", die scheinbar unbedeutenden Ereignisse, und schreiben Sie alles auf, was Ihnen dazu einfällt. Es wäre gut, wenn Sie mindestens 50 Punkte finden könnten. Das sollte auch in einem erfolgreichen Leben keine Schwierigkeiten bereiten.

Nun ordnen Sie die einzelnen Punkte den verschiedenen Bereichen Ihres Lebens zu:

1. Partnerschaft, Familie, Freunde, Freizeit
2. Beruf, Karriere
3. Gesundheit, Leistungsfähigkeit, Wohlgefühl
4. Wirtschaftliche Situation, Besitz, Vermögen
5. Persönliche Entwicklung, Erkenntnis, gelebte Weisheit

Sie werden dabei sehr schnell Schwerpunkte erkennen, Bereiche, in denen Ihnen scheinbar alles, vielleicht sogar mühelos gelingt, und andere Bereiche, in denen Sie sich schwerer tun, wo trotz allen Bemühungen öfter etwas nicht gelingen will. Es wird nämlich selten erkannt, daß auch ein erfolgreicher Mensch durchaus auf einem anderen Gebiet ein Versager sein kann. Das bedeutet, daß er sich dort etwas „versagt".

Finden Sie anschließend das Warum dahinter, denn alles hat seinen tieferen Grund. Hinterfragen Sie jeden einzelnen Punkt so lange, bis Sie die Ursache erkannt haben. Sollte diese Ursache scheinbar außerhalb von Ihnen liegen, sind Sie noch nicht bei der letzten Ursache angelangt. Fragen Sie also weiter, denn die wahre Ursache liegt **immer** bei Ihnen selbst. Sobald Sie sie gefunden haben, werden Sie erkennen, daß es keinen Grund gibt, sich im Leben irgendetwas zu versagen. Daß es nichts gibt, das nicht aufzulösen wäre, um so letztlich in allen Bereichen des Lebens erfolgreich zu sein. Das heißt, mit zielgerechtem Handeln erwünschte Ergebnisse zu erreichen.

Voraussetzung aber ist, daß wirklich gründlich aller geistiger „Sperrmüll" beseitigt wurde. Alte Verhaltensmuster, überholte Programme, Vorstellungen, Prägungen, Rollen und Masken. Aber auch die alten Einstellungen und Kompromisse. Diese geistige Entrümpelung ist erforderlich, um die Chance zu erhalten, sich in jedem Augenblick ungehindert neu zu entdecken und zu erleben.

Das heißt nicht, daß Gemütsbewegungen verdrängt werden sollten. Kinder äußern ihre Gefühle noch spontan. Sie schreien, lachen und weinen ganz ungehemmt. Aber die Erziehung zielt darauf ab, ihnen diese natürlichen Gefühlsäußerungen abzugewöhnen, und wenn das gelungen ist, gilt das Kind als wohlerzogen, brav und sittsam. Diese Affektverdrängung aus Erziehung und Gewohnheit gilt es wieder aufzuheben, denn unterdrückte Gefühle richten sich nach innen und üben dort eine unkontrollierbare und meist verheerende Wirkung aus. Natürlich muß man lernen, seine Gefühle angemessen auszudrücken, damit andere dadurch nicht verletzt werden. Worauf es ankommt, ist, daß diese einen spontanen Ausdruck finden, sonst sind Krankheiten unvermeidlich. Seien Sie also nicht stolz darauf, falls Sie gelernt haben sollten, sich zu beherrschen. Wenn Sie situationsgewandt Ihre Gefühle und heftigsten Erregungen hinter der lächelnden Maske Ihres Gesichtes verbergen können, nach dem Motto: „Immer nur lächeln, immer vergnügt… doch wie's drinnen aussieht, geht niemand was an." Das muß zwangsläufig zu Störungen im seelischen Gleichgewicht führen. Die Gefühle sind da, um unserem Leben Farbe zu geben. Sorgen Sie dafür, daß sie sich spontan entfalten und äußern können. Jedes Gefühl hat einen Grund und ein Recht da zu sein. Geben Sie ihm daher angemessenen Raum, sich auszuleben, sonst müssen Sie gelegentlich Dampf ablassen oder Sie stehen ständig unter Druck.

Sehr hilfreich kann es sein, wenn es Ihnen gelingt, unerwünschte Gefühle oder Reaktionen allmählich durch Erkenntnis aufzulösen und loszulassen.

*Loszulassen* ist der *Ärger* durch die Erkenntnis, daß ärgern alles nur noch ärger macht und Ihr Ärger die ärgerliche Situation in keiner Weise verbessert oder ändert. Aber auch durch das Bewußtsein, daß nichts und niemand auf der Welt die Macht hat, Sie zu ärgern. Das können immer nur Sie selbst, und Sie sind auch der einzige, der das jederzeit lassen kann, z.B. **jetzt!**

*Loszulassen* ist die *Angst* durch die Erkenntnis, daß Ihre Angst Ihnen nur zeigen will, daß Sie nicht **Sie selbst** sind, daß Ihr Bewußtsein eng und Ihre Angst nur eine Chance und Aufforderung ist, Ihr Bewußtsein zu erweitern; sie wieder daran erinnert, wer Sie wirklich sind, und daß es nichts gibt, das Sie fürchten müßten, weil Sie selbst verursachen, was Ihnen widerfährt. Und das können Sie jederzeit ändern.

*Loszulassen* ist der *Streß* durch die Erkenntnis, daß Streß nur entstehen kann, wenn Sie versuchen, aus der zur Verfügung stehenden Zeit mehr zu schaffen, als in der Zeit zu schaffen ist. Das geht nicht, also sollten Sie es auch nicht mehr versuchen. Sobald Sie das Mißverhältnis zwischen wollen und können beseitigen, verschwindet der Streß für immer.

*Loszulassen* sind die *Schuldgefühle* durch die Erkenntnis, daß keiner durch die Schule des Lebens gehen kann, ohne Fehler zu machen, und daß es das Dümmste ist, sich deshalb Schuldgefühle zu machen oder einreden zu lassen. Das Klügste ist, aus Ihren Fehlern zu lernen, diese als Chance zu erkennen und Ihr Verhalten entsprechend zu ändern. Sobald Sie einen Fehler erkannt haben, können Sie es in Zukunft besser machen.

Befreien Sie sich von Schuldgefühlen durch die Erkenntnis, daß es in Wirklichkeit keine Schuld gibt, sondern nur mangelndes Verstehen oder mangelndes Wollen. Lösen Sie beides durch Ihr bewußtes Streben nach Erkenntnis und durch Ihre Bereitschaft auf, sich entsprechend Ihrer Erkenntnis zu verhalten.

Unbewußte Komplexe werden täglich mit frischer Lebensenergie aufgeladen. Das verbraucht sehr viel Lebenskraft. Solange sie im Unbewußten ruhen, sind sie nicht voll wirksam. Erst, wenn sie ins Tagesbewußtsein steigen, wirken sie unmittelbar in unser Leben. Werden sie mental umerlebt und dadurch aufgelöst, wird die Energie frei.

Diese hochgeladenen Komplexe brauchen dann nicht mehr täglich neu belebt zu werden. Die sonst hierfür benötigte Energie wird bei der Auflösung ebenfalls frei und steht sofort dem Guten zur Verfügung. Tritt ein Ereignis der Vergangenheit in Ihr Bewußtsein, bei dem Sie sich nicht Ihrer heutigen Erkenntnis entsprechend verhalten haben, so erleben Sie es mental um, so daß es dem Grad Ihres Bewußtseins entspricht. Auch sonst verhalten Sie sich in Zukunft entsprechend. Sie anerkennen, daß Sie damals noch nicht fähig oder willens waren, es besser zu machen. Sie sind zugleich dankbar, daß Sie es heute besser wissen und auch willens sind, sich dementsprechend zu verhalten. Aus dieser Erkenntnis heraus.

## Verzeihen Sie sich und Sie sind frei!

So lösen Sie alte Spurbilder in Ihrem Gemüt mit allen karmischen Folgen auf, bis dieses völlig geklärt ist.

Sollte es sich jedoch nicht nur um Schuldgefühle, sondern um tatsächliche Schulden handeln, so sind diese ein ernstzunehmendes Erfolgshindernis, denn sie verhindern, daß Sie Achtung vor sich selbst haben und sich in sich wohlfühlen können. Sie sollten daher bezahlt werden, ganz gleich, wann und wodurch sie entstanden sind. Hier ist Großzügigkeit sich selbst gegenüber nicht angebracht, denn schon in der Bibel heißt es: „Keiner kommt von dannen, ehe der letzte Heller bezahlt ist." Es ist wirklich keine leichte Sache, aber man fühlt sich unsagbar wohl, wenn man es endlich hinter sich gebracht hat. Alles ist wieder frei, gelöst – einfach wunderbar.

*Loszulassen* sind die *Enttäuschungen* durch die Erkenntnis, daß Sie offensichtlich bis dahin in einer Täuschung gelebt haben. Vielleicht hat ein anderer Mensch oder ein Ereignis diese Täuschung für Sie schmerzhaft beendet. Im Grunde müßten Sie dankbar sein, daß das Leben Sie auf die Wirklichkeit aufmerksam gemacht hat. Denn nur, wenn Sie in der Wirklichkeit leben, haben Sie eine Chance, diese zu ändern und nach Ihren Wünschen zu gestalten.

*Loszulassen* sind die *Erwartungen* durch die Erkenntnis, daß Sie dann nicht mehr zu enttäuschen sind, denn vor jeder Enttäuschung steht immer eine Erwartung. Lassen Sie Ihre Erwartungen los, kann niemand Sie mehr enttäuschen, aber auch nicht mehr ärgern, beleidigen, verletzen, kränken usw. Sobald Sie Ihre Erwartungen losgelassen haben, sind Sie endlich offen für das Leben, so wie es wirklich ist.

*Loszulassen* sind die *Aggressionen* durch die Erkenntnis, daß Ihr Leben so ist, wie Sie es gestalten, und daß Sie es in jedem Augenblick ändern können. Ihre Aggressionen aber ändern gar nichts. Sie machen Sie nur unbeliebt und Ihr Leben schwerer, als es ist. Also machen Sie sich bewußt, wogegen Sie eigentlich in Wirklichkeit sind und warum. Dann ändern Sie sich und Ihr Leben, bis es Ihnen gefällt.

*Loszulassen* sind die *Minderwertigkeitsgefühle* durch die Erkenntnis, daß niemand minderwertig ist. Jeder ist ein Teil des Einen Bewußtseins, ein Teil der Einen Kraft, die alles geschaffen hat und es ständig neu werden läßt. Niemand steht über Ihnen, aber es steht auch niemand unter Ihnen, wir sind alle gleich, nur unterschiedlich erwacht.

*Loszulassen* ist die *Vergangenheit* durch die Erkenntnis, daß sie vorbei ist und nie mehr wieder kommt. Warum also sollten Sie sie noch immer mit sich herumschleppen. Lassen Sie los, woran Sie hängen: Alte Vorstellungen, Grenzen, Ziele, überholte Programme, Muster und Prägungen, negatives Denken, negative Selbstbilder, die Rolle, die Sie spielen, den schlecht gewählten Beruf, unstimmige Partnerschaften, Ihre Erziehung, den Umwelteinfluß und damit Normen und Klischees. Lassen Sie ganz bewußt alles los, was nicht mehr wirklich zu Ihnen gehört, und seien Sie endlich frei, Sie selbst zu sein.

*Loszulassen* sind auch *Egoismus, Eitelkeit* und *Neid,* denn worum sollten Sie einen anderen beneiden, wenn Sie selbst alles erreichen können? Aber auch das Schwarzsehen ist eine unnötige seelische Belastung. Wenn Sie einmal Ihre Sorgen anschauen, die Sie sich gemacht haben, werden Sie feststellen, daß die meisten sich nicht bewahrheitet haben. Stehen Sie auch bei unruhiger See gelassen an Deck Ihres Lebensschiffes und erwarten Sie das beste!

*Loszulassen* ist die *Gewohnheit, Dinge hinauszuzögern,* vor sich herzuschieben, die Sie schon gestern hätten erledigen können. Die Gewohnheit, vor unangenehmen Situationen davonzulaufen, anstatt sie zu meistern, wenn sie auftauchen. Die Gewohnheit, zuviel zu reden und zuwenig zuzuhören, denn man kann oft etwas lernen, wenn man richtig zuhört.

*Loszulassen* ist das *Verlangen nach Rache* für tatsächliche oder eingebildete Kränkung durch andere, aus der Erkenntnis, daß niemand die Macht hat, Sie wirklich zu kränken.

*Loszulassen* ist das *Selbstmitleid* durch die Erkenntnis, daß Sie die Vergangenheit nicht ändern können. Da hilft kein Selbstmitleid. Doch die Zukunft gehört Ihnen, und hier ist alles möglich, deshalb sollten Sie niemals Ihre Kraft durch Selbstmitleid vergeuden. Sie haben Ihr Schicksal selbst verursacht, und Sie sind der einzige, der es ändern kann. Sie brauchen Ihre ganze Kraft für die bewußte Gestaltung Ihrer Zukunft. Selbstmitleid ist auch überflüssig, da Sie die beklagten Umstände jederzeit ändern können. Nur dadurch werden sie anders, während Selbstmitleid nichts ändert. Damit rauben Sie sich bloß die Kraft, vertun Ihre Zeit und belasten Ihre Gesundheit. Sich selbst zu bedauern schwächt, man wird wertlos für die Gesellschaft und sich selbst eine Last. Außerdem machen Sie sich mit einer destruktiven Haltung nur unbeliebt. Das führt letztlich zu Depressionen, in denen man sich selbst immer noch mehr bedauert.

*Loszulassen* ist auch die *Reue*, denn es gibt keine größere Zeit- und Energieverschwendung als Reue. Sie können Ihr Leben ändern, indem Sie jedesmal, wenn Sie denken: „Wenn doch nur…" Sie diese Worte gleich umformen zu: „Das nächste Mal…" Das nächste Mal werden Sie offen sprechen. Das nächste Mal werden Sie Ihre Chance ergreifen. Machen Sie es sich zur Gewohnheit, zu tun, was zu tun ist, wenn das nächste Mal gekommen ist.

*Letztlich lassen Sie auch Ihren Eigenwillen los,* aus der Erkenntnis, daß das Leben ohnehin das Beste für Sie will. Lassen Sie los, gefragt werden zu wollen, verstanden werden zu wollen, beachtet und geliebt werden zu wollen, Recht haben zu wollen, sich durchsetzen zu wollen, es besser wissen zu wollen. Lassen Sie auch los, mehr sein zu wollen als andere, ja sogar, ein guter Mensch sein zu wollen. Lassen Sie los, siegen zu wollen, glücklich sein zu wollen und letztlich, überhaupt zu wollen. So sind Sie endlich frei zu sein, wie Sie sind und wer Sie sind.

Wenn Sie also die fast unbegrenzten Möglichkeiten Ihres Denkinstrumentes optimal nutzen wollen, dann sollten Sie eine „Gedankenkur" machen, eine „mentale Diät". Das heißt, möglichst vier Wochen lang positiv zu denken, zu fühlen, zu reden und zu handeln. Positive Gesellschaft zu suchen, positive Gewohnheiten zu entwickeln und zu stärken, Positives zu lesen und anzuschauen. Dabei ist es wichtig, jeden Ärger, Streß oder jede Angst sofort umzuerleben und dadurch aufzulösen, bevor eine negative Wirkung erfolgen kann. Auch Schuldgefühle, Sorgen, Zweifel, Wut, Selbstmitleid und Aufregung sollen mental umerlebt werden. Machen Sie sich jeden Gedanken an Krankheit und Armut auf allen Ebenen bewußt und lösen Sie ihn auf. Morgens und abends praktizieren Sie gründlich Psychohygiene und legen tagsüber stündlich eine Stilleminute ein. Außerdem richten Sie Ihr Bewußtsein aus, wann immer das Telefon klingelt, Besuch kommt oder Sie eine neue Arbeit beginnen. Machen Sie sich bewußt, wer Sie wirklich sind und handeln Sie aus diesem gerichteten Bewußtsein heraus. Halten Sie das vier Wochen diszipliniert durch, und lassen Sie es dann wegen der überzeugenden Ergebnisse zur Gewohnheit werden. Lernen Sie so Gedanken zu denken, deren Folgen Sie gern in Ihrem Leben hätten.

Mit der geistigen Technik des mentalen Umerlebens können Sie zwar vergangene Ereignisse nicht ungeschehen machen, aber Sie haben die Macht, sie unwirksam zu machen, bevor sie eine negative Wirkung auf Ihr Leben haben können. Sie können sie sogar in ihrer Wirkung umkehren, so daß selbst ein negatives Ereignis eine positive Wirkung auf Ihr Leben hat. Das Ausmaß eines solchen Umerlebens muß jedem sogenannten Realisten völlig unglaubhaft erscheinen. Aber jeder hat die Möglichkeit, sich selbst von der sofortigen, verblüffenden Wirkung auf sein Leben zu überzeugen.

Das braucht kein langes Training, denn sobald Sie es wirklich tun, geschieht es. Mit der Technik des mentalen Umerlebens können Sie aber nicht nur vergangene Ereignisse umerleben oder Ihre Vergangenheit bereinigen. Es ist sogar möglich, zukünftige Ereignisse umzuerleben, damit sie in der gewünschten Weise ablaufen. Das kann z.B. eine Prüfung sein, vor der Sie stehen, ein unangenehmes Gespräch, eine Verhandlung mit dem Finanzamt oder ein Gerichtstermin. Erleben Sie es voraus, in der Form, in der Sie wünschen, daß es abläuft, und geben Sie so Ihrem Unterbewußtsein ein Bild des erwünschten Verhaltens. Sie können im voraus trainieren, bis Sie absolut sicher, ruhig und überzeugend sind. Tritt das Ereignis dann ein, erleben Sie staunend, daß es abläuft wie ein Film, den Sie schon einmal gesehen haben. Werden Sie sich bewußt, welche Macht Ihnen das Leben gegeben hat, und machen Sie weisen Gebrauch davon.

Sie können außerdem mit dem Armtest prüfen, ob das Ereignis wirklich „entladen" ist. Das geht so: Halten Sie einen Arm waagrecht seitlich vom Körper ab und lassen Sie einen anderen vorn am Handgelenk auf den Arm drücken. Der Arm sollte jedoch nur leicht und nicht mit voller Gewalt durchgedrückt werden. So können Sie prüfen, wieviel energetische Kraft derzeit vorhanden ist und gewissermaßen Maß nehmen. Denken Sie nun einmal an die vergangene oder zukünftige Situation und lassen Sie sich dabei wieder auf den Arm drücken. Wenn es sich um ein belastendes Ereignis handelt, ist die Kraft jetzt deutlich geringer, und Sie können Ihren Arm selbst bei sehr leichtem Druck vermutlich nicht mehr oben halten. Erleben Sie nun diese Situation mental um und machen anschließend erneut den Armtest. Ist die Situation bereinigt, egal, ob es sich um eine vergangene oder zukünftige Situation handelt, bleibt der Arm nicht nur stark, oft wird er sogar noch stärker sein als zuvor. Dann haben Sie die Gewißheit, daß die Situation wirklich bereinigt ist. Das funktioniert deswegen so gut, weil Ihr Unterbewußtsein zwischen einem vorgestellten und einem tatsächlichen Ereignis nicht unterscheiden kann und auch Ihre erwünschte Vorstellung als Realität ansieht und entsprechend handelt.

Wenn Sie bei der Bereinigung sind, könnten Sie auch andere Einstellungen ändern, und damit Ihr ganzes Leben bereinigen. So auch die Einstellung zur Arbeit. Die meisten haben etwa die Einstellung, daß Arbeit das ist, was keinen Spaß macht, aber getan werden muß, um Geld zu verdienen. Haben Sie sich einmal gefragt, warum Sie einer ungeliebten Tätigkeit nachgehen, um Ihren Lebensunterhalt zu verdienen? Warum Sie nicht Geld für etwas bekommen, das Sie ohnehin und mit Freude tun? Nun, das ist möglich. Machen Sie sich bewußt, welche Tätigkeiten in Ihrem Leben „Arbeit" sind, welche Sie lieber lassen möchten. Dann machen Sie sich bewußt, welche Tätigkeiten Ihnen besondere Freude bereiten. Womit Sie am liebsten Ihre Zeit und damit Ihr Leben verbringen möchten. Nun haben Sie zwei Möglichkeiten, nie mehr zu arbeiten. Erstens könnten Sie einen Weg finden, das, was Ihnen Freude bereitet, zum Beruf zu machen und damit Ihrer Freude zu folgen oder aber Sie ändern Ihre Einstellung zu Ihrer bisherigen Tätigkeit und tun es ab jetzt mit Freude. Sie können natürlich auch beide Wege kombinieren. Sich eine Tätigkeit suchen, die Ihnen mehr Freude macht, und Ihre Einstellung optimieren. Das Ergebnis ist immer das gleiche. Von diesem Augenblick an brauchen Sie nie mehr zu arbeiten und haben Urlaub für immer!

Haben Sie sich schon einmal gefragt, wer Ihr Chef ist? Sagen Sie jetzt nicht, daß Sie keinen Chef haben, da Sie ja selbständig sind. Jeder hat einen Chef, selbst wenn Sie nichts tun, haben Sie einen Chef, z.B. Ihre Bequemlichkeit. Andere haben den Ehrgeiz als Chef oder die Gewohnheit. Finden Sie einmal diesen „inneren Chef" und prüfen Sie, ob Sie ihn weiterhin als Chef annehmen wollen. Machen Sie sich bewußt: „Alle Dinge sind würdig, mir zu dienen, aber keines ist wert, mein Herr zu sein." So kommen Sie allmählich zu der Erkenntnis, nie mehr zu „müssen". Sagen Sie entweder **ja** zu etwas, dann wird es zum „ich will" oder gar „ich darf" oder sagen Sie in Zukunft **nein** dazu, dann verschwindet es aus Ihrem Leben und Sie sind frei. Es kann sein, daß Sie erst lernen müssen **nein** zu sagen. Wenn Ihnen das schwer fällt, dann machen Sie sich bewußt, daß jedesmal, wenn Sie **ja** sagen, wo Sie **nein** meinen, Sie **nein** sagen zu sich selbst. Sie vergewaltigen sich selbst, zwingen sich, etwas zu tun, das Sie in Wirklichkeit gar nicht möchten. Wenn Ihnen das ein anderer antut, wird er schwer dafür bestraft. Tun Sie es sich selbst an, bestrafen Sie sich ständig, doch immer wieder ohne jeden Grund. Also sagen Sie nicht mehr, Sie seien zu gutmütig. Leben Sie nicht mehr das Leben, das die anderen von Ihnen erwarten, sondern entscheiden Sie sich **jetzt** für sich. Leben Sie Ihr Leben! Das heißt natürlich nicht, daß Sie nicht mehr hilfsbereit sein sollten, aber seien Sie es nur dort, wo Sie es wirklich wollen, und nicht mehr dort, wo Sie es als Druck und Zwang empfinden, bloß weil man Sie dann angeblich mag oder weil es als Tugend gilt, diese Rolle zu spielen. Seien Sie einfach echt, ehrlich und authentisch, auch wenn Sie vorerst vielleicht nicht mehr so beliebt sind wie bisher. Der Preis für diese Art Beliebtheit ist zu hoch.

Ganz generell sollten Sie Ihren Umgang mit den andern rigoros überprüfen. Überprüfen Sie alle Verbindungen ohne falsche Rücksicht und meiden Sie in Zukunft Menschen, die Sie nur Zeit kosten und vom Wesentlichen ablenken. Wer sich selbst treu bleiben will, kann nicht auch allen anderen treu bleiben. Hören Sie auch auf, Dingen hinterherzulaufen. Hören Sie auf zu suchen, lassen Sie sich finden. Indem Sie all das loslassen, was Sie bisher hemmte, wird eine ungeheure Energie frei, die von anderen als Ausstrahlung bemerkt wird. Je mehr Sie „stimmen", desto mehr ziehen Sie nach dem Gesetz der Resonanz die Dinge an, die ebenfalls stimmen, die jetzt zu Ihnen gehören. Sie brauchen nicht mehr zu suchen, Sie werden gefunden.

Das Ergebnis ist eine unerschütterliche Gelassenheit. Das hat nichts mit Lässigkeit oder gar Nachlässigkeit zu tun, sondern ist das Ergebnis der Ausgeglichenheit Ihres Bewußtseins. Sie ist etwas Herrliches, wird bewundert und ersehnt. Diese Art von Gelassenheit hat nichts mit einem dicken Fell zu tun, sondern ist ein Zeichen einer hohen menschlichen Reife und seelischen Unverwundbarkeit. Je mehr Sie Sie selbst sind, indem Sie loslassen, was nicht mehr zu Ihnen gehört, desto gelassener werden Sie. Die Umstände werden dann mehr und mehr als „gleich-gültig" erkannt, und das, was bisher als Belastung und Schwierigkeit empfunden wurde, wird zu einer interessanten Aufgabe des Lebens, die Sie freudig lösen. Sie sind dann nicht mehr bereit, sich den Normen oder Erwartungen der Gesellschaft anzupassen, sondern leben immer mehr entsprechend dem eigenen inneren Maßstab. Sobald Sie wirklich stark sind, müssen Sie das auch nicht mehr beweisen, sondern gehen von der Vergangenheit unbeschwert und von Zukunftssorgen unbelastet in einem Zustand von Leichtigkeit und Frische durchs Leben. So wie erst ein leeres Gefäß seine Aufgabe erfüllen kann, so sind Sie durch das Loslassen bereit für ein erfülltes Leben.

## Selbsterkenntnis – Selbstverwirklichung

1. Was ärgert mich noch und weshalb?
2. Welche Erwartungen habe ich noch? An wen und warum?
3. Wo urteile, bewerte, vergleiche ich noch und warum?
4. Wann und wodurch komme ich noch in Streß und weshalb?
5. Was schiebe ich vor mir her und warum?
6. Was befürchte ich, wovor habe ich Angst und warum?
7. Wem kann ich weshalb nicht verzeihen?
8. Welche Schuldgefühle habe ich und warum?
9. Was muß ich noch in meinem Leben? Wo, bei wem, weshalb?
10. „Arbeite" ich noch, wenn ja, warum?
11. Welche Botschaften/Lektionen bekam und bekomme ich?
12. Wen beneide ich? Worum und weshalb?
13. Welche Ziele habe ich in meinem Leben und warum?
14. Was will ich, weshalb, in meinem Leben ändern?
15. Wer bin ich, wie bin ich? Warum bin ich nicht so, wie ich wirklich bin?

16. Was fehlt mir noch zur Gelassenheit? Warum? Was sollte ich in Zukunft besser lassen?
17. Was macht mir Freude, liebe ich? Welches Leben entspricht mir, würde mir Erfüllung bringen?
18. Was ist schon jetzt optimal in meinem Leben? Was nicht – warum?
19. Welche konkreten Hindernisse/Blockaden sind da und weshalb?
20. Welche konkreten Möglichkeiten/Chancen bietet mir mein Leben? Wieweit erkenne und nutze ich sie tatsächlich?
21. Was könnte ich jetzt tun?
22. Wie mache ich es am besten?
23. Wann bin ich bereit dazu?
24. Welche Voraussetzungen muß ich noch schaffen? Wie? Wann?
25. Bin ich bereit, die Verantwortung für mein Leben zu übernehmen?
26. Bin ich bereit, aus meinem Leben ein Kunstwerk zu machen und meinen Wunschtraum **jetzt** zu verwirklichen?

*Bin ich bereit, so zu leben, daß ich mich wohl fühle und Achtung vor mir selbst habe?*

# Der siebte Schritt zum Erfolg

*Wer nicht lernt,*
*sich selbst zu beherrschen,*
*bleibt ewig ein Knecht!*

Der siebte Schritt zum Erfolg heißt, die inneren Voraussetzungen für den Erfolg zu schaffen und dadurch geradezu magnetisch zu werden für Erfolg. Viele Menschen warten darauf, daß ihnen eine große Aufgabe übertragen wird. Wer aber darauf nicht wirklich vorbereitet ist, wird vergeblich warten. Ein Armer kann nicht einen anderen Armen zum Reichtum führen. Sie müssen zuerst innerlich reich werden, bevor dieser Reichtum außen in Erscheinung treten kann. Warten können ist durchaus eine Tugend, aber sie allein reicht nicht aus, um zum Erfolg zu gelangen. Wenn Sie sich dabei hängen lassen, die Reichen kritisieren und anderen die Schuld dafür geben, daß sich der Erfolg bei Ihnen noch nicht eingestellt hat, ist dies der falsche Weg. Wenn Sie erfolgreich werden wollen, dann bestimmt dieses Ziel jede Entscheidung, den Weg und die Schritte, Sie aber bestimmen das Ziel. Wie wollen Sie lernen, sich nicht vom Geld besitzen zu lassen, wenn Sie nie wirklich Geld gehabt haben? Wie wollen Sie wissen, ob Ihnen Erfolg etwas bedeutet, wenn Sie nie wirklich erfolgreich gelebt haben?

Wenn Sie sich entschieden haben, erfolgreich zu sein und bereit sind, die inneren Voraussetzungen dafür zu schaffen, dann ziehen Sie zunächst Bilanz und finden Sie an sich zehn positive Eigenschaften. Machen Sie sich Ihre Qualitäten bewußt, und schreiben Sie auch das auf, was scheinbar selbstverständlich ist. Lassen Sie sich dafür Zeit. Natürlich dürfen es durchaus auch mehr als zehn positive Eigenschaften sein. Haben Sie alles notiert, dann machen Sie sich bewußt, wie großartig Sie bereits sind. Sie dürfen dabei ruhig ein bißchen stolz auf sich sein. Schauen Sie sich diese Liste jeden Tag einmal an und genießen Sie, was Sie bereits erreicht haben. Dann fertigen Sie eine zweite Liste an, und finden Sie zehn

Gründe dafür, warum Sie Ihr Ziel sicher erreichen werden. Diese Liste wird Ihnen Kraft geben, wenn Sie einmal scheinbar einen Rückschlag erleben. In Wirklichkeit ist jeder Rückschlag eine Botschaft des Lebens, daß Sie noch nicht den optimalen Weg gefunden haben, und eine Aufforderung, noch einmal genauer hinzuschauen, damit Sie ihn erkennen. So gesehen wird jeder scheinbare Rückschlag zum „Entwicklungshelfer" und kann Ihnen besser dienen als das Lob eines Freundes.

Um zu einem bestimmten Ziel zu kommen und sich auch unter schwierigen Umständen nicht beirren oder gar abhalten zu lassen, braucht man Tatkraft. Die Freude, seinen Willen einzusetzen und beständig auf ein gewünschtes Ziel zu richten, bis es erreicht ist. Wenn Sie Ihr Ziel nie aus den Augen verlieren, ergeben sich die Schritte, die dahin führen, ganz von selbst. Doch muß das weder anstrengend, noch mühsam sein, sondern jeder Schritt sollte Ihnen Freude machen. Überhaupt können Sie die Freude zu einem sicheren Führer in Ihrem Leben machen, denn wenn Ihnen etwas keine Freude macht, dann liegen Sie falsch, dann handeln Sie nicht mehr im Einklang mit sich selbst. Mit Freude verfliegt auch die Ungeduld, denn Sie wissen, daß Sie letztlich Ihr Ziel erreichen, also können Sie ruhig auch den Weg dahin genießen.

Eine andere Eigenschaft, die Sie auf dem Weg zum Erfolg entwickeln sollten, ist die Selbstdisziplin. Das geschieht am einfachsten dadurch, daß Sie alle Schritte zunächst im Geist ausführen, immer wieder optimieren und wiederholen, bevor sie die Schritte im Außen tun. Wenn Sie die erfolgreichen Schritte im Geist 1000 Mal geübt haben, wird es allmählich zur Gewohnheit, erfolgreich zu sein. Dabei können Sie im Geist ohne Nachteil viele Fehler machen und daran lernen, denn im Außen tun Sie den Schritt erst, wenn er absolut stimmt. Dann wissen Sie ganz sicher, daß Sie so auch diesmal Erfolg haben werden. Schließlich haben Sie es im Geist bis zur Perfektion geübt. Üben Sie sich ständig darin, in jeder Beziehung erfolgreich zu sein, und Sie werden immer wieder erleben, daß im Außen nur das in Erscheinung tritt, was Sie innerlich gestaltet haben, ihm so eine geistige

Form gaben, die dann als Umstand oder Ereignis in Erscheinung tritt. Dies ist ein so einfacher und dabei absolut zuverlässiger Erfolgsmechanismus, daß ich ihn Ihnen gar nicht genug empfehlen kann. Jeder, der Erfolg hat, wendet ihn an, ob er sich dessen bewußt ist oder nicht, und jeder, der ihn anwendet, ist damit erfolgreich. Dieser Weg zum Erfolg ist absolut zuverlässig. Was nicht immer so zuverlässig ist, das ist der Mensch, und deshalb ist die Selbstdisziplin so wichtig. Gehen Sie aber nicht den nerventötenden Weg, sich im Außen ständig zu etwas zu zwingen, das Ihnen nicht liegt, sondern wählen Sie den eleganten Weg des inneren geistigen Übens, bis es zur Gewohnheit geworden ist. Sie schaffen sich so einen automatischen Erfolgsmechanismus, der gar nicht hoch genug zu schätzen ist, und das auf eine Weise, die Freude macht. Dieses mentale Training kann der Schlüssel zu Ihrem zukünftigen Erfolg werden. Gewinnen Sie zunächst in Ihrer Phantasie und gewöhnen Sie sich so daran, daß es ganz leicht auch im Außen geschieht.

Dazu brauchen Sie keine zusätzliche Zeit. Üben Sie geistig, wenn Sie unter der Dusche stehen, beim Friseur sind oder wenn Sie im Restaurant auf das Essen warten. Nutzen Sie jeden zur Verfügung stehenden Augenblick, denn je öfter Sie üben, desto sicherer stellt sich der Erfolg ein. Vor allem aber gewöhnen Sie sich auf diese Weise daran, Erfolg zu haben und fühlen sich wert, erfolgreich zu sein. Mangelndes Selbstwertgefühl könnte sonst zu einem ernsten Erfolgshindernis werden. Üben Sie geistig aber nicht nur, bis eine Sache, ein Vorhaben erfolgreich abgeschlossen ist, sondern erleben Sie geistig auch die Zeit danach. Erleben Sie, wie Sie sich fühlen, wie man Sie beglückwünscht usw. Versetzen Sie sich ganz lebendig in die Situation danach. Das wird Ihnen helfen, bei Ihrer geistigen Arbeit zunehmend vom Ziel aus zu denken und nicht zum Ziel hin. Dieses vom Ziel aus Denken ist ein weiteres, wenig bekanntes Erfolgsgeheimnis. Denn solange Sie noch zum Ziel hin denken, trennen Sie sich geistig von ihm. Erst wenn Sie wirklich vom Ziel aus denken, bringen Sie den Erfolg in die Gegenwart. Damit steigern Sie nicht nur ständig Ihre Leistung, sondern gewinnen praktisch jede Herausforderung, vor die Sie das Leben stellt. Es ist die geistige Grundhaltung eines Gewinners! Schwierige Passagen können Sie auch in Zeitlupe wiederholen, um sich jedes Detail eines Vorganges einzuprägen, das in der Praxis vielleicht viel zu schnell abläuft. Als letzten Punkt vergessen Sie nicht die geistige Nachbearbeitung, wenn Sie wieder ein Ziel erreicht haben. Sei es eine Beförderung oder ein guter Verkaufsabschluß. Gehen Sie es mehrmals geistig durch, und machen Sie sich die Konsequenzen bewußt, die sich aus der veränderten Situation ergeben, und wie Sie mit der neuen Situation umgehen. Was immer Sie praktisch tun, Sie sollten es vorher so lange geistig geübt haben, bis Sie Ihrer Sache ganz sicher sind. Vergessen Sie vor allem nicht, sich immer wieder bewußt zu machen, was Sie schon erreicht haben. Erfreuen Sie sich daran!

Seien Sie bereit, ein Leben lang zu lernen. Sobald Sie in einer Sache Meister sind, sollten Sie eine neue beginnen. Das hält geistig jung und beweglich. Aktivieren Sie die Kraft Ihres Unterbewußtseins, indem Sie sich bewußt machen, daß ein fast unbegrenztes Potential darauf wartet, für Sie tätig zu werden. Sehen Sie Ihr Unterbewußtsein wie einen Freund, der Ihnen gern behilflich sein möchte, und machen Sie sich bewußt, was dieser gute Freund für Sie tun kann. Er kann, während Sie schlafen, Lösungen für anstehende Aufgaben finden, kann Sie daran erinnern, wo Sie Ihren Paß oder Hausschlüssel hingelegt haben usw. Das geht am besten, wenn Sie sich vorstellen, Sie hätten die Aufgabe gerade jetzt gelöst, den Hausschlüssel gefunden, wären am Ziel angekommen. Denken Sie auch hier vom Ziel aus und nicht zum Ziel hin.

Doch auch wenn Sie vom Ziel aus denken, müssen Sie etwas investieren, bevor Sie etwas bekommen können. Machen Sie sich bewußt, wieviel Sie bereit sind zu investieren an Zeit, Geld und Risiko. Je gründlicher Sie vorbereitet sind, desto sicherer werden Sie das Ziel erreichen.

Zu diesen Vorbereitungen gehört auch, die Voraussetzungen für erfolgreiche, geistige Arbeit zu schaffen. Dazu gehört neben der Intelligenz auch Gesundheit, eine innere und äußere Ordnung und ein vernünftiger Kräfteeinsatz. Aber auch die Fähigkeit, in jeder Situation Gleichmut zu bewahren, gelassen zu bleiben. Wenn die Dinge gut laufen, ist dies keine Kunst. Die beginnt erst in schwierigen Zeiten. Sie sollten sich weder von Menschen noch von den Umständen zur Eile drängen lassen. Aus dieser inneren Gelassenheit heraus können Sie nicht nur bewußt tun, was zu tun ist, Sie können auch stets vorausdenken und die Umstände klären, bevor sie eingetreten sind. Seien Sie mit Interesse bei der Sache, und fördern Sie Ihre Fähigkeit, wirklich konzentriert zu arbeiten. Das heißt, alles andere loszulassen, bis auf das eine, daß Sie gerade tun. Das heißt auch, nicht nur ausdauernd zu arbeiten, sondern auch zielstrebig und erfolgsbewußt. Das heißt außerdem, auch ganz gewöhnliche Dinge ganz ungewöhnlich zu tun. Zudem gehört dazu, daß Sie das, was jetzt zu tun ist, auch **jetzt** tun und nichts mehr vor sich her schieben. Denn es gibt Menschen, die bereit sind alles zu tun, um weiter zu kommen, außer dafür zu arbeiten. Wenn Ihre Arbeit zum Hobby geworden ist oder Sie Ihr Hobby zum Beruf gemacht haben, sollte das keine Schwierigkeit sein. Dann werden Sie auch gut dafür bezahlt, daß Sie das tun, was Ihnen ohnehin Freude bereitet. Um die Vorbereitungen zu erfolgreicher Arbeit zu optimieren, sollten Sie nicht nur stets klar denken, sondern sich auch eine klare Wahrnehmung aneignen. Die Dinge exakt beschreiben, eine Aufgabe klar definieren und möglichst viele Lösungen dafür finden, damit Sie aus dieser Auswahl der Möglichkeiten die optimale Lösung wählen können. Dazu gehört auch, eine straffe innere Führung zu erlangen, das heißt, sein eigener Mitarbeiter zu sein, und sich selbst ein guter, aber strenger Chef, der nicht nur erwartet, daß alles gut läuft, sondern in jeder Situation dafür sorgt und eine Sache erst losläßt, wenn sie erfolgreich abgeschlossen ist. Sollte es trotzdem bei Ihrer Tätigkeit etwas Unangenehmes geben, dann machen Sie es sich zur Gewohnheit, Unangenehmes gleich mit Freude zu bereinigen. Prüfen Sie auch immer wieder, zumindest einmal täglich, ob etwas getan werden könnte, das Sie weiterbringt und das Sie bisher übersehen oder versäumt haben.

Bei all diesen Vorbereitungen ist übertriebene Vorsicht ebensowenig angebracht wie das Fehlen jeglicher Vorsicht. Risiko und Erfolg müssen immer in einem angemessenen

Verhältnis bleiben. Das alles führt dazu, daß Sie immer selbständiger denken, reden und handeln. Das gilt natürlich umso mehr, wenn Sie in einem Angestelltenverhältnis tätig sind. Stellen Sie sich einfach vor, die Firma gehöre Ihnen, und erkennen Sie aus dieser Betrachtungsweise heraus, was getan werden muß. Machen Sie sich vielleicht sogar eine Liste mit den zehn wichtigsten Dingen, die getan werden könnten, damit die Firma besser funktioniert. Machen Sie sich keine Gedanken darüber, ob Ihre geistige Investition auch erkannt und beachtet wird, denn nach dem Gesetz des Ausgleichs findet alles seinen gerechten Lohn. Leider eben auch das Negative, ja sogar das, was Sie unterlassen haben. Vielleicht besteht der Ausgleich darin, daß sich Ihnen die Chance bietet, sich wirklich selbständig zu machen, sobald Sie innerlich selbstständig geworden sind.

Verwenden Sie auch einen Teil Ihrer Zeit darauf, ständig neue Kontakte herzustellen, und pflegen Sie diese Kontakte durch ungewöhnliche Aufmerksamkeit. Das beginnt damit, daß Sie sich schon beim ersten Mal den Namen des andern merken und ihn mit seinem Namen ansprechen. Vielleicht erfahren Sie auch sein Geburtsdatum. Ein Anruf bei der Sekretärin sollte dazu genügen, und Sie können den Kontakt vertiefen, indem Sie ihm an diesem Tag eine kleine Aufmerksamkeit schicken. Damit können Sie einem anderen Menschen zeigen, daß er Ihnen wichtig ist. So wird jeder für Sie zu einer einmaligen Chance. Entweder Sie können etwas für ihn tun, dann haben Sie die Möglichkeit zu säen und können dankbar diese Chance wahrnehmen, diese Gelegenheit nutzen, etwas Gutes zu verursachen. Oder der andere kann und will etwas für Sie tun. Was auch immer der Fall sein mag, der andere ist für Sie eine einmalige Chance, und Sie sollten aufgeschlossen und aufmerksam sein, um sie zu erkennen und zu ergreifen. Jeder Mensch will Vorteile genießen. Seien Sie jemand, der Vorteile bietet, und Sie sind überall willkommen. Nur im Wörterbuch steht Erfolg **vor** Leistung. Im Leben kommt erst die Leistung, dann der Erfolg, erst die Saat, dann die Ernte. Dazu gehört auch, daß Sie Ihren Umgang kritisch überprüfen. Nicht umsonst heißt es: „Sage mir, mit wem Du gehst, und ich sage Dir, wer Du bist." Prüfen Sie, ob Ihr Bekanntenkreis noch stimmt, und lassen Sie diejenigen los, die nicht mehr zu Ihnen gehören. Tragen Sie immer bewußter dazu bei, sich selbst zu fördern, aber leben Sie auch in dem Bewußtsein, daß alles und jeder Sie fördert und weiterbringt. Hören Sie aber auf, besser sein zu wollen als andere, und fangen Sie an, besser zu sein, als gestern. Und seien Sie bei allem von sich selbst begeistert!

Geben Sie sich auch immer mehr Grund dazu. Zum Beispiel könnten Sie Ihre Stimme, Ihre hörbare Visitenkarte schulen. Das heißt nicht, so zu sprechen lernen, wie ein anderer spricht, sondern über Ihre Stimme Ihre erfolgreiche Persönlichkeit zum Ausdruck zu bringen. Die Kunst, Menschen zu überzeugen und für sich zu gewinnen, hängt in einem hohen Maße davon ab, wie Sie sprechen. Die Schulung Ihrer Stimme beginnt damit, daß Sie bei verschiedenen Gelegenheiten Ihre Stimme auf Tonband aufnehmen und dieses in Ruhe kritisch anhören. Es kann sein, daß Sie beim ersten Mal Ihre Stimme gar nicht erkennen. Aber mit Sicherheit fällt Ihnen sofort einiges auf, das nicht Ihrem inneren Maßstab entspricht und geändert werden sollte. Ein Kassettenrecorder ist ein unbestechlicher Helfer. Lesen Sie Zeitungsartikel, Gedichte, Witze, aber auch Briefe laut vor und nehmen Sie alles auf Band auf. Sie werden überrascht sein, wieviel es an Ihrer Stimme noch zu verbessern gibt. Überprüfen Sie auch Ihre Telefonstimme durch eine Tonbandaufnahme, und optimieren Sie auch diesen Teil Ihrer hörbaren Visitenkarte. Denn sehr oft wird ein Anruf der erste Kontakt sein und Ihre Stimme der erste Eindruck, den der andere von Ihnen hat. Sorgen Sie dafür, daß er gleich den richtigen Eindruck bekommt. Schon Sokrates sagte: „Sprich, damit ich Dich sehe." Sorgen Sie dafür, daß der andere Ihnen über Ihre Stimme wirklich begegnet. Ein Mensch, der seine Stimme verändert, verändert damit seinen Charakter. Es gibt kaum einen anderen Bereich, in dem man so viel für seinen Erfolg tun kann, wie über seine Stimme, und keinen, bei dem der Erfolg schneller sichtbar oder besser hörbar wird. Sich selbst eine neue Sprache zu schenken, heißt, sich seiner wahren Persönlichkeit bewußt werden. Der zu sein, der man im tiefsten Innersten ist.

Wenn Sie Ihre Stimme geschult haben, machen Sie von der Macht der Höflichkeit Gebrauch. Höflichkeit ist ein tiefes inneres Bedürfnis eines jeden Menschen. Behutsame, liebevolle Höflichkeit macht allen Beteiligten Freude, wenn sie in Erscheinung tritt. Auch Ihnen selbst tut Höflichkeit gut. Also machen Sie sich immer wieder die Freude höflich zu sein, bis Höflichkeit zum unverzichtbaren Teil Ihrer Persönlichkeit geworden ist.

Wenn Sie etwas nicht wissen, fragen Sie! Greifen Sie zum Telefon und fragen Sie jemanden, der das wissen könnte. Selbst wenn er es nicht weiß, hat er vielleicht einen Bekannten, der es weiß, und so hilft Ihnen „hangeln" zur Beantwortung jeder Frage. Scheuen Sie sich deshalb auch nicht, einen Unbekannten anzurufen. Lassen Sie sich überraschen, wie hilfsbereit Menschen sind, wenn man ihnen nur Gelegenheit dazu gibt. Lernen Sie ungeniert zu fragen, aufrichtig zu bitten, und Sie erfahren, was Sie wissen wollen.

Eine andere wichtige Voraussetzung für wirklichen Erfolg ist absolute Ehrlichkeit. Das heißt nicht nur, keinen Gewinn um jeden Preis anzustreben, sondern für den anderen offen und vertrauenswürdig zu sein. Das bringt nicht nur Selbstachtung und Würde, sondern zahlt sich auch in Geld aus, selbst wenn scheinbar dadurch im Außen das eine oder andere Geschäft nicht zustande kommt. Wenn die geistigen Voraussetzungen für den Erfolg stimmen, dann muß sich der Erfolg mit absoluter Sicherheit einstellen.

Lernen Sie auch, einen Rückschlag einzustecken, ohne sich beirren zu lassen. Machen Sie lieber ein Sprungbrett daraus. Schon mancher hat sich ein schönes Haus aus den Steinen gebaut, die andere ihm in den Weg gelegt haben. Es ist keine Schande, einmal zu fallen, wohl aber, liegenzubleiben. Bevor ein Gewitter kommt, donnert es, und Sie können sich gut darauf einrichten, aus welcher Richtung das Gewitter kommen wird. So ist es auch bei geschäftlichen Rückschlägen. Sie kommen nicht ohne Warnung ganz plötzlich, sondern kündigen sich rechtzeitig an, wenn Sie auf die Signale hören. Wenn es donnert, haben Sie meistens noch Zeit, zum nächsten Haus zu gehen, um nicht naß zu werden. So haben Sie meist auch noch Zeit, geschäftlich die erforderlichen Vorkehrungen zu treffen, bevor es losgeht. Auch wenn sich in Ihnen etwas zusammenbraut, können Sie vorbeugen, bevor es zu einem Ausbruch kommt. Stellen Sie sich vor, Sie hätten in der Mitte der Stirn ein drittes Auge, und schauen Sie sich die Situation mit diesem dritten Auge an, während Sie die beiden anderen Augen schließen. Sie schalten damit vom äußeren Sehen auf das innere Wahrnehmen um und werden überrascht sein, wie klar Ihr Bewußtsein und wie harmonisch Ihr Gemüt wird, wenn Sie das einige Minuten aufrechterhalten. Nicht nur, daß ein angenehmes Wohlgefühl Ihren ganzen Körper durchströmt, es breitet sich auch eine unerschütterliche Gelassenheit aus, wenn Sie das öfters üben. Ein anderer Weg, von einem Augenblick zum anderen zu dieser wunderbaren Gelassenheit zu finden, ist ein Erfolgsgeheimnis der Asiaten, die „Laotse-Atmung". Das ist nur ein einziger Atemzug, mehr würde das Gegenteil bewirken. Sie atmen dabei einmal ganz aus und ganz tief ein. Dann atmen Sie die ganze Luft in kleinen Stößen aus, etwa so, wie kleine Kinder Eisenbahn spielen. Es sollten möglichst mindestens dreißig kleine Atemstöße werden. Diese Mini-Erschütterungen machen die Zellen wach und lassen Sie für ein bis zwei Stunden wieder frisch und gelassen sein. Sie können diesen Atemzug mit einiger Übung so unauffällig machen, daß er in keiner Konferenz auffällt. Lediglich Ihre Frische danach könnte auffallen.

So gehört es zu den Voraussetzungen für den Erfolg, von Erfolgreichen zu lernen, deren Erfolgsmechanismen zu erkennen und sich diese anzueignen. Bei einem dieser Erfolgreichen habe ich gelernt, daß der Erfolg wichtig ist und nicht die Perfektion. Perfektionisten werden selten erfolgreich, denn sie sind einfach nicht effektiv genug. Außerdem habe ich gelernt zu delegieren. Tun Sie nichts, was ein anderer ebensogut tun könnte. So haben Sie den Kopf stets frei und Zeit für das Wesentliche. Zum richtigen Delegieren gehört auch die klare Information und die nachfolgende Kontrolle. Es muß unmißverständlich sein, was Sie da delegieren wollen und wie das Endergebnis aussehen soll. Die Sache ist erst erledigt, wenn Sie sich selbst davon überzeugt haben, daß das erwünschte Ergebnis erreicht wurde, nicht, wenn der andere Ihnen das nur sagt. Sehr oft im Leben ist es unvermeidlich, einen Kompromiß zu finden. Die Kunst besteht darin, den Kuchen so zu teilen, daß jeder meint, er habe das größte Stück erhalten. Als Unternehmensberater habe ich es manches Mal so gemacht wie Salomon in der Bibel. Ich habe das Unternehmen organisch in zwei gleiche Hälften geteilt, bzw. von einem der Partner teilen lassen, und der andere durfte sich das scheinbar größere Stück aussuchen. Damit wurde sichergestellt, daß der eine Partner absolut gerecht teilte, denn er konnte ja nicht wissen, welchen Teil er bekommen würde, und der andere hatte das Gefühl, sich den besten Teil genommen zu haben. Manchmal ist es mit einfachen Schritten möglich, eine scheinbar komplizierte Aufgabe zu lösen, wenn man bereit ist, ständig zu lernen. Nicht nur von anderen kann man viel lernen, sondern auch von sich selbst, z.B. aus scheinbaren Fehlern. Ich habe einen Fehler nie als solchen angesehen, sondern immer nur als Aufforderung, es danach besser zu machen. Ich habe nie einen Fehler bereut, das wäre nur Zeitverschwendung. Das Beste was man mit einem Fehler machen kann, ist etwas daraus zu lernen und ihn dann zu vergessen. Auf diesem Weg lernen Sie auch, die Vorteile einer Krise zu nutzen, denn in jeder Krise steckt die Chance, es durch diese Erfahrung von nun an besser zu machen. Lernen müssen wir ein Leben lang, aber das kann eine Freude sein und kein Zwang, wenn Sie es genießen, zu lernen. Dazu gehört auch, interdisziplinär zu lernen. Das heißt z.B. aus einer Branche etwas Gutes auf eine andere zu übertragen. Denn was in einer Branche gut ist, das kann in einer anderen kaum schlecht sein, nur weiß man dort oft nichts davon. Oder überregional lernen. Aus einem Land etwas auf ein anderes übertragen. Was in einer Gegend erfolgreich ist, kann das auch woanders sein, nur kennt man es dort eben vielleicht noch nicht, und Sie haben einen Informationsvorsprung, den Sie nutzen sollten.

Gut ist auch, sich anzugewöhnen, gleich beim ersten Mal sein Bestes zu geben, denn wer das erste Knopfloch verfehlt, der kommt mit dem Zuknöpfen nicht mehr zurecht und muß wieder ganz von vorn anfangen.

# Werden Sie eine gewinnende Persönlichkeit

Das heißt nicht, so zu werden wie ein bewundertes Vorbild, sondern durch das Vorbild das Besondere in sich zu entdecken. Auch in Ihnen wartet eine solche gewinnende Persönlichkeit darauf, daß Sie sie „ent-decken" und in Erscheinung treten lassen. Mit einer solchen Persönlichkeit hat jeder gern zu tun und doch sind sie recht selten. Zuviele sind in ihrem Kontakt zu anderen hölzern, spulen ihre Routine-Konversation ab und sind nicht bei der Sache. Man merkt, daß sie sich nicht wirklich für den anderen interessieren, und aus diesem Fehler könnten Sie lernen, das Gegenteil zu tun. Jedem Menschen, dem Sie begegnen, können Sie das Gefühl geben, etwas Besonderes zu sein. Denken Sie einfach daran, daß nicht jeder Ihr Freund sein kann, aber jeder Ihr Lehrer. Also halten Sie bei jedem Menschen danach Ausschau, was Sie von ihm lernen können. Sie werden es finden, oft mehr, als Sie erwartet haben, und der andere wird erfreut Ihr wahres Interesse an ihm zur Kenntnis nehmen. Auf dem Weg zu einer erfolgreichen Persönlichkeit wartet auch die Erkenntnis, daß Erfolg haben eigentlich nur eine selbstverständliche Nebenwirkung davon ist, ein erfolgreicher Ausdruck des Lebens zu sein. Ein erfüllendes Leben zu leben kann für jeden etwas anderes bedeuten. Bertrand Russel sagte in seiner Schrift über die Erlangung des Glücks: „Das Gefühl, Erfolg zu haben, beflügelt zweifellos die Lebensfreude, wie auch das Geld bis zu einem gewissen Grade dem Glück förderlich sein kann. Mehr aber vermögen sie nicht. Der Erfolg ist und bleibt immer nur ein Einzelbestandteil des Glücks." Ein erfülltes Leben kann man nicht leben, wenn man von früh bis spät hart arbeitet. Das kann zwar vorübergehend einmal unvermeidbar sein, aber Erfüllung finden Sie im Leben nur, wenn Sie sich Zeit geben für das, was für Sie erfüllend ist. Familienleben, Freundschaften, Hobbies usw. Um wirklich erfolgreich zu sein, muß man es in der Kunst zu leben, zu einer gewissen Meisterschaft bringen. Sonst kann es sein, daß Sie zu spät entdecken, daß Erfolg haben und glücklich sein nicht identisch sein müssen.

Eine Persönlichkeit braucht auch Menschenkenntnis, denn Menschenkenntnis führt zur Selbsterkenntnis und Selbsterkenntnis zur Menschlichkeit. Andere Menschen wirklich zu mögen, Ihnen Sympathie, Wohlwollen oder Liebe entgegenzubringen, ist ein nicht zu unterschätzender Erfolgsfaktor. Keiner wird wirklich groß, der andere verachtet, denn wer andere verachtet, der verachtet im Grunde auch sich selbst. Einflußreiche Menschen erhalten ihren Einfluß durch das Vertrauen der anderen, durch ihre Achtung und Zuneigung. Erfolg ist daher abhängig von der richtigen Geisteshaltung, und zwar physisch wie psychisch. Ohne sie ist Erfolg nicht möglich. Der Erfolg ist abhängig von der Mischung der folgenden Komponenten:

- Ihre Wißbegier, Ihre Achtsamkeit, Ihr Durchsetzungsvermögen;
- Ihre Unternehmungslust und das vielseitige Interesse;
- Ihr Optimismus gegenüber der Zukunft, obwohl Sie im konstruktiven Sinne unzufrieden sind.
- Ihr Wille und Ihre Fähigkeit, ständig zu lernen.
- Ihre Unabhängigkeit, Flexibilität und Ihre Bereitschaft, Verantwortung zu tragen.
- Ihre Freude, andere Menschen zu überzeugen und bei gemeinsamen Unternehmungen gerne zu führen.
- Ihre Sicherheit im Verhalten und Ihr Wissen um den Erfolg bei dem, was Sie tun.
- Ihr Denken, das Sie oft einen Schritt vorausführt, so daß Sie andern Ratschläge und Empfehlungen geben können.
- Ihr Bewahren von stetiger Gelassenheit in jeder Situation und Ihr starkes Selbstbewußtsein;
- Ihr übergelegenes Fachwissen, Ihre klaren Vorstellungen davon, was Sie wollen, und Ihre besonderen Leistungen;
- Ihre analytische und kreative Intelligenz und Ihre Fähigkeit zur Organisation und Zeiteinteilung.
- Ihre Sorgfalt und Ihre Fähigkeit, Prioritäten zu setzen.
- Ihre starke Motivation, Ihre Begeisterung und Ihr Enthusiasmus für Ihr Handeln;
- Ihre Gedankendisziplin und Ihr gutes Gedächtnis;
- Ihre körperliche Gesundheit und Fitneß;

- Ihre starke Ausstrahlung, Ihre echte Autorität und Ihr gutes Image, mit einem Wort: Ihr Charisma;
- Ihre gute Beobachtungsgabe und Geistesgegenwart;
- Ihr gepflegtes Äußeres, Ihre gut gewählte Kleidung und Ihre wohlklingende Stimme;
- Ihre Kontaktfähigkeit und Ihr Einfühlungsvermögen, Ihre positive Einstellung zu anderen Menschen, die sich in Güte, Geduld, Sympathie und Toleranz zeigt.
- Ihre Pünktlichkeit und Zuverlässigkeit. Sie versprechen nur, was Sie auch halten können und wollen.
- Ihre Kenntnis didaktischer Methoden und das Beherrschen vieler Problemlösungstechniken und Strategien;
- Ihr Wissen um die geistigen Gesetze und das Erkennen der Wirklichkeit hinter dem Schein;
- Ihre Fähigkeit, jeden Menschen als Lehrer zu sehen.

Wer so innen wie außen die richtige Geisteshaltung gefunden hat, dem fällt der Erfolg als logisches Endprodukt dieser Haltung in den Schoß. Nur wer selbst überzeugt ist, überzeugt auch andere. Nur wer begeistert ist, begeistert auch andere, und nur wer an sich selbst glaubt, kann erwarten, daß auch andere an ihn glauben. So wird erfolgreich sein zu einem Reflex, und das, was für andere Probleme sind, wird für Sie zu Situationen und Umständen, die verbessert werden können, zu Aufgaben, die gelöst werden müssen und können. Sie werden für Sie Gelegenheiten, daran zu wachsen und zu reifen. Im Leben schreitet der am sichersten voran, der am besten vorbereitet ist, der seine Kräfte optimal einzusetzen und seine Möglichkeiten voll auszuschöpfen weiß. Wieviele dieser Eigenschaften haben Sie? Das sind jedenfalls die Faktoren, die über Ihren Erfolg entscheiden. Sie selbst entscheiden darüber, wie weit Sie sie entwickeln. In dem Maße, wie das bereits geschehen ist, sind Sie erfolgreich, ganz gleich, was Sie anfassen. Dann ist es nicht mehr wichtig, ganz oben in der Firmenhierarchie zu stehen und ein hohes Einkommen zu haben, es ist einfach unvermeidlich. Sie brauchen dann auch keine geheime Telefonnummer, kein ungewöhnliches Auto, kein Nummernkonto in der Schweiz, um jemand zu sein. Sie sind jemand, auch wenn Sie nicht häufig in der Presse erwähnt werden oder im Fernsehen zu sehen sind. Sie haben auch keine Angst mehr vor dem Erfolg, sondern genießen ihn, wo immer er Ihnen begegnet. Und er begleitet Sie auf Schritt und Tritt. Erfolg wird so zu Ihrem ständigen Begleiter.

# Als Erfolgsgrundlage beantworten Sie sich folgende Fragen:

- Habe ich meinen Rhythmus gefunden?
- Wie weit folge ich meinem Rhythmus?
- Wo stimmt mein Leben/wo nicht?
- Was fehlt in meinem Leben?
- Gestalte ich mein Leben nach meinen Wünschen?
- Wie weit ist meine „innere Ausbildung"?
- Wie sieht mein Selbstbild aus?
- Wie oft erlebe ich unerwünschte Situationen mental um?
- Nutze ich mein Denkinstrument optimal?
- Wie weit nutze ich den Armtest?
- Erkenne/nutze ich rechtzeitig die Chancen, die mir das Leben bietet?
- Verstehe/befolge ich die Botschaft des Lebens?
- Beachte ich bewußt die geistigen Gesetze?
- Beherrsche ich die Kunst des Zuhörens?
- Nutze ich bewußt das Geheimnis des ersten Wortes?
- Vertraue ich meiner Intuition?
- Wie oft erlebe ich „günstige Zufälle"?
- Beachte ich die Zeitqualität?
- Kann ich mit der Zeit gut umgehen?
- Tue ich, was ich als richtig erkannt habe?
- Nutze ich die Kraft der Imagination?
- Wie weit habe ich mein „Feuer der Begeisterung" entfacht?
- Habe ich Charisma?
- Kenne ich den Sinn meines Lebens?
- Folge ich meiner wahren Berufung?
- Habe ich meine Vision gefunden?

- Lebe ich bewußt als **ich selbst?**
- Erlebe ich das Leben als Spiel?
- Wie oft erlebe ich einen erfüllten Augenblick?
- Habe ich meine Mitte gefunden?
- Wie achtsam gehe ich durchs Leben?
- Wie gesund bin ich?
- Lebe ich in einer erfüllten Partnerschaft?
- Bin ich beruflich ein Profi, privat aber ein Amateur?
- Lebe ich ein erfülltes Leben?
- Wieweit lebe ich im Tao?
- Bin ich im Leben Zuschauer, Verlierer oder Gewinner?

# Der achte Schritt zum Erfolg

*Bäume wachsen nicht in den Himmel.*
*Menschen vermögen es.*

Der achte Schritt zum Erfolg heißt, seinen eigenen Rhythmus zu finden und danach zu leben. Sind Sie ein Morgenmuffel, dann überfordern Sie sich nicht ständig damit, daß Sie sich zwingen, um 6 Uhr aufzustehen und schon vor dem Frühstück eine halbe Stunde Waldlauf zu machen. Zwingen Sie sich nicht zum Frühstücken nach „fit for life", wenn Ihnen das gar nicht entspricht, Sie morgens ohnehin keinen Appetit haben oder etwas ganz anderes genießen möchten. Je mehr Energie Sie darauf verwenden müssen, gegen Ihre Neigungen anzukämpfen, desto weniger bleibt Ihnen für die eigentlichen Aufgaben. Das ist so logisch und selbstverständlich, daß man es im Grunde gar nicht erwähnen dürfte, wenn es nicht so weit verbreitet wäre.

Um in Ihrem Rhythmus zu leben, müssen Sie lernen, sich selbst wahrzunehmen, die Aufmerksamkeit nach innen zu richten. Lernen Sie, nicht mehr aus dem Verstand heraus zu leben, sich nicht mehr so zu verhalten, wie Sie gelernt haben, daß es richtig sei, sondern wie es richtig ist. Es geht auch nicht darum, neue, bessere Regeln aufzustellen, sondern erlernte, aber unstimmige Regeln loszulassen und zu spüren was **für Sie stimmt**. Das beginnt damit, wo Sie schlafen, wie Sie schlafen, auf was und in was Sie schlafen, wann Sie aufstehen. Zudem verändert sich der eigene Rhythmus ständig. Sie können ihn sich zwar nach dem Biorhythmus in etwa ausrechnen, aber viel genauer können Sie selbst mit Ihrem Bewußtsein wahrnehmen, was jetzt stimmt, wenn Sie sich erfühlen.

Wenn Sie stimmen, weil Sie nach Ihrem Rhythmus leben, dann stimmt auch Ihr Leben. Dann passieren diese sonderbaren „Zufälle", daß der anruft, den Sie gerade brauchen, oder daß Sie den treffen, der Ihnen weiterhelfen kann bei der Lösung einer Aufgabe. Wenn Sie stimmen, dann sind Sie im Erfolgsfluß. Doch sobald Sie Regeln aufstellen, behindern Sie den Erfolg und leben nicht mehr in der Fülle. Es geht immer nur darum, sich selbst wahrzunehmen und in Übereinstimmung mit sich selbst zu leben. Den Tag nicht gewohnheitsgemäß ablaufen zu lassen, sondern alles ganz bewußt zu tun. Wie Sie sich heute kleiden, welchen Duft Sie wählen usw. Nicht aus dem Verstand heraus zu entscheiden, sondern aus dem Gefühl. Vielleicht geschieht etwas Unerwartetes. Wenn Sie wirklich stimmen, dann stimmen Sie auch dabei.

Natürlich können Sie auch planen, das läßt sich gar nicht vermeiden, aber auch das Planen sollte stimmig sein. Wichtig ist, stets voll im Fluß des Lebens zu bleiben, Ihren Einfällen zu folgen und damit erfolgreich zu sein. Verhalten Sie sich zeitsynchron, indem Sie z.B. beim Einfall „diese Person möchte ich jetzt anrufen", dies auch gleich tun. Vielleicht ist nur jetzt der richtige Zeitpunkt und nicht, wenn Sie meinen, dazu Zeit zu haben. So leben Sie immer mehr **Ihr** Leben. Wenn Ihr derzeitiges Leben Ihnen nicht erlaubt, nach Ihrem Rhythmus zu leben, dann ist es offensichtlich falsch. Vielleicht haben Sie noch nie Ihr Leben gelebt und waren deshalb auch nie so erfolgreich und erfüllt, wie Sie es hätten sein können, wenn Sie auf sich selbst gehört hätten. Wenn Ihr derzeitiges Leben mit Ihrem eigenen Rhythmus nicht in Einklang zu bringen ist, sollten Sie nicht Ihren Rhythmus ändern, sondern Ihr Leben. Vielleicht haben Sie bisher nur Ihre Vorstellung vom Leben verwirklicht, anstatt wirklich zu leben. Aber nur in Ihrem Leben können Sie erfolgreich sein, können Sie wahre Erfüllung finden.

Der Schlüssel zum Erfolg liegt nicht in noch mehr Arbeit. Eher darin, daß Sie sich auch genügend Zeit zur Muße nehmen. Sie haben richtig gelesen. Ausreichende Muße ist ein nicht zu unterschätzender Erfolgsfaktor. Erst wenn Sie sich die Zeit nehmen, Ihr Leben öfter einmal zu überblicken, darüber nachzudenken, ist ein größerer Durchbruch zum eigentlichen Erfolg möglich. Erst dann beginnt die unermeßlich kreative Kraftquelle Unterbewußtsein voll zu arbeiten. Oft haben Sie gerade in Augenblicken der Muße die besten Einfälle. Erst dann entwickeln Sie die Fähigkeit, **die Arbeit** zu tun, die den Erfolg bringt, und nicht nur das, was getan werden muß. Wenn Sie ständig arbeiten, haben Sie keine Zeit mehr, wirklich Geld zu verdienen. Das braucht Muße. Viele arbeiten, als ginge es um einen lebenslangen Belastungstest, sind rücksichtslos gegen sich selbst. Ein **Zen**-Spruch lautet: „Der Bogen bricht, der ständig gespannt bleibt". Wer so viel arbeitet, daß er nicht mehr weiß, wo ihm der Kopf steht, wird damit kaum Erfolg haben. Ohne den richtigen Ausgleich durch kreative Muße ist harte Arbeit fast sicher zum Scheitern verurteilt. Wenn Sie tagtäglich qualitativ hochwertige Leistung erbringen wollen, sollten Sie sich unbedingt auch qualitativ hochwertige Freizeit leisten. Und wenn Sie meinen, Sie könnten sich das nicht leisten, Sie müßten so weitermachen, dann kann es sein, daß Sie sich bald gar nichts mehr leisten können. Erfolgreich zu sein heißt auch, Zeit zu haben, fit zu sein, zu genießen und wirklich zu leben. Nicht nur viel zu erledigen.

Zum Genießen gehört auch die richtige Ernährung. Sie sollte zwar nicht zur Religion werden, aber sie zu vernachlässigen, ist auch nicht der richtige Weg. Ein gesunder Körper ist auch ein guter Diener, ein optimales Werkzeug. Ein kranker Körper wird sehr schnell zum Erfolgshindernis. Richtige Ernährung ist immer auch mäßige Ernährung, denn jedes Zuviel belastet den Organismus mit unnötiger Arbeit. Natürlich sollte die Nahrung möglichst naturnah und frisch sein, denn Lebloses kann niemals belebend wirken. Wer viele Samen und Nüsse ißt, die noch in keimfähigem Zustand sind, der fördert seine Aktivität, denn im Samen ist die Aktivität einer Pflanze aufs höchste potenziert. Ein Glas Wein am Tag ist Medizin, mehr belastet nur. Doch auch hier gilt als Maßstab: Essen Sie, was in diesem Augenblick für Sie stimmt.

Finden Sie Ihren Weg, um nach Ihrem eigenen Rhythmus und damit in Harmonie mit sich selbst zu leben, und Sie sind dem Erfolg einen weiteren, wichtigen Schritt näher gekommen.

# Der neunte Schritt zum Erfolg

*Wer nichts weiß und nicht weiß, daß er*
*nichts weiß, ist ein Narr – meide ihn!*
*Wer nichts weiß und weiß, daß er nichts*
*weiß, ist ein Suchender – hilf ihm!*
*Wer weiß und nicht weiß, daß er weiß,*
*ist ein Träumer – wecke ihn!*
*Wer aber weiß und weiß, daß er weiß,*
*ist ein Führer – folge ihm!*

Der neunte Schritt zum Erfolg heißt, für alles den richtigen Partner zu finden. Dabei spielt gerade der Lebenspartner eine entscheidende Rolle. Wenn Sie privat die falsche Wahl getroffen haben, werden Sie auch geschäftlich nicht wirklich erfolgreich sein. Um in allen Bereichen den richtigen Partner zu finden, müssen Sie sich selbst zuerst einmal ein guter Partner sein. Nehmen Sie sich selbst so an, wie Sie sind, und seien Sie rücksichtsvoll sich selbst gegenüber. Sie können einem anderen nur in dem Maße ein guter Partner sein, wie Sie sich selbst ein guter Partner sind.

Dazu gehört auch die Erkenntnis, daß Sie in jeder Situation den richtigen Partner haben. Den, der Ihrem jetzigen Bewußtsein entspricht. So können Sie nach dem Gesetz der Resonanz derzeit nur diesen Partner anziehen. Sie haben zwar eine Vorstellung vom idealen Partner, können ihn aber erst finden, wenn Sie sich selbst ein idealer Partner sind. Sogar wenn Sie ihn treffen würden, könnte er mit Ihnen nichts anfangen, solange Sie sich nicht optimiert haben. Weil Sie also genau den Partner haben, der Ihnen derzeit entspricht, sollten Sie sich nach dem Warum fragen. Was ist die Aufgabe dieser Partnerschaft. Jede Partnerschaft hat einen inneren Sinn. Ist der erfüllt oder unter den gegebenen Umständen nicht mehr zu erfüllen, ist die Partnerschaft beendet. Führen Sie sie trotzdem fort, aus Angst vor dem Alleinsein oder aus Bequemlichkeit, dann spüren Sie eine immer stärker werdende Unzufriedenheit mit Ihrer Situation, die Sie letztlich zum Handeln drängt.

Wollen Sie Ihre Partnerschaft ändern, müssen Sie bei sich selbst anfangen. Überdenken Sie Ihre Partnerschaft mit sich selbst und gestalten Sie diese neu. Fragen Sie sich zunächst, ob Sie sich selbst gegenüber fair, freundschaftlich, zuverlässig usw. sind. Alles, was Sie sich von einem Partner wünschen, müssen Sie sich erst selbst geben. Meist wünschen Sie sich vom Partner etwas, das Sie gut ergänzt. Doch das gilt es vorerst bei sich selbst zu entwickeln. Ist das geschehen, führt mir das Leben von selbst den richtigen Partner zu, sei es der Lebens- oder ein Geschäftspartner.

Vielleicht suchen Sie die richtigen Mitarbeiter für Ihren Erfolg. Vielleicht sind die derzeitigen Mitarbeiter unzuverlässig, machen Fehler, die die Firma Geld kosten und den Erfolg zumindest verzögern. Auch hier müssen Sie sich fragen, warum Sie gerade diese Mitarbeiter anziehen. Warum Sie die gewünschten Mitarbeiter noch nicht finden. Die Ursache dafür können Sie nur in sich selbst finden. Fragen Sie sich, was Ihre Mitarbeiter tun, das Ihnen mißfällt. Warum es Ihnen mißfällt und ob Sie vielleicht bei sich selbst etwas unterdrücken. Ob Sie sich wert fühlen, den richtigen Partner zu finden oder ob Sie gerade vor dieser Herausforderung Angst haben. Vielleicht haben Sie die derzeitigen Mitarbeiter, weil sie billiger sind oder einfach, weil sie verfügbar waren. Es gibt Gründe, warum Sie sie haben, und ebenso gibt es Gründe, warum Sie die erwünschten nicht haben. Vielleicht haben Sie unbewußt Angst, gute Mitarbeiter wären zu gut, würden Sie als Chef nicht mehr akzeptieren, Ihre Selbstsicherheit in Frage stellen. Oder sie könnten zu selbständig sein und sich mit dem bei Ihnen erworbenen Wissen später tatsächlich selbständig machen. Oder könnte es sein, daß Sie ein guter Chef, aber ein schlechter Angestellter sind und deshalb schlechte Angestellte anziehen? Der beste Chef sind Sie nur, wenn Sie auch ein guter Mitarbeiter sind. Wo also liegt das Hindernis, die Blockade in Ihnen? Wenn Sie den Mut haben, die Situation Schritt für Schritt zu hinterfragen, haben Sie die Chance, die vorhandene behindernde Energie aufzulösen.

Sobald Sie diese erkannt und aufgelöst haben, ziehen Sie nicht mehr Partner an, die Ihren Mangel sichtbar machen müssen, sondern finden auf allen Ebenen die Partner, die wirklich zu Ihnen passen, stimmen und Ihnen zum Erfolg verhelfen. Das wiederum wirkt sich auf allen Ebenen aus: Beruflich, partnerschaftlich, gesundheitlich, wirtschaftlich usw. Je mehr Ebenen Sie in sich in Harmonie bringen, desto mehr Möglichkeiten hat das Leben, die Erfüllung auch im Außen sichtbar zu machen. Erst wenn Sie als Mann auch die weibliche Seite in sich leben, die Intuition, das Einfühlen, können Sie als Mann wirklich erfolgreich sein. Je tiefer Sie in sich gehen, desto höher können Sie kommen. Je weiter Sie dabei werden, desto mehr Raum schaffen Sie für den Erfolg.

Natürlich können Sie nur das finden, von dem Sie glauben, daß es existiert. Solange Sie denken: „Das wäre zu schön um wahr zu sein", oder: „Warum sollten solche Leute gerade zu mir kommen, die könnten doch woanders viel mehr verdienen", können Sie diese Dinge oder Leute auch nicht finden und für sich gewinnen.

Halten Sie aber das Beste nicht nur für möglich, sondern sogar für richtig und stimmig, finden Sie ganz von selbst den richtigen Menschen und die richtige Sache auf jeder Ebene. Beseitigen Sie die Hindernisse in sich, welche diesen Zustand noch verhindern.

Haben Sie das Richtige dann gefunden, sollten Sie achtsam damit umgehen, um es auch zu halten. Zeigen Sie auch Ihrem Partner, was er Ihnen bedeutet und geben Sie ihm Raum für seine eigene Entfaltung. Hilfreich ist auch, alles aus der Warte des anderen zu betrachten. Oft sind wir zu dynamisch, haben nur unser Ziel vor Augen und erkennen nicht, daß auch der andere Ziele und Wünsche hat. Nur wenn Sie auf den anderen zugehen, ihn verstehen können, seine Wünsche und Bedürfnisse kennen, können Sie ihm helfen. Geben Sie dem anderen, was er haben will und er hilft Ihnen, zu bekommen, was Sie wollen. Das Befolgen einer so einfachen und selbstverständlichen Regel läßt oft erst die Möglichkeiten einer Partnerschaft sichtbar werden. Ein anderes, unbeachtetes Erfolgsgeheimnis ist, beim Weggehen dem anderen einen Grund zu geben, sich schon auf das Wiedersehen zu freuen. Dafür zu sorgen, daß es eine Freude ist, Ihnen zu begegnen. Natürlich gehört zu einer Partnerschaft als Basis absolute gegenseitige Zuverlässigkeit und Klarheit. Das zeigt sich z.B. darin, daß man mündliche Abmachungen immer schriftlich bestätigt, um künftigen Meinungsverschiedenheiten vorzubeugen.

Diese Hinwendung zum anderen, das Sehen mit dessen Augen und die Begabung des Einfühlens, das alles läßt sich entwickeln, wenn Sie es wirklich wollen. Es läßt eine Partnerschaft mit Ihnen zur Freude werden, aus der Freundschaft oder gar Liebe werden kann.

# Der zehnte Schritt zum Erfolg

*Wenn man im Leben keinen Erfolg hat,*
*braucht man sich deshalb nicht*
*für einen Idealisten zu halten!*

Der zehnte Schritt zum Erfolg ist, die „inneren Bilder" zu optimieren. Vor allem das Selbstbild, das meist auch von anderen geprägt wurde und Ihnen oft gar nicht entspricht, aber Ihr Leben entscheidend bestimmt. Wie wörtlich Sie das nehmen können, erkennen Sie daran, daß hinter jedem Ihrer Gedanken ein Bild steht. Wenn Sie verstehen wollen, warum Sie tun, was Sie tun, dann müssen Sie das „Geheimnis der inneren Bilder" kennen und so das Leben als deren Abbild erkennen.

Nur 5% unserer Lebensumstände erschaffen wir bewußt durch unser Denken. Die restlichen 95% entstehen durch unsere inneren Bilder. Denn immer, wenn unser Unterbewußtsein für eine Handlung keine gedankliche Direktive hat, handelt es nach diesen inneren Bildern, also entsprechend unserem bisherigen Verhalten und damit unserer Gewohnheit. Nach dem Gesetz: „Wie innen so außen," gestalten die inneren Bilder so die äußere Wirklichkeit, das, was wir Realität nennen. Im Außen spiegelt das Leben, was in uns ist.

Wenn jemand eine ausgeprägte Persönlichkeit ist, dann sprechen wir von einer guten Bildung. Sicher hatte er schon eine gute Vorbildung und danach eine gute Ausbildung erhalten. Diese Bildung hat nicht nur seine Persönlichkeit gebildet, sondern befähigt ihn auch, die Umstände zu bilden, zu gestalten, zu bestimmen. Das individuelle Schicksal entsteht also im wesentlichen durch das mentale Bild, dessen Schöpfer wir sind, und zwar unabhängig davon, ob es sich um ein positives oder um ein negatives Bild handelt. Die Lebensumstände machen unsere inneren Bilder als äußere Ereignisse sichtbar und entsprechen damit dem Sosein. Nach dem Gesetz der Resonanz nimmt jeder nur an dem Bereich des Schicksals teil, der seiner inneren Bildung entspricht. Das betrifft das eigene Schicksal ebenso wie den Anteil am Gemeinschaftsschicksal. Das heißt, daß man nicht nur sein eigenes, sondern auch das Gemeinschaftsschicksal mit seiner Bildung bestimmt und beeinflußt.

Welches Bild Sie von sich haben, Ihr Selbstbild, gestaltet Ihr Leben. Wenn dieses Bild entscheidend von anderen geprägt ist, entspricht es Ihnen nicht. Dann kann auch Ihr Leben Ihnen nicht entsprechen. So ist es nicht verwunderlich, daß Sie mit Ihrem Leben oft nicht zufrieden sind. Um wirklich Ihr Leben zu leben, müssen Sie daher die inneren Bilder bewußt überprüfen und eventuell korrigieren und ergänzen, entsprechend Ihrem inneren Maßstab.

Wie sehr die verschiedenen Aspekte Ihres Selbstbildes Ihr Leben bestimmen, können Sie auch daran erkennen, daß Sie immer ganz besonders auf den Aspekt beim anderen achten, der bei Ihnen nicht in Harmonie ist. Haben Sie z.B. ein negatives Bild von Ihrem Körper, weil Sie mit Ihrer Figur nicht zufrieden sind, dann werden Sie zuerst immer auf die Figur des anderen achten und sie mit Ihrer Figur und mit derjenigen Ihres Idealbildes vergleichen. Ganz anders ein Mann, der sein Selbstbild aus seinem Erfolg bezieht, aber nicht erfolgreich ist. Er wird sich hauptsächlich für den Erfolg des anderen interessieren. Ebenso eine Frau, die ihr Selbstbild aus dem Status ihres Mannes bezieht. Sie wird sich immer zuerst dafür interessieren, auf welcher beruflichen Erfolgsstufe sich der Mann einer anderen Frau befindet. Bezieht ein Mensch sein Selbstbild aus seiner Krankheit, dann wird er mit allen, denen er begegnet, immer wieder über seine Krankheit sprechen.

Der negative Teil Ihres Selbstbildes drängt sich bei jeder nur möglichen Gelegenheit in Ihr Bewußtsein, und dadurch werden Sie auch im Außen immer wieder gerade mit diesen Dingen des Lebens konfrontiert. Dieser Mangel in Ihnen ist eine Aufgabe, die es zu lösen gilt. Erst wenn sie gelöst ist, ist Ihr Bewußtsein frei von diesen Bildern und Zwängen, kann Ihr eigentliches Leben geschehen. Erst dann sind Sie frei für sich selbst. Solange das nicht der Fall ist, zwingen Sie das Leben, sich ständig mit diesen Dingen im Außen zu konfrontieren, mit denen Sie innerlich nicht einverstanden sind. Oft überschattet ein starker Mangel Ihr ganzes Leben, nur weil er sich ständig ins Bewußtsein drängt. Also sollten Sie sich ganz ehrlich fragen, worauf Sie hauptsächlich Ihr Bewußtsein richten, was Sie am anderen oder im Leben besonders interessiert. Das zeigt Ihnen die Aufgabe, die das Leben Ihnen stellt und ohne deren Lösung Sie nicht wirklich weiterkommen können.

Ein anderer Weg zu erkennen, was Ihr Leben bestimmt, ist die Beschreibung Ihrer Lebensabschnitte. Ein Mann könnte die wichtigsten Abschnitte seines Lebens etwa so beschreiben: „Ich ging an jenem Ort zur Schule und kam in dem Jahr in die Lehre. Nach der Lehre trat ich bei der Firma eine neue Stelle an und wurde nach zwei Jahren befördert. Nach weiteren zwei Jahren machte ich mich selbständig und das bin ich noch immer."

Bei einer Frau könnte das etwa so aussehen: „Als ich 16 war, traf ich meine erste große Liebe. Zwei Jahre später haben wir uns getrennt. Im Jahr darauf lernte ich meinen heutigen Mann kennen. Drei Jahre später haben wir geheiratet und nach weiteren zwei Jahren wurde unser erstes Kind geboren. Im Jahr darauf zogen wir an einen anderen Ort, wo unser zweites Kind geboren wurde. Als es vier Jahre alt war, wurde es schwer krank und im gleichen Jahr zogen wir ins eigene Haus."

Sie sehen, selbst wenn die beiden miteinander verheiratet sind, leben sie das Leben in zwei verschiedenen Welten. Wir selbst sind unsere Hauptaufgabe, die darin besteht zu erkennen, wer wir wirklich sind und dies auch zu leben.

Leben Sie wirklich sich selbst und nicht eine Vorstellung von sich. Versuchen Sie nicht, ein Ideal von sich zu verwirklichen. Spielen Sie die Hauptrolle in Ihrem Leben. Das können Sie nur, wenn Sie die inneren Bilder Ihrem heutigen Maßstab anpassen. Tun Sie das so lange, bis Sie überhaupt keine Bilder mehr brauchen, sondern frei in der Stimmigkeit des Augenblicks leben. Bis Sie tatsächlich niemand lieber sein möchten als der, der Sie sind. Auch das ist ein Kennzeichen der Erfolgreichen, daß sie einen starken Glauben an Ihren Selbstwert haben, sich so annehmen, wie Sie sind und damit in Harmonie mit sich selbst leben. Das ist vielleicht die wichtigste Eigenschaft guter Eltern, daß sie uns einen starken Glauben an unseren Wert mit auf den Lebensweg geben. Daraus entsteht ein starkes Selbstbewußtsein und das Wissen, daß der Erfolg nicht von den Umständen abhängig ist, sondern in einem hohen Maße vom eigenen Selbstwertgefühl. Umgekehrt habe ich bei unzähligen Menschen mit geringem Erfolg auch immer ein schwaches Selbstwertgefühl finden können. Der Glaube an sich selbst ist anscheinend ein Schlüssel zum Erfolg. Menschen mit geringem Erfolg blicken immer auf ihre Mißerfolge und verstärken sie dadurch. Die Erfolgreichen dagegen erfreuen sich an ihren Erfolgen, richten so ihr Bewußtsein ständig auf den Erfolg. Sie halten also das innere Bild des Erfolgs so lange in ihrem Bewußtsein fest, bis er als äußeres Ereignis in Erscheinung tritt. Der gleiche Mechanismus ist auch bei Kranken zu beobachten. Wer ständig seine Krankheit im Bewußtsein hält und von nichts anderem spricht, der hält die Krankheit fest und kann kaum wieder gesund werden. Halten Sie aber das Bild vollkommener Gesundheit in Ihrem Bewußtsein, werden Sie kaum noch krank und wenn, werden Sie überraschend schnell wieder gesund.

Um diese Selbstachtung zu entwickeln und zu halten, sollten Sie Ihren Beruf gern ausüben, vielleicht sogar stolz darauf sein.

Sehen Sie den Beruf nicht als einen Weg, um Geld zu verdienen, sondern als Ihren individuellen Weg zur Erfüllung. Eine erfüllende Tätigkeit führt man freudiger und sehr viel besser aus, als eine Unbefriedigende. Das Geldverdienen wird so zu einer angenehmen Nebenwirkung der Erfüllung und nicht zum Selbstzweck. Ein guter Indikator für das Selbstwertgefühl eines Menschen ist die Art, wie er ein Kompliment entgegennimmt. Ob er es in gespielter Bescheidenheit abwehrt oder einfach dankend akzeptiert.

Wir erkennen, daß ein gutes Selbstbild sehr wichtig ist, vergessen aber oft, daß wir unser Selbstbild unseren Bedürfnissen und Lebensumständen anpassen können, denn wir selbst haben das jetzige hervorgebracht. Ein Selbstbild ist nichts anderes als das Gesamtbild der verschiedenen Vorstellungen, die wir uns im Laufe der Jahre über uns zugelegt haben. In den meisten Fällen entspricht das Selbstbild nicht unserem heutigen Maßstab, und wir verursachen so Umstände, die nicht dem letzten Stand unserer Erkenntnis entsprechen. Unser Selbstwertgefühl bildet sich zum größten Teil in der Kindheit, in der wir zunächst noch keine Vorstellung von uns haben. Es entsteht also aus der Meinung der anderen über uns und hat eigentlich nichts mit unserer inneren Wirklichkeit zu tun. Erst sind es die Reaktionen der Eltern, später die Meinungen der Freunde, Schulkameraden und zu einem großen Teil auch der ersten Liebe. Hier holen wir uns in zahlreichen Begebenheiten die nachhaltigen „Eindrücke", die allmählich unser Selbstbild formen, aus dem unser Selbstwertgefühl resultiert. Eine wichtige Erkenntnis ist dabei, daß wir unsere Eindrücke nicht bekommen, sondern sie uns **machen**. Von ein und derselben Sache machen sich zwei Menschen zwei völlig verschiedene Eindrücke, die sie auch auf ganz verschiedene Art zum Ausdruck bringen, so daß es nicht in erster Linie auf den Eindruck ankommt, sondern wie Sie damit umgehen und ihn zum Ausdruck bringen. Dieses Wie liegt ganz in Ihrer Hand. Es sind also nicht die Umstände, die uns prägen, sondern die Art, wie wir mit den Umständen umgehen. Situationen und Umstände haben keine Bedeutung. Wir geben ihnen die Bedeutung, und wir geben den Dingen mit zunehmendem Bewußtsein eine sich wandelnde Bedeutung. So hat die Meinung, die wir von einem Menschen haben, nicht unbedingt etwas mit ihm zu tun, sondern ist eben vor allem unser inneres Bild, unsere Meinung über ihn. Erst wenn wir dieses Bild auflösen, haben wir eine Chance wahrzunehmen, wie der andere wirklich ist. Das gleiche gilt natürlich auch für die Meinung, die wir uns von uns selbst gebildet haben. Es ist eine Meinung, ein Bild und nicht unbedingt identisch mit der Wirklichkeit.

Dieses Bild entsteht aus der Art, wie Sie mit den Umständen umgehen, welche Konsequenzen Sie daraus ziehen und welche Verhaltensweisen Sie daraus entwickeln. Die meisten wirklich großen Menschen kamen aus einfachen, ja meist geradezu ärmlichen Verhältnissen. Sie hatten extreme Schwierigkeiten zu überwinden, aber anstatt sich davon niederdrücken zu lassen, erwuchs ihnen daraus die Kraft, die dann zu ihrem Erfolg führte. Sie betrachteten die Schwierigkeiten nicht als Steine, die ihnen von anderen in den Weg gelegt worden waren, sondern als Prüfsteine, als notwendige Lernprozesse, um daran zu wachsen und zu reifen. Wenn Sie jede Schwierigkeit als Trainingsmöglichkeit für Ihr „geistiges Bodybuilding" sehen, dann haben Sie eine Grundeinstellung der Erfolgreichen zu Ihrer eigenen gemacht. Wir sind das Produkt unserer Konditionierung und unsere Lebensumstände sind ein äußeres Abbild davon, aber wir können diese Konditionierung frei bestimmen und jederzeit unserem derzeitigen Maßstab anpassen. Tun wir das nicht, schaffen wir uns ein System der Kompensation für die vielen Enttäuschungen, die wir im Leben erlitten haben. Wir kaufen uns ein zu großes Auto, führen ein großes Haus, sind begierig nach Titeln und Ehrungen, alles um die Schmerzen unseres angeschlagenen Egos zu lindern, anstatt sie aufzulösen. Anstatt zu erkennen, wer wir wirklich sind und daß niemand die Macht hat, uns zu verletzen, zu beleidigen, zu kränken oder zu ärgern. Das können nur wir selbst tun, und wir sind die einzigen, die diese Illusion beseitigen können. Das geschieht, indem wir lernen, unsere Gedanken und Gefühle zu lenken. Indem wir uns die Bilder geben, die uns wirklich entsprechen. Schüchterne Gedanken machen uns schüchterner. Gedanken an die eigene Schwäche schwächen uns noch mehr. Gedanken der Hilflosigkeit lassen uns noch hilfloser werden. Vertrauensvolle Gedanken aber schenken uns Selbstvertrauen, schwungvolle Gedanken geben unserem Handeln Elan, begeisternde Gedanken erfüllen unser Handeln und Leben mit Begeisterung. Indem wir unsere Gedanken und Gefühle lenken, schaffen wir ein neues Selbstbild. Wir bringen es hervor, erhalten es aufrecht und passen es unserem inneren Sein an. Damit verschwindet der Mißerfolgsmechanismus in uns, und wir führen uns sicher zum Erfolg.

Manche Menschen haben auch Angst vor dem Erfolg; Angst vor Reichtum. Sie erfinden viele Ausreden, nur um ja nicht aus Versehen zu erfolgreich zu werden. Sie sagen: „Es gibt Wichtigeres im Leben als Geld," oder: „Ich verabscheue Menschen, die Geld haben, die sind nur raffgierig und beuten andere aus. So möchte ich nicht werden," oder: „Geld würde mich so verändern, daß ich keine Achtung mehr vor mir selbst hätte."

Nun gibt es natürlich wirklich wichtigeres im Leben als Geld, aber das heißt nicht, daß es erstrebenswert wäre, keines zu haben. Und ob Geld oder Erfolg Sie so verändern würden, daß Sie keine Achtung mehr vor sich haben könnten, ist Ihre freie Entscheidung. Um erfolgreich zu sein, brauchen Sie nicht andere auszubeuten. Viel besser ist es, den anderen Vorteile zu bieten, dann sind Sie überall willkommen, und Ihre Achtung vor sich selbst steigt mit zunehmendem Erfolg. Lassen Sie aber auch nur ein einziges negatives Bild bestehen, nützen weder Fleiß, noch Intelligenz. Sie werden den Erfolg nicht erreichen können. Solange Ihnen Erfolg oder der Besitz von viel Geld aufgrund Ihrer inneren Bilder kein gutes Gefühl vermitteln, ist es sehr unwahrscheinlich, daß Sie Erfolg oder Geld haben werden. Sollte es trotzdem der Fall sein, dann können Sie beides nicht halten. Ihre Wertvorstellungen, die Sie mit Erfolg und Geld verknüpfen, entscheiden darüber, wie erfolgreich Sie werden und wieviel Geld Sie besitzen werden. Das ist das ganze Geheimnis. Überhaupt werden Sie immer wieder feststellen, daß die Schöpfung genial einfach ist, nur der Verstand macht alles so kompliziert. Die inneren Bilder bestimmen Ihr Leben, Sie aber bestimmen Ihre inneren Bilder und damit alle äußeren Umstände. Reich kann man nur innen sein. Das Außen spiegelt stets diese innere Wirklichkeit wider. Viele Reiche sind im Grunde ganz einfache Menschen, denn zum Reichtum braucht man keine Klugheit, man braucht nur den tief verwurzelten Glauben, reich zu sein, um diesen Reichtum auch im Außen zu manifestieren. Umgekehrt rackern sich viele gute, fähige, intelligente und fleißige Leute ein Leben lang ab, ohne es zu etwas zu bringen. Jeder schafft in sich das Bild seines Lebens, bewußt oder unbewußt, und erlebt es auch im Außen. Das Leben akzeptiert jedes Bild, erfüllt jede innere Wirklichkeit mit Leben, denn das Leben ist immer erfolgreich. Warum werden Sie nicht bewußt zum Architekten Ihres Lebens und nehmen Ihre inneren Bilder als Baupläne, um sie vom Leben verwirklichen zu lassen?

Wenn Sie diese inneren Bilder kennenlernen wollen, dann achten Sie einmal auf Ihre inneren Selbstgespräche. Wir alle besitzen diese innere Stimme, die ständig zu uns spricht, unsere Entscheidungen beeinflußt und unser gesamtes Verhalten je nach Einstellung dieser Stimme aufrichtet, uns mit Kraft und Begeisterung erfüllt oder uns klein, ängstlich und erfolglos macht. Wir hören auf diese Stimme, ob wir wollen oder nicht, aber wir haben die Fähigkeit, jederzeit in diese inneren Gespräche einzugreifen und sie zu lenken. Die gleiche Kraft, die zuvor den Erfolg zuverlässig verhinderte, führt ihn jetzt mit der gleichen Sicherheit herbei.

Nehmen Sie einen der Sätze aus den inneren Selbstgesprächen und formulieren Sie ihn in die gewünschte positive Form um. Z.B.: „Das schaffe ich nie," formen Sie um in: „Am Ende erreiche ich sicher mein Ziel". Sprechen Sie sich diesen umgeformten Satz immer wieder wie ein Mantra bei jeder Gelegenheit vor: Beim Rasieren, beim Autofahren, während Sie auf einen Gesprächspartner warten oder beim Friseur. Wiederholen Sie nicht nur die Worte, sondern beflügeln Sie die Worte mit einem starken Gefühl der Freude. „Fühlen" Sie, daß Sie es letztlich schaffen, und lassen Sie dieses Gefühl zu einer unerschütterlichen inneren Gewißheit werden. Erleben Sie so alle inneren Selbstgespräche um. Sie können zwar dieses innere Tonbandgerät nicht abschalten, Sie haben aber jederzeit die Möglichkeit, die Bänder auszutauschen und statt einer belastenden, eine erfolgssteigernde Wirkung zu erzielen. Es wird nicht lange dauern und Sie erkennen sich selbst als Glückspilz, und Ihr Leben steht unter einem guten Stern. Es passieren Ihnen immer wieder die unglaublichsten Dinge, die glücklichsten „Zufälle". Dies alles geschieht, weil Sie Ihre inneren Selbstgespräche geändert haben.

Wenn Sie sich selbst so mit größerer Sorgfalt und Achtung begegnen, werden Sie auch anderen Menschen die gleiche Sorgfalt und Achtung entgegenbringen und das wird Ihren Erfolg noch steigern. Ihre Persönlichkeit wird so immer mehr die eines Gewinners.

Prüfen Sie also immer wieder diese „innere Bildergalerie" und ändern Sie sorgfältig alle Bilder und inneren Worte, die nicht mehr Ihrem derzeitigen Maßstab entsprechen. Schaffen Sie sich vor allem ein Bild des erwünschten Endzustandes für alle Bereiche Ihres Lebens. Nehmen Sie diese Bilder immer wieder in Ihr Bewußtsein und halten Sie sie dort möglichst lange und lebendig fest. Es geht aber nicht nur darum, ein positives Selbstbild zu erschaffen, sondern vor allem dafür zu sorgen, daß das Selbstbild mit der inneren Wirklichkeit übereinstimmt. Es geht darum, daß Sie die Wirklichkeit Ihres wahren Seins erkennen und im Außen verwirklichen. Denn nur so können Sie Erfolg und Erfüllung erreichen.

Machen Sie also gründlich Inventur, überprüfen Sie Ihr Selbstbild und fragen Sie sich:

• Wo fehlt es bei mir an Gesundheit?
• Zu welchen Krankheiten neige ich, und was bedeutet das?
• Was stört mich an mir?
• Was gefällt mir an mir?
• Was will ich am Ende meines Lebens erreicht haben?
• Was ärgert mich noch und warum?
• Wodurch gerate ich noch in Streß?
• Wie kann man mich noch beleidigen, kränken, verletzen?
• Was will ich nicht mehr in meinem Leben?
• Was möchte ich gern bald verwirklichen?
• Was sollte ich dazu loslassen?
• Was traue ich mir nicht zu und weshalb?
• Was habe ich angefangen, ohne es erfolgreich zu beenden und warum?
• Welchen Grund habe ich, mich besonders zu achten?

*Finden Sie zudem zehn Gründe, um glücklich zu sein*
Erfinden Sie weitere Fragen zu Ihrer individuellen Situation und dazu die ehrlichen Antworten. Aus den Antworten und Konsequenzen, die sich daraus ergeben, schaffen Sie sich neue, jetzt gültige innere Bilder und Affirmationen für alle Bereiche Ihres Lebens:

für Ihre berufliche Situation,
für Ihre gesundheitliche Situation,
für Ihre partnerschaftliche Situation,
für Ihre spirituelle Situation.

Aktivieren Sie über diese inneren Bilder und die dazu passenden inneren Worte das in Ihnen steckende gewaltige Kräftepotential und richten Sie dieses Potential auf die Verwirklichung des erwünschten Endzustandes. Wiederholen Sie dies so lange, bis die entsprechenden Wirkungen als Ereignisse in Ihrem Leben sichtbar geworden sind.

### Wiederholen, aber mit Gefühl!

In der Schule haben Sie gelernt, daß man eine Information so lange wiederholen muß, bis sie im Gedächtnis sitzt. Alle Informationen werden sicher gespeichert, wenn sie mit einem starken Gefühl verbunden sind und dadurch einen hohen Aufmerksamkeitswert haben. Sobald Informationen mit einem angenehmen Gefühl verbunden sind, werden sie vom Gehirn automatisch mehrfach wiederholt. Versuchen Sie hingegen, eine Information zu speichern, die mit einem Gefühl der Unlust und Abneigung verbunden ist, dann fällt es Ihnen schwer, sie zu behalten. Das ist eigentlich ganz verständlich, und doch versuchen es Schüler in der Schule, Erwachsene im Beruf immer wieder mit dem gleichen frustrierenden Ergebnis.

Mit Unlust verbundene Wiederholungen lösen Streßhormone aus, die wiederum zu Lern- und Denkblockaden führen. Außerdem kostet es unnötig viel Energie, die sinnvoller eingesetzt werden könnte. Kein Wunder, daß sich manche mit dem Lernen so schwer tun, während es anderen einfach zufällt.

Außerdem arbeitet der Mensch meist nur mit einer Gehirnhälfte, denn jede Seite hat ihre speziellen Aufgaben.

Aufgaben für die linke Gehirnhälfte sind: Lesen, Sprache hören, sprechen, schreiben, rechnen, analysieren, Theorien oder Vokabeln auswendig lernen.

Aufgaben für die rechte Gehirnhälfte sind: Zeichnen, malen, modellieren, Bilder vorstellen (z.B. in der Phantasie ein Haus einrichten oder etwas Neues erschaffen), vergleichen, holistisches Erfassen von Musik, Erlebnissen und Ereignissen. Anfassen, berühren, streicheln, herumspielen, nachmachen.

Das Gefühl stellt die Verbindung zwischen den beiden Gehirnhälften her. Alles, was mit Gefühl verbunden ist, wird von beiden Hälften bearbeitet, als wichtig angesehen und behalten. Dann weiß der Mensch nicht nur, was gemeint ist, er kann sich von der Sache „ein Bild machen" und sich jederzeit daran erinnern. Diese neuen Bilder werden Sie zu dem erwünschten Erfolg führen.

# Der elfte Schritt zum Erfolg

*Wer denkt, er kann,*
*der kann!*

Der elfte Schritt zum Erfolg ist, die Kraft Ihrer Imagination zu nutzen. Auch die Welt der Wissenschaft beginnt allmählich zu entdecken, daß sich unser physisches Universum in Wirklichkeit nicht aus irgendeiner Materie zusammensetzt, sondern daß alle sichtbare Materie nur eine unterschiedliche Erscheinungsform von Energie ist. Auch wir sind Energie, so wie alles um uns herum. Wir alle sind Teile dieser Einen Kraft, aus der alles geworden ist. Die verschiedenen Formen dieser Energie entstehen nur durch eine unterschiedliche Schwingung. Gedanken sind eine sehr feine Form dieser Energie. Das, was wir Materie nennen, hat eine deutlich langsamere Schwingung und verändert sich aus diesem Grund auch langsamer. Alle Energieformen wirken aber aufeinander ein, stehen ständig in wechselseitiger Beziehung zueinander. Eine geistige Vorstellung hat eine starke Wirkung und gleicht sich dem an, worauf es sich bezieht. Mit anderen Worten, jede geistige Vorstellung, also jede Imagination hat das Bestreben, das zu verwirklichen, was sie beinhaltet. Sie aber sind in der Lage, jederzeit gewissermaßen aus dem Nichts eine solche geistige Vorstellung zu schaffen, ein geistiges Bild, und damit zu verwirklichen, was immer Sie wollen. Das ist keineswegs neu oder ungewöhnlich, denn Sie wenden es tagtäglich an. Es ist die natürliche Kraft der Imagination, die die schöpferische Kraft des Universums in Tätigkeit setzt. Bisher wurde diese Kraft meist unbewußt eingesetzt, und Sie erkennen erst an den Wirkungen, was Sie mit dieser Kraft geschaffen haben. Der bewußte Einsatz dieser Kraft gibt Ihnen die Möglichkeit, bewußt die erwünschten Umstände in Ihrem Leben zu schaffen.

Dazu brauchen Sie zunächst eine Idee des erwünschten Endzustandes. Geben Sie dieser Idee mit dem Gedanken eine erste Form, die Sie zu einem klaren Bild ausgestalten.

Dieses Bild zieht physikalische Energie wie magnetisch an und veranlaßt sie, diese Form auszufüllen und so als Umstand oder Ereignis in Erscheinung zu treten. Es ist nicht unbedingt erforderlich, dieses geistige Bild zu sehen, es genügt, es klar zu denken.

In der Praxis bedeutet das, daß Sie im Leben das anziehen, worüber Sie am meisten nachdenken, was Sie sich am lebhaftesten vorstellen und woran Sie am stärksten glauben. Jedes so von Ihnen geschaffene Bild hat die Neigung das anzuziehen, was es beinhaltet. Denken Sie negativ, unsicher und ängstlich, werden Sie Situationen anziehen, die Ihnen genau diese Erfahrungen vermitteln. Schaffen Sie aber Bilder erwünschter Situationen und Umstände, werden Sie genau solche Umstände anziehen. Dann passiert es Ihnen immer wieder, daß „günstige Zufälle" Ihnen den Weg ebnen, wo andere sich oft vergeblich bemühen. Je mehr erwünschte Bilder und Gedanken Sie schaffen, desto mehr wird Ihr Leben Ihren Erwartungen entsprechen. Irgendwann erkennen Sie, daß alle Umstände und Ereignisse Ihres Lebens so von Ihnen selbst geschaffen worden sind und daß Sie es in der Hand haben, Ihr Leben nach Ihren Wünschen zu gestalten. Nutzen Sie dazu die Kraft der Imagination, der bildhaften Vorstellung!

Das Bild ist „die Sprache des Unterbewußtseins". Damit die Information über den erwünschten Endzustand vom Unterbewußtsein verstanden wird, muß sie in seine Sprache, in die Bildersprache übersetzt werden. Sie muß imaginiert oder visualisiert werden. Das Sehen ist der dominierende Wahrnehmungssinn des Menschen. Ihm sind große Teile des Gehirns zugeordnet, und deshalb ist es verständlich, daß das Unterbewußtsein hauptsächlich auf bildhafte Informationen anspricht. Dazu kommt, daß das Gehirn auf geistige Vorstellungsbilder genauso reagiert, wie auf äußerlich vorhandene Dinge.

Durch die bildhafte Sprache umgeht das Unterbewußtsein die Zensur des logisch rationalen Bewußtseins. Der erwünschte Endzustand sollte daher bildhaft detailliert ausgearbeitet, in natürlichen Farben und in der natürlichen Umgebung vorgestellt werden. Dabei sollte die Vorstellung immer präziser werden. Die Bilder können auch zusammenhängend als innerer Film gesehen werden.

Jeder besitzt die Fähigkeit zur bildhaften Vorstellung, denn wir alle träumen jede Nacht, auch wenn wir uns nicht mehr daran erinnern. Ein Kind kann nicht anders, als das Gehörte oder Gelesene bildhaft vor sich zu sehen. Auch jeder gute Architekt wird zuerst das fertige Haus vor seinem geistigen Auge sehen, bevor er den ersten Strich zu Papier bringt. Manche Menschen haben diese natürliche Gabe jedoch verkümmern lassen, weil sie sie nicht benutzen, außer im Schlaf beim Träumen. Zum Glück kann diese Fähigkeit von jedem wieder erlernt, aktiviert werden.

Jede bildhafte Vorstellung hat eine **sofortige** Wirkung auf den Körper. Sie können das leicht nachprüfen, indem Sie sich vorstellen, in eine saftige Zitrone zu beißen. Das hat eine sofortige Wirkung auf Ihre Speicheldrüsen. Schon im Jahr 1929 hat Jacobsen bewiesen, daß der intensive Gedanke an bestimmte Körperbewegungen die dazugehörigen Nervenzellen (motorische Neuronen) aktiviert. Diese Form des **Mental-Trainings** ist heute unverzichtbar bei Spitzensportlern, weil sie nur durch dieses zusätzliche Training auf ihrem hohen Niveau bleiben können.

### Das Gesetz der Imagination

1. Jede bildhafte Vorstellung, die Sie erfüllt, hat das Bestreben, sich zu verwirklichen.
2. Wenn dabei Glaube und Wille gegeneinander stehen, siegt immer der Glaube.
3. Jede Anstrengung bei der bildhaften Vorstellung bewirkt immer das Gegenteil.

Die inneren Bilder bestimmen den größten Teil unseres Lebens. Immer dann, wenn wir nicht bewußt ein bestimmtes Bild oder eine bestimmte Vorstellung in unser Bewußtsein nehmen, greift das Unterbewußtsein auf den inneren Bilderspeicher, die „innere Bildergalerie" zurück und verwirklicht davon etwas.

Daher sollten Sie sich ein klares Bild des erwünschten Endzustandes in allen Bereichen Ihres Lebens schaffen, diese Bilder immer wieder ins Bewußtsein nehmen und dort möglichst lange und lebendig festhalten. Sie können auch ganz bewußt entgegengesetzte Bilder in Ihrer inneren Bildergalerie „löschen" oder in Ihrer Vorstellung austauschen.

## Piktogramme

Piktogramme nennt die Wissenschaft Zeichen, die die verbale und die bildhafte Information zusammenfassen. Der Begriff setzt sich zusammen aus dem lateinischen „pictus" = Gemaltes und dem griechischen „graphein" = schreiben. Ein Piktogramm kann sowohl einen Gegenstand als auch einen Vorgang ausdrücken. Der Mensch nimmt Bilder schneller und leichter auf als Worte, und so sind Piktogramme „stumme Dolmetscher".

Je klarer ein Bild ist, umso leichter kann sich Energie zur Verwirklichung darin sammeln. Je länger und öfter Sie das Bild auf dem „geistigen Bildschirm" festhalten, desto länger fließt Energie darauf und desto schneller kann der erwünschte Endzustand in Erscheinung treten.

*Die bildhafte Vorstellung kann sich beziehen auf:*
Konkrete Gegenstände, abstrakte Begriffe, Werte, einen Handlungsablauf oder Film, auf Sie selbst.

Als Hilfsmittel kann die „Leinwandtechnik" angewandt werden. Sie stellen sich den erwünschten Endzustand als Film vor, dem Sie zuschauen. Oder aber Sie schaffen sich ein tatsächliches Bild des erwünschten Endzustandes. Das kann ein Foto sein, eine Zeichnung oder eine Collage. Das ist dann eine Art „mechanisches Mental-Training".

Ist das Bild lebendig genug, macht es sich selbständig. Das heißt, anfangs bestimmen Sie die Details, aber allmählich entstehen sie vor Ihrem geistigen Auge, bis sie bei wiederholter Vorstellung die endgültige Form angenommen haben.

Veränderungen in unserem Leben können wir nur dadurch erreichen, indem wir dem erwünschten Endzustand durch Imagination eine Form geben. Unsere geistigen Bilder können die Welt zu einem Paradies oder zu einer Hölle machen. Wir haben die Wahl, aber wir wählen meist entsprechend unserer Gewohnheit. Diese sollten wir ändern. Durch das bildende Gestalten schafft der Mensch neue Inhalte seines Bewußtseins, die so als Umstand oder Ereignis in Erscheinung treten. Die Imagination verbindet uns mit dem gewünschten Zustand, wenn wir in der Vorstellung dort sind, also den Bereich des erfüllten Wunsches betreten. Das Denken und Erleben vom Ergebnis her ist das Geheimnis der Meister. Entschlossener Einsatz der Imagination vom Ende her ist der Anfang aller Wunder.

In der Imagination wird die Zukunft zur Gegenwart und Vorstellungen werden zur Wirklichkeit. Das geschieht am besten, wenn Gefühle dabei helfen und es mit Freude und Dankbarkeit geschieht. Empfehlenswert ist, daß Sie diese Vorstellung vom Ergebnis aus mit in den Schlaf nehmen, dann kann sich die Vorstellung leichter zur Wirklichkeit verdichten. Das kann abends vor dem Einschlafen sein, aber auch tagsüber jederzeit, wenn Sie danach ein kleines Nickerchen machen. Erleben Sie sich in der Vorstellung am Ziel, in der erwünschten Situation und spüren Sie das Wohlgefühl, das Sie dabei empfinden. Halten Sie dieses Erleben fest und schlafen Sie darüber ein. So wird eine Verheißung wahr: „Den Seinen gibt's der Herr im Schlaf." Ein paar Minuten genügen, und das Erreichen Ihres Ideals wird Wirklichkeit, wenn Sie sich dessen wert fühlen. Formen Sie so Ihr Leben nach Ihren Wünschen, wie ein Bildhauer die Plastik in seinen Händen zur gewünschten Gestalt formt. Machen Sie sich immer bewußt, daß die einzige reale Grenze dessen, was Sie erreichen können, die Grenze Ihres Denkens und Glaubens ist. Alles, was Sie denken und glauben können, können Sie auch erreichen. Die Wirklichkeit hängt von der Intensität der Vorstellung ab, nicht von äußeren Tatsachen. Der Ursprung der Wirklichkeit liegt in Ihnen und nicht irgendwo außerhalb. Indem Sie das Gefühl des erfüllten Wunsches aufrechterhalten, wird er zur Tatsache. In sich die Gewißheit des erfüllten Wunsches zu schaffen und zu erhalten, ist das ganze Geheimnis. Die Vorstellung ist das eigentliche Tor zur Wirklichkeit!

Das ganze Geheimnis besteht in einer bewußten Imagination und einer beharrlich aufrechterhaltenen Aufmerksamkeit, die immer wieder auf das Bild des erwünschten Endzustandes gelenkt wird, der verwirklicht werden soll. Alles verwandelt sich letztlich in das Abbild dessen, was Sie in der Imagination erschaffen. Alles, was Sie sich vorstellen können, können Sie auch verwirklichen, vorausgesetzt, Sie vermögen es zu glauben. Niemand kann etwas schaffen, das er selbst für unmöglich hält. Äußere Anstrengungen sind nutzlos, wenn Ihr Ziel nicht mit den inneren Bildern im Einklang steht. Ihre Imagination verbindet Sie optimal mit dem erwünschten Zustand, wenn Sie Ihre Imagination meisterhaft anwenden, indem Sie nicht zum erwünschten Ergebnis hindenken, sondern vom erwünschten Endzustand aus denken. Immer, wenn Sie den Bereich des erfüllten Wunsches betreten, ist es nicht mehr eine erwünschte Möglichkeit, sondern wird in Ihnen bereits zur Wirklichkeit, die dann auch im Außen in Erscheinung treten muß. So wird die Zukunft in der Imagination zur Gegenwart und das Erwünschte zur Wirklichkeit. Diese Wirklichkeit hängt vor allem von der Intensität und Beharrlichkeit Ihrer Imagination ab. Man kann diese Wahrheit nicht mit dem logischen Verstand begreifen, aber Sie können sich durch bewußte Anwendung jederzeit von ihrer Wirksamkeit überzeugen. Irgendwann erkennen Sie so, daß die Ursache für die Realität nicht außerhalb, sondern in Ihnen selbst liegt.

Es ist anfangs wie Theater spielen. Sie stellen sich vor, was Sie erreichen möchten und versetzen sich in die Situation des erfüllten Wunsches. „Erleben", wie man Ihnen zu Ihrer Beförderung gratuliert, „sehen", wie Sie Ihr Namensschild an der Tür Ihres neuen Büros anbringen, „spüren", daß dies der richtige Platz für Sie ist und in der Imagination mit Ihrer neuen Tätigkeit beginnen. Lassen Sie die neue Situation in allen Einzelheiten lebendig werden, und halten Sie diese innere Wirklichkeit so lange wie möglich in Ihrem Bewußtsein fest. Wiederholen Sie diese Vorstellung bei jeder möglichen Gelegenheit. Das, was Sie so innerlich geschaffen haben, muß im Außen in Erscheinung treten. Alles ist möglich, doch es kann nur werden, wenn Sie ihm dazu verhelfen, indem Sie es innerlich erschaffen.

## Das „innere Reden"

In jedem von uns gibt es eine Instanz, die zu allem etwas zu sagen hat. Egal, ob der Mensch sich dessen bewußt ist oder nicht. Dieses innere Reden beeindruckt das Unterbewußtsein ähnlich stark wie das innere Bild. Deshalb ist es sehr wichtig, daß Sie Ihr inneres Reden mit Ihren inneren Bildern und Ihrer Imagination in Einklang bringen. Wenn Wort und Bild gegeneinanderstehen, heben sie sich gegenseitig auf, und Sie wundern sich, daß nichts geschieht. Machen Sie es sich zunächst zur Gewohnheit, in dieses innere Reden einzugreifen und es entsprechend positiv zu lenken. Ergreifen Sie also das „innere Wort" und führen Sie Ihre mentalen Gespräche auf der Basis des erfüllten Wunsches. So wird das innere Wort mit der Vorstellung des erwünschten Endzustandes in Einklang gebracht, und die beiden Kräfte verstärken sich gegenseitig, anstatt sich zu behindern oder aufzuheben. Das wird viel zu wenig beachtet, obwohl jeder aufmerksam Suchende um diese inneren Gespräche wissen sollte, da er immer wieder einmal Zeuge davon wird. Ist das innere Wort mit der Imagination des erwünschten Endzustandes in Einklang gebracht, kommt es darauf an, ein möglichst klares Bild zu schaffen. Ein Weg dazu ist die Leinwandtechnik.

## Die „Leinwandtechnik"

Für die meisten Menschen ist es schwierig, ihre Gedanken zu beruhigen und auf ein Ziel zu richten. Um trotzdem das Bild des erwünschten Endzustandes auf dem geistigen Bildschirm halten zu können, stellen Sie sich eine leere Leinwand vor, wie im Kino, bevor der Film beginnt. Auf diese leere Leinwand projizieren Sie dann Stück für Stück ein lebendiges und detailliertes Bild dessen, was Sie schaffen wollen. Wenn Sie es lebendig und präzise vor Augen haben, lassen Sie es Teil eines kleinen Filmes werden. Sehen Sie z.B., wie man Ihnen zur bestandenen Prüfung gratuliert, wie Sie in das neue Haus einziehen, wie Sie die neue Stellung antreten, oder wie Sie den richtigen Partner gefunden haben und mit ihm glücklich sind. Erleben und verinnnerlichen Sie diesen Film mit allen Sinnen und nehmen Sie ihn damit in Besitz. Oder versetzen Sie sich noch einmal zurück in die Kindheit.

## Die Rückversetzung in die Kindheit

Stellen Sie sich vor, noch einmal Kind zu sein, und erleben Sie sich in einer Situation der damaligen Zeit. Erleben Sie sich in der elterlichen Wohnung oder Ihrem Haus und gehen Sie dabei in der Vorstellung in ein beliebiges Alter zurück, oder lassen Sie zu, daß eine Vorstellung einer beliebigen damaligen Situation Sie erfüllt. Lassen Sie die Situation ganz lebendig werden. Vergessen Sie einige Minuten, daß Sie schon älter sind, und seien Sie noch einmal Kind. Erleben Sie Ihre Reaktion, wenn Ihre Mutter hereinkommt, hören Sie zu, was sie Ihnen zu sagen hat, und tun Sie das gleiche dann mit Ihrem Vater. Machen Sie sich die unterschiedlichen Reaktionen bewußt und erleben Sie auch die Begegnung mit anderen Leuten in Ihrer Kindheit. Oder erleben Sie eine bestimmte Situation noch einmal, die Sie vielleicht noch in Erinnerung haben, z.B. Weihnachten oder einen bestimmten Geburtstag. Schauen Sie, welche Gäste dabei sind, und erleben Sie noch einmal in allen Einzelheiten, was geschieht. Anfangs mag Ihnen Ihre Erinnerung helfen, aber bald wird sich das Gesehene selbstständig machen, und Sie erleben Einzelheiten, an die Sie sich nicht mehr hätten erinnern können. Das kann jeder, und es ist meist auch einfach zu erreichen. Auf diese Weise trainieren Sie Ihr bildhaftes Vorstellungsvermögen. Ein anderer hilfreicher Weg dazu ist, sich sein Traumhaus vorzustellen.

## Stellen Sie sich Ihr Traumhaus vor

Imaginieren Sie, vor Ihrem Haus zu stehen und es anzuschauen. Machen Sie sich bewußt, wie der Garten aussieht und wie er umzäunt ist. Schauen Sie das Gartentor an und gehen Sie hindurch. Während Sie zum Haus gehen, sehen Sie die Pflanzen und Bäume, machen sich bewußt, wie groß Ihr Traumhaus ist, wieviele Fenster es hat und wie die Haustür aussieht. Dann treten Sie ein. Welchen Eindruck macht die Diele? Wie sind die einzelnen Zimmer eingerichtet? Gehen Sie auch einmal in den Keller und auf den Speicher und schauen nach, was Sie da vorfinden. Natürlich können Sie in der Imagination auch Änderungen vornehmen. Sie können Wände versetzen und eine andere Einrichtung hinstellen, bis alles wirklich für Sie stimmt. Das macht Spaß, und es trainiert Ihre Fähigkeit der bildhaften Vorstellung, bis Sie ganz leicht präzise Bilder schaffen können.

Machen Sie sich bewußt, daß es genügt, ein solches Bild zu schaffen und auf Ihrem geistigen Bildschirm einige Minuten festzuhalten. Danach ist es bereits auf der geistigen Ebene verwirklicht. Die entsprechenden Veränderungen auf der materiellen Ebene brauchen aber mehr Energie und Zeit. Damit sich Ihre Vorstellungen auch im Außen manifestieren können, müssen Sie also eine entsprechende Menge an geistiger Energie zur Verfügung stellen und mit dem Bild verbinden. Für eine einfache Veränderung kann durchaus eine Sitzung ausreichen, während für eine grundlegende Veränderung im Extremfall bis zu 100 Sitzungen erforderlich sein können. Lassen Sie es also nicht an der notwendigen Beharrlichkeit fehlen, wenn Sie nicht enttäuscht werden wollen. Das ist der Punkt, an dem die meisten scheitern: Es fehlt an der nötigen Ausdauer. Ist das Bild auf der geistigen Ebene geschaffen und mit ausreichend Energie versorgt worden, muß es noch verinnerlicht werden. Das heißt konkret, daß Sie sich damit identifizieren, daß Sie ganz lebendig erleben, wie Sie sich in der Erfüllung verhalten, so daß Sie das Ganze von der Erfüllung aus erleben. Dann lassen Sie es vollkommen los, damit es sich manifestieren kann.

Sollten Sie Schwierigkeiten haben, sich selbst vorzustellen, dann nehmen Sie einige Fotos von sich zur Hand und schauen sie sie so lange an, bis Sie sich alle Einzelheiten eingeprägt haben. Schließen Sie die Augen und kontrollieren Sie, ob Sie mit geschlossenen Augen alles ebenso deutlich „sehen" können. Wenn nicht, öffnen Sie die Augen und wiederholen Sie den Vorgang so lange, bis Sie auch mit geschlossenen Augen alles ganz deutlich sehen. Das braucht Geduld und Ausdauer, und es kann mitunter Tage oder Wochen dauern, bis Sie es erreicht haben. Auch hier ist also Beharrlichkeit gefragt. Sie können es auch wie in einem Film erleben, indem Sie sich eine alltägliche Situation vorstellen. Z.B. begrüßt Sie jemand mit Handschlag. Erleben Sie ganz deutlich, wie der andere auf Sie zutritt und Ihnen die Hand reicht. „Spüren" Sie seine Hand in der Ihren und schauen Sie ihm dabei in die Augen. Machen Sie sich seinen Gesichtsausdruck bewußt und erkennen Sie, was den anderen gerade bewegt. Lassen Sie sich keine Einzelheit entgehen. Die Farbe seiner Augen, seine Frisur, Kleidung usw. Gleichzeitig mit Ihrer bildhaften Vorstellung schulen Sie so Ihre Beobachtungsgabe, machen sich zur Gewohnheit, mit einem Blick alle Einzelheiten zu erfassen. Auch hier macht Übung den Meister. Üben Sie so lange, bis Sie eine solche Situation mit allen Sinnen erfassen können. Falls Sie Schwierigkeiten haben, sich Farben vorzustellen, stellen Sie sich in der Vorstellung vor eine weiße Wand und streichen Sie diese in der gewünschten Farbe.

Das bildhafte Sehen ist zwar eine natürliche Fähigkeit, die jedes Kind besitzt, aber manche lassen diese Fähigkeit im Laufe der Zeit mehr und mehr in Vergessenheit geraten und können es irgendwann kaum noch. Was man aber verlernt hat, kann man auch wieder erlernen, wenn Sie etwas Geduld mitbringen. Je präziser Sie Ihren Wunsch ausgestalten, desto genauer wird er sich im Außen manifestieren. Sie brauchen dazu zwei Kräfte:

1. Einbildungskraft
2. Vorstellungskraft

Ihre Einbildungskraft schafft die erwünschten Bilder entweder aus der Erinnerung oder aus der Vorstellung. Mit Hilfe Ihrer Vorstellungskraft bringen Sie diese so geschaffenen Bilder auf Ihren geistigen Bildschirm und halten Sie dort beliebig lange fest. Je genauer diese Vorstellung ist und je länger Sie das Bild auf dem geistigen Bildschirm festhalten, desto mehr Energie kann darauf fließen und desto schneller und leichter tritt es in Erscheinung.

## Die 3 wesentlichen Faktoren zur Verwirklichung:

1. Der Wunsch. Sie müssen das, was Sie verursachen, auch wirklich wollen. Tief in Ihrem Herzen erkennen, daß das wirklich Ihr Ziel ist, das Sie ernsthaft anstreben.
2. Der Glaube. Sie sollten an die Möglichkeit glauben, dieses Ziel zu erreichen und darauf vertrauen, es zu schaffen. Prüfen Sie das, indem Sie sich in den erwünschten Endzustand versetzen und erkennen, ob Sie sich selbst in der Erfüllung wirklich vorstellen können.
3. Das Annehmen. Sie sollten bereit sein und sich auch wert fühlen, das Erwünschte **jetzt** in Empfang zu nehmen und auch zu behalten. Manchmal verfolgen wir Ziele, die wir nicht ernsthaft erreichen wollen. Fragen Sie sich also, ob Sie wirklich bereit und entschlossen sind, das Angestrebte vollständig anzunehmen, ohne Wenn und Aber.

Sie können diese sichere Haltung durch folgende Bejahung bekräftigen: „Ich bin fest entschlossen, dies jetzt und hier zu verwirklichen, anzunehmen und zu behalten!"
Hier noch zwei bewährte Tests für Ihre Wunschverwirklichungskraft:

1. Stellen Sie sich einen Schalter im Nacken vor, der Energie in Ihren Körper leitet. Stellen Sie sich vor, Sie schalten diesen ein, die Energie fließt und erfüllt Sie ganz. Spüren Sie die neue Kraft, die Sie erfüllt? Wenn Sie das beherrschen, können Sie sich überall unauffällig stärken, indem Sie den Schalter betätigen.

2. Nehmen Sie einen Faden von etwa 5 Zentimetern Länge und binden Sie ihn an Ihren Autoschlüssel, an einen Ring, Ihren Kugelschreiber oder etwas Ähnliches. Halten Sie das so geschaffene Pendel in der rechten Hand vor sich ganz locker und ruhig. Schauen Sie es an und stellen Sie sich nun ganz lebhaft vor, daß das so von Ihnen geschaffene Pendel anfängt, ganz stark vor und zurück zu schwingen. Lassen Sie sich von dem äußeren Bild der scheinbaren Ruhe nicht beeindrucken und bleiben Sie bei Ihrer Vorstellung des Vor- und Zurückschwingens. Halten Sie dieses Bild auf Ihrem geistigen Bildschirm für etwa drei Minuten fest. Nun sollte das Pendel auch im Außen schon deutlich vor- und zurückschwingen. Der Grad des Ausschlags zeigt den Grad Ihrer derzeitigen Wunschverwirklichungskraft an. Auch wenn es sich wie eine Spielerei anhört, können Sie das Ergenbis ernst nehmen. Schlägt das Pendel kaum aus, wird es länger dauern, bis Ihre Vorstellung sich im Außen manifestiert. Haben Sie einen starken Pendelausschlag, genügt oft schon eine einzige Imagination, um die Vorstellung Wirklichkeit werden zu lassen. Außerdem ist das nicht nur eine zuverlässige Testmethode, sondern auch eine ebensogute Trainingsmethode, so daß Sie auf diesem Weg Ihre Ergebnisse zusehens verbessern können. Wie wäre es, wenn Sie sich ab sofort mindestens zweimal täglich die Zeit nehmen würden, Ihre Wunschkraft zu verbessern. Es lohnt sich!

### Revision durch „mentales Umerleben"

Sie können zwar vergangenes Handeln nicht ungeschehen machen, aber mit Hilfe der Technik des mentalen Umerlebens können Sie jede Situation energetisch in die gewünschte Form bringen, so daß sie nur noch erwünschte Folgen haben kann. Das muß natürlich geschehen, **bevor** sie sich als Ereignis manifestiert hat. Sie können somit die Folgen einer unerwünschten Handlung durch mentales Umerleben korrigieren und Ihrem Unterbewußtsein gleichzeitig ein Bild des erwünschten Handelns geben. Zukünftiges Handeln ist damit Ihrem inneren Wertmaßstab angepaßt.

## Ihr Unterbewußtsein kann nicht unterscheiden zwischen Realität und einer lebendigen Vorstellung

Sobald Sie erkannt haben, daß Ihr Handeln nicht richtig war, versetzen Sie sich noch einmal in die Situation und erleben Sie jetzt, wie Sie sich ideal verhalten und die Situation optimal meistern. So wird Ihr Unterbewußtsein diese lebendige Imagination als Erfahrung speichern und mit der Zeit, unterstützt durch mehrfaches Wiederholen, das erwünschte Verhalten annehmen. Um Ihr Unterbewußtsein besonders zu beeindrucken und damit diesen Prozeß zu beschleunigen, stellen Sie sich dabei auch das freudige Gefühl und die Zufriedenheit ganz lebendig vor, nun richtig und wirklich Ihnen entsprechend gehandelt zu haben. Führen Sie jeden Abend eine „Tagesrückschau" durch, um die Ereignisse des Tages noch einmal kritisch zu prüfen und gegebenenfalls umzuerleben. Auf diese Weise werden Sie sich immer weiter in Richtung Ihres inneren Wertmaßstabes entwickeln und letztlich immer nach dem letzten Stand Ihrer Erkenntnis handeln. Mit Hilfe des Armtestes können Sie zuverlässig feststellen, ob die Situation wirklich umerlebt ist. Halten Sie einen Arm waagerecht zur Seite und lassen Sie einen anderen auf Ihren Arm drücken, um festzustellen, wieviel Kraft vorhanden ist. Dann stellen Sie sich die umerlebte Situation ganz lebendig vor und lassen Ihren Arm erneut drücken. Geht der Arm jetzt leichter herunter, oder haben Sie nicht die Kraft, ihn unter Druck oben zu halten, dann sollten Sie das mentale Umerleben weiter wiederholen, bis der Arm stark bleibt. Bleibt er beim ersten Versuch gleich stark oder ist er stärker als zuvor, dann haben Sie es bereits geschafft. Die Situation ist wirklich mit allen Folgen umerlebt.

Wann immer Sie so ein vergangenes Ereignis umerleben, wird es neu geboren. Die bisherige energetische Prägung wird aufgelöst und es entsteht eine neue mit den entsprechenden Folgen. Das Ausmaß der Verwandlung muß einem anderen, der nicht mit der Kraft der Imagination arbeitet, völlig unglaubhaft erscheinen. Mit dem Umerleben sollten Sie auch Ihre Aufmerksamkeit vom nicht revidierten Ereignis völlig abziehen und sich ganz dem revidierten zuwenden, denn das ist jetzt Ihre neue Wirklichkeit. Wer seine Tage nicht auf diese Weise regelmäßig umerlebt, verzichtet auf einen großartigen Teil seines geistigen Erbes – die schöpferische Imagination.

Haben Sie aber die segensreiche Wirkung des mentalen Umerlebens erkannt, sollten Sie sich einmal die Zeit nehmen, Ihr ganzes bisheriges Leben imaginär durchzugehen und, wo erforderlich, weil Ihnen nicht mehr entsprechend, umerleben. Konzentrieren Sie sich an einem Tag auf Ihre Kindheit und die Jahre in der Grundschule. Seien Sie bei diesem Fundament Ihrer Arbeit besonders gründlich, denn in dieser Zeit entstehen die meisten Prägungen. Erleben Sie dabei nicht nur die Situation um, sondern auch Ihr Erleben, Ihre Reaktionen und die Konsequenzen, die sich aus der veränderten Situation ergeben. Nehmen Sie sich an einem anderen Tag die Jahre auf dem Gymnasium oder während Ihrer Lehre vor und wieder an einem anderen Ihre Jahre bis 30. An einem weiteren Tag erleben Sie die Jahre zwischen 30 und 40 oder beginnen noch einmal von vorn. Danach erleben Sie die Jahre bis 50 oder beginnen noch einmal von vorn. Gehen Sie so Ihr ganzes Leben wenigstens zweimal gründlich durch und erleben Sie alles mental um, was nicht mehr dem heutigen Stand Ihrer Erkenntnis entspricht. Sie haben so die Chance, Ihr Leben umzuwandeln, als hätten Sie es ganz mit dem heutigen Stand Ihrer Erkenntnis gelebt. Danach werden Sie freier und leichter in eine bereinigte Zukunft gehen.

Hier einige Anregungen für die Nutzung der Technik des mentalen Umerlebens:

1. Das Umerleben des gerade vergangenen Tages. Erleben Sie dabei auch die begleitenden Gefühle um. Fühlen Sie Ihre Gefühle um, denn umdenken kann man diese nicht.

Machen Sie es sich mit der Zeit zur Gewohnheit, damit nicht erst bis zum Abend zu warten, sondern erleben Sie die Ereignisse wenn möglich **sofort** um. Nämlich immer dann, wenn Sie merken, daß es so nicht „stimmt".

2. Das Umerleben der Vergangenheit. Führen Sie ein geistiges „Großreinemachen" durch und überprüfen Sie mit dem Armtest, ob die Umstände und Ereignisse auch wirklich bereinigt sind.

3. Das mentale Vorauserleben. Erleben Sie alle besonderen Situationen voraus, die heute auf Sie zukommen. Eine Prüfung, ein wichtiges geschäftliches oder privates Gespräch. Sorgen Sie dafür, daß Sie sich beim Vorauserleben so verhalten, wie es Ihnen entspricht. Sie können auch mehrere Versionen vorauserleben, bis eine Ihnen wirklich ganz entspricht. „Löschen" Sie danach die nicht benötigten Bilder wieder, indem Sie sie in der Vorstellung verbrennen oder zu Licht werden lassen. Auch hier können Sie mit dem Armtest prüfen, ob die Vorstellung, für die Sie sich entschieden haben, Sie wirklich stärkt. Wenn das der Fall ist, sollten Sie zufrieden sein, denn Sie sind nun bestens auf den Tag und das, was auf Sie zukommt, vorbereitet.

4. Selbsterziehung durch mentales Umerleben. Mit Hilfe der schöpferischen Imagination können Sie auch unerwünschte Eigenschaften in erwünschte umwandeln und so den eigenen Charakter zum Ideal hin formen. Indem Sie sich verändern, verändern Sie auch die vor Ihnen liegenden Umstände und Ereignisse, da diese Ihrem Sosein entsprechen. Auf die gleiche Weise können Sie auch eingefahrene Gewohnheiten auflösen und in erwünschte umwandeln, wenn Sie dies einige Male wiederholen.

5. Sie können sich mit Hilfe des mentalen Vorauserlebens auch in die Erfüllung eines Wunsches oder in einen erwünschten Endzustand versetzen und prüfen, ob Ihnen dies wirklich die erhoffte Erfüllung bringt und sich der Aufwand, der erforderlich wäre, auch lohnt. Ist das nicht der Fall, können Sie Ihre Kraft und Zeit in eine lohnendere Sache investieren. Ist es jedoch Ihre Erfüllung, dann wissen Sie, was auf Sie zukommt, wofür Sie sich einsetzen.

6. Mit Hilfe des mentalen Vorauserlebens können Sie sich auch in Behaglichkeit versetzen und diese ganz lebendig genießen.

Sie können Behaglichkeit in jeder Situation erleben, indem Sie Behaglichkeit geschehen lassen:

1. beim Meditieren oder während Sie nichts tun,
2. bei einer angenehmen Tätigkeit,
3. bei einer unangenehmen Tätigkeit.

Beginnen Sie zunächst mit der Vorstellung dieser Stufen und erleben Sie in der Vorstellung das Wohlgefühl der Behaglichkeit.

In der Praxis gehen Sie in verschiedenen Situationen ganz bewußt in das Wohlgefühl der Behaglichkeit und erleben, daß diese nicht von äußeren Umständen abhängig ist.

Erleben Sie als erste Stufe vielleicht ein Gefühl der Ruhe, der inneren Stille. Dann lassen Sie sich bewußt von Entspannung erfüllen. Spüren Sie die Entspannung und das Gelöstsein. Machen Sie sich das Wohlgefühl bewußt, das zunächst Ihren Körper erfüllt, aber auch Ihren Geist und Ihre Seele. Dies führt zu einem klaren Bewußtsein und zu einer Heiterkeit der Seele. Dann spüren Sie die daraus resultierende Erholung, den Zuwachs an Kraft und Unternehmungsgeist und machen Sie sich bewußt, wie der Gesundungsprozeß immer stärker spürbar wird. Zuerst im Körper, dann auch im Gemüt und im Bewußtsein. Diese Gesundung führt zu einer inneren und äußeren Verjüngung, die ebenfalls Körper, Seele und Geist einschließt.

Beginnen können Sie damit, daß Sie dies alles denken. Das Denken führt zur Vorstellung, und indem die Vorstellung immer lebendiger wird, wird sie zum Erleben. Das heißt nun zu fühlen, zu spüren, wie es wirkt, wie es geschieht, wie es alle Bereiche des Seins erfaßt, wie der Geist die Materie beherrscht und bestimmt, was geschieht.

Das ist auch:

# Das Geheimnis des Reichtums auf allen Ebenen

Ihre selbst geschaffenen inneren Bilder bestimmen Ihr Leben, Sie aber bestimmen mit der schöpferischen Imagination diese inneren Bilder. Denn die Ursache für Reichtum, gleich auf welcher Ebene, liegt immer in Ihnen. Das Außen spiegelt nur diese innere Wirklichkeit wider: Ihr Selbstbild, Ihr Selbstwertgefühl und Ihre innere Einstellung zu Geld, Glück, Reichtum, Gesundheit, Beruf und Schicksal. Damit setzen Sie die wahren Ursachen, und mit Hilfe des mentalen Umerlebens können Sie sie jederzeit ändern und damit bestimmen. Das, was wir Schicksal nennen, ist nur die Verwirklichung unserer Gedankenbilder. Sind diese begrenzend und negativ, werden Sie diese Gedankenbilder mit absoluter Sicherheit in begrenzende und negative Verhältnisse bringen. Sind es aber Gedankenbilder der Fülle und Erfüllung, dann werden Sie dadurch diese Fülle und Erfüllung auch im Außen erleben. Wer aber weiß schon, daß er selbst die Ursache für alle Umstände ist und die Macht hat, sie jederzeit zu ändern. Die Umstände sind wie Wasser, sie füllen die Form aus, die wir ihnen geben. Viele gute, fähige und fleißige Menschen rackern sich ein Leben lang ab, ohne es zu etwas zu bringen. Jeder schafft sich sein Leben mit allen Umständen selbst, ob bewußt oder unbewußt, und so erlebt er es auch. Das Leben akzeptiert jedes Bild und läßt als äußere Wirklichkeit in Erscheinung treten, was immer Sie sich vorstellen. Ihre selbstgeschaffene innere Wirklichkeit schafft die entsprechenden Lebensumstände. Und in jedem Augenblick haben Sie die Wahl, Ihr Leben neu zu bestimmen. Das mag zunächst unglaublich erscheinen, aber Sie sind ein lebender Beweis dafür, daß es stimmt. Tun Sie es, beobachten und erkennen Sie, daß es so ist.

Am leichtesten geschieht es in der körperlichen Bewegungslosigkeit. Stellen Sie sich vor, Sie seien Ihr eigenes Denkmal. Bis auf Ihren Atem sind Sie völlig bewegungslos, und in dieser körperlichen Bewegungslosigkeit schaffen Sie die inneren Bilder der Wirklichkeit und treffen so bewußt Ihre Wahl. Was dann geschieht, ist immer wieder wie ein Wunder, und Sie fragen sich vielleicht, warum Sie das nicht schon in der Schule gelernt haben. Ob dann nicht Ihr ganzes Leben anders verlaufen wäre. Bedauern Sie Ihre Vergangenheit nicht, sondern machen Sie dankbar ab jetzt optimalen Gebrauch von Ihren Möglichkeiten. Leben Sie in der Fülle, die nur darauf wartet, in Ihrem Leben in Erscheinung treten zu dürfen, sobald Sie ihr mit der schöpferischen Imagination eine Form geben.

# Der zwölfte Schritt zum Erfolg

*Zu einem starken Pfeil*
*gehört ein starker Bogen,*
*doch ohne starken Arm,*
*wird dieser nicht gezogen!*

Der zwölfte Schritt zum Erfolg heißt, die Kraft Ihrer Gedanken zu erkennen und zu nutzen. Denken ist das Bewegen geistiger Energie. Beharrlich bewegte Energie **muß** sich auch materiell verwirklichen.

Es ist für mich immer wieder überraschend, mit wievielen interessanten Dingen sich die Menschen beschäftigen und wie wenig mit dem Interessantesten:

## Mit sich selbst

Wie wenig sie von sich wissen, von den unbegrenzten Möglichkeiten des menschlichen Geistes und dem Wesen, das sie sind. Hier wartet die größte Entdeckung auf Sie, die man in diesem Leben machen kann. Die Entdeckung, wer Sie wirklich sind. Es ist wie im Märchen vom Geist in der Flasche. Auch wir haben unseren allmächtigen Geist eingesperrt in die enge Flasche unserer Vorstellungen und Begrenzungen. Sobald Sie den Geist freilassen, kann das eigentliche

## Abenteuer des Lebens

beginnen. Wenn Sie wirklich bereit sind, dann lassen Sie uns heute einige Schritte tun in das Abenteuer, das wir Leben nennen. Es beginnt damit, daß Sie den Schritt tun von der Person zur Persönlichkeit, vom ich zum Selbst, zu dem, der Sie wirklich sind. Das heißt auch, sich selbst als Werkzeug zu optimieren, denn die Macht Ihrer Gedanken funktioniert absolut zuverlässig. Was nicht immer so zuverlässig funktioniert, ist der Mensch! Es gibt keinen Menschen, der nicht denkt, aber kaum einen, der sich Gedanken über seine Gedanken macht. Wir denken drauflos, als ob die Gedanken wirklich frei wären, dabei sind Gedanken die Kräfte, die unser Leben bestimmen. Die meisten Menschen sind gern bereit, Geld und Zeit einzusetzen, um etwas für ihren Körper zu tun, ihn zu pflegen und fit zu halten. Das ist sicher gut und richtig, doch auch für die Entwicklung des Bewußtseins sollte viel Energie verwendet werden. Zu allen Maschinen und Instrumenten werden Gebrauchsanweisungen und Bedienungsanleitungen mitgeliefert, die vor Inbetriebnahme gründlich studiert und befolgt werden sollten. Nur für das komplexeste Instrument, das wir kennen, das menschliche Gehirn, gibt es keine solche Bedienungsanleitung. Die meisten Menschen denken, daß sie mit dem auskommen müssen, was sie wissen, ganz gleich, wie zufriedenstellend das auch sein mag. Wir sind jedoch aufgerufen, unsere Fähigkeiten nicht nur zu nutzen, sondern auch weiterzuentwickeln. Ich möchte Ihnen zeigen, daß sie alle über ein phantastisches Vermögen verfügen, das zum größten Teil gar nicht genutzt wird, ja, die meisten wissen nicht einmal, daß sie es haben. Ich meine die fast unbegrenzten Möglichkeiten des bewußten schöpferischen Denkens. Ich möchte Ihnen zeigen, wie Sie einen Teil dieses Vermögens nutzen können, um damit Ihr Schicksal und Ihre Zukunft selbst zu bestimmen. Nur so kann man wahren Wohlstand erreichen, und in diesem Wohlstand leben kann nur jemand, der wirklich vermögend ist. Vermögend ist nur der, der etwas vermag, und wer viel vermag, der ist sehr vermögend! Darum ist es wichtig, sein inneres Potential zu entwickeln, um es im Außen als Wohlstand in Erscheinung treten zu lassen. Es ist wie in der Wüste, wo seit Millionen von Jahren ein Schatz verborgen war, das Erdöl, aber die Menschen an der Oberfläche waren arm. Erst als sie diesen Schatz entdeckt und gefördert haben, indem sie „in die Tiefe gingen", wurde der innere Reichtum auch im Außen sichtbar. Unterschätzen Sie daher Ihre Fähigkeiten, Ihr inneres Vermögen nicht.

Fülle ist ein natürliches Gesetz des Universums. Die Natur ist überall geradezu verschwenderisch großzügig, überall ist Fülle. Und doch ist es offensichtlich, daß es vielen nicht gelingt, an dieser Fülle teilzuhaben, weil sie ihr inneres Potential nicht kennen, oder zumindest nicht optimal nutzen. Wir glauben, daß die Ereignisse eher zufällig an uns herantreten und greifen erst ein, wenn es eigentlich bereits zu spät ist. Was würden Sie sagen, wenn Ihnen jemand einen Zauberstab gäbe, mit dessen Hilfe Sie alle unerwünschten Ereignisse Ihres Lebens jederzeit sofort ändern könnten? Nun, Sie haben diesen Zauberstab bereits, Sie sind damit geboren worden. Aber nur wenige erkennen, was sie da zur Verfügung haben. Um diese Fähigkeiten zu aktivieren, braucht es keine geheimen Einweihungen, keine entbehrungsreichen Jahre im Himalaya. Sie brauchen nur anzufangen, von Ihren Gaben weisen Gebrauch zu machen. Denn Sie besitzen etwas, das die übrige Natur nicht besitzt: Die Fähigkeit zu denken, die Möglichkeit der Imagination und die Macht Ihres Glaubens. Mit diesen fast unbegrenzten Möglichkeiten Ihres Denkinstrumentes bestimmen Sie Ihr ganzes Leben. Auch wenn es sich phantastisch ausnimmt, ist dies die Wirklichkeit. Denn alles, was Sie denken und glauben können, das können Sie auch erreichen. Jeder Gedanke ist wie ein zuverlässiger Diener. Er ruht nicht eher, bis er seinen Auftrag, das, was er beinhaltet, erfolgreich ausgeführt hat. Prüfen Sie also vorher gründlich, ob Sie das, was Sie verursachen, auch wirklich haben wollen.

Die meisten Menschen können ihre Wünsche nicht realisieren, weil sie ihr Denken nicht beherrschen, weil sie nicht Meister ihrer Gedanken sind. Sie denken hin und her, zerstreuen das schöpferische Potential, anstatt es konzentriert auf ein Ziel zu lenken und so zu erreichen, was immer sie wollen. Der Mensch hat gelernt, alles zu beherrschen, Elektrizität, Maschinen, Computer – das Größte wie das Kleinste, nur das Nächste nicht – sich selbst! Mit dem menschlichen Geist ist es aber wie mit einem Fallschirm: Er nützt nur etwas, **wenn er sich entfaltet!** Wie wollen wir große Ziele erreichen, wenn wir uns nicht täglich selbst beweisen, daß uns dies mit kleinen Zielen mühelos gelingt. Unser Denkvermögen ist vergleichbar mit einem Muskel, der verkümmert, wenn man ihn nicht oder nicht richtig nutzt. Nur wenige aber nutzen ihr Denkinstrument optimal. Der Mensch sollte das Denken zu dem machen, was es ist – zu einer Kunst. Er sollte zum Meisterdenker werden, der auf der Leinwand seiner Imagination mit Entschlossenheit und meisterhaften Strichen das Kunstwerk seines Lebens schafft. Alle Macht ist dem Menschen durch richtiges Denken gegeben. Überlegen macht überlegen! Dabei ist die gründliche Vorbereitung einer Sache meist auch schon die Entscheidung. Jeder einzelne Gedanke verändert unser Schicksal, verursacht Erfolg oder Pech, Krankheit oder Gesundheit, Leid oder Glück. Wir sind hier, um zu lernen, möglichst optimal mit unserem Denkinstrument umzugehen. Wenn **wir** unsere Gedanken nicht beherrschen, ist niemand da, der das für uns tun könnte. Der Schlüssel zur Ordnung unserer Gedanken heißt Gedankendisziplin.

Gedanken sind stumm und unsichtbar, und das verleitet zu glauben, daß sie auch unwirksam seien. Wir aber sollten unsere Gedanken so sorgfältig wählen wie unsere Worte – manche tun nicht einmal das – und ihnen nicht erlauben, chaotisch loszuziehen und eine Zukunft zu verursachen, die wir nicht gewollt haben. Erkennen wir, daß Denken das Schaffen einer Form ist, die, vom Geist einmal ausgesandt, sich in Materie kleidet, bis sie sich als Umstand oder Ereignis manifestiert.

*Wie man lernt, sein Denkinstrument zu beherrschen*
Es beginnt damit, daß Sie Ihre Gedanken beobachten, einfach nur wahrnehmen, welche Gedanken gerade in Ihnen sind – sie kommen und gehen lassen. Dann greifen Sie einmal einen Gedanken heraus und halten ihn fest, um ihn genauer anzuschauen. Fragen Sie sich, woher dieser Gedanke kommt, warum Sie ihn denken, was er Ihnen sagen will. Gehen Sie einmal mit diesem Gedanken um. Ändern Sie ihn, bis er Ihnen wirklich gefällt, bis er Ihrem inneren Wertmaßstab entspricht. Dann lassen Sie ihn frei. Machen Sie sich bewußt, daß Gedanken frei sind von Raum und Zeit. Sie können sich in einem Augenblick nach New

York denken, dort an der Freiheitsstatue stehen, und einen Augenblick später in Hawaii am Strand sein. Sie können in der Zeit zurück gehen und sich noch einmal als Kind sehen, an Ihrem früheren Wohnort, zusammen mit alten Freunden. Sie können aber auch ganz bewußt dort sein, wo Sie gerade sind. Ganz im Hier und Jetzt. Machen Sie sich einmal bewußt, daß Sie nicht der Gedanke, sondern der Denker sind. Sie sind der, der die Gedanken denkt, der bewußte Denker. Sie sind der, der entscheidet, was gedacht wird. Sie können nicht nicht denken, aber Sie haben in jedem Augenblick die Wahl zu entscheiden, was Sie denken. Jeder Gedanke hat eine sofortige Wirkung, bewirkt das, was er beinhaltet, auch wenn es einige Zeit dauern kann, bis es im Außen in Erscheinung tritt. Mit dem Armtest können Sie prüfen, welche Wirkung ein bestimmter Gedanke hat, können ihn „umdenken" und erneut prüfen, bis die Wirkung stimmt.

Aus einer Idee wird ein Gedanke.
Dieser Gedanke wird zum Impuls, ihn im Wort zum Ausdruck zu bringen.
Das Wort nimmt erste Gestalt an, indem wir es aussprechen oder aufschreiben.
Damit binden wir den Inhalt des Wortes an die Luft als Schwingung oder an die Materie des Papiers.
Nach dem Wort folgt die Tat.
Aus der Tat entsteht ein Ereignis.
Aus dem Ereignis ergibt sich eine Entwicklung.
Die Entwicklung führt zu einem neuen Zustand, zu einer neuen Situation, vielleicht zu einem neuen Bewußtsein.
Aus dem neuen Bewußtsein wird eine neue Idee geboren, die zum Gedanken wird und als Wort zum Ausdruck kommt.

Die geistigen Techniken **muß** man ebenso lernen, wie man das Laufen, Essen, Radfahren oder Schwimmen erlernt hat. Im Leben schreitet der am sichersten voran, der am besten vorbereitet ist, der seine Kräfte optimal einzusetzen und seine Möglichkeiten voll auszuschöpfen weiß.

Da der Körper sofort über spezielle Indikator-Muskeln auf alle Wahrnehmungen antwortet, kann man die Wirkung der Gedanken sichtbar machen, indem man den Armtest anwendet. Mit Hilfe dieses Testes können wir die schädliche oder fördernde Wirkung aller möglichen Faktoren unseres Lebens sofort und zuverlässig feststellen. Ganz gleich, ob es sich hierbei um Nahrungsmittel, Kleidung, Farben, Personen, Musik, Vorstellungen oder eben Gedanken handelt. Alles hat eine bestimmte Wirkung auf unser Leben, die wir so sichtbar machen können. Wir brauchen dazu nur einmal nacheinander verschiedene Begriffe in unser Bewußtsein zu nehmen, indem wir daran denken, diesen Begriff im Bewußtsein halten, während wir den Armtest machen. Z.B. ein Problem, einen Unfall, Krankheit, Krieg, Umweltverschmutzung, oder aber Sonnenschein, Urlaub, Wochenende, Liebe, Freude.

Sie werden erstaunt sein, wie schnell und zuverlässig Ihr Körper auf die Änderung Ihres Bewußtseins reagiert.

Sie können auf diesem Weg auch Ihre Einstellung zu verschiedenen Faktoren Ihres Lebens überprüfen. Sie können sich fragen: „Wie stehe ich zu: meinem Beruf, meinem Partner, mir selbst, meinem Leben, meiner Mutter, meinem Vater, dem Nachbarn, dem Geld, meinem Hobby und meinem Kind." Während Sie einen Begriff nach dem anderen in Ihr Bewußtsein nehmen, halten Sie Ihren Arm waagerecht zur Seite, und jemand drückt kurz auf Ihren Arm. Sie werden einen ganz unterschiedlichen Kraftfluß spüren, je nachdem, welchen Begriff Sie gerade im Bewußtsein haben. Manchmal werden Sie den Arm einfach nicht oben halten können, weil ein großer Teil Ihrer Kraft durch einen belastenden Gedanken blockiert ist. Auf diese Weise können Sie auch die scheinbar nebensächlichen Faktoren Ihres Lebens prüfen, wie z.B.: Rasierwasser, Duschgel, Deodorant, Hautcremes, Bier, Ihre Uhr, Brille, Schmuck und Auto, aber auch Ihre Schlafstelle samt Bettwäsche und Schlafanzug. Was immer Sie wollen, so stellen Sie fest, wie es auf Sie wirkt.

Sie können sich jetzt sicher vorstellen, wie wichtig wahres positives Denken ist. Aber was ist das eigentlich? Wenn Sie die Kunst zu denken beherrschen wollen, müssen Sie das positive Denken beherrschen, obwohl kaum jemand weiß, was das ist. Die meisten Menschen verstehen darunter, nur die angenehmen Seiten des Lebens sehen und leben zu wollen. Das bedeutet, die eine Hälfte seines Lebens zu ignorieren, weil sie vielleicht unangenehm oder schmerzhaft ist. Aber wie heißt es doch: „Wer heute den Kopf in den Sand steckt, knirscht morgen mit den Zähnen!" Wer auf diese Art versucht, positiv zu denken, wird bald bemerken, daß es ihm schon nach kurzer Zeit schlechter geht als zuvor. Er könnte dadurch zu dem Ergebnis kommen, bei ihm wirke positives Denken nicht oder nur nachteilig. In Wirklichkeit hat er nicht positiv, sondern einseitig gedacht. Was immer Sie ablehnen, das ziehen Sie gerade an und schaffen mit Ihren Gedanken einen richtigen Sog, der Ihnen alles das bringt, was Sie von sich weisen. Jeder Gedanke ist eine Form und bringt das hervor, was er beinhaltet. Das gilt für das Angenehme und Erwünschte ebenso wie für das Unangenehme, das Sie befürchten. Wenn Sie etwas Positives schaffen wollen in Ihrem Leben, müssen Sie lernen, mit Hilfe Ihres Denkinstrumentes bewußt positive und erwünschte Formen zu schaffen. Diese auszufüllen und als Ereignis oder Umstand in Erscheinung treten zu lassen, können Sie dann getrost dem Leben überlassen. Alles, was existiert, ist zuvor gedacht worden. Es gibt keine Wirklichkeit ohne den entsprechenden Gedanken, der vorausgeht.

*Positiv Denken* heißt nicht, man solle sich vom Negativen abwenden und das Schlechte nicht sehen. Das hieße nur, sich Sand in die Augen zu streuen, nicht sehen zu wollen.

*Positiv Denken* heißt, das Gute, Aufbauende, Hilfreiche in dem sogenannten Negativen zu erkennen. Zu erkennen, daß nichts im Leben dem ewigen wahren Selbst, das unberührt von Geburt, Alter, Krankheit und Tod ist, wirklich schaden kann.

*Positiv Denken* heißt zu erkennen, daß alles, auch und ganz besonders das Unangenehme, Schmerzhafte nur helfen will. Auch wenn der Bequeme, Schicksalsblinde gern bereit ist, auf diese Hilfe zu verzichten, weil er bloß seine Bequemlichkeit, nicht aber seine Entwicklung im Auge hat.

*Positiv Denken* heißt zu erkennen, daß es das Negative in Wirklichkeit gar nicht gibt, sondern nur das unangenehme Gute, das „notwendig" gemacht worden ist, um die Not zu wenden.

*Positiv Denken* heißt auch zu erkennen, daß das Schicksal ein Maßanzug ist, der speziell für jeden von uns nur einmal angefertigt wurde. Dieser ist immer auf die jetzigen Kräfte und Fähigkeiten abgestimmt, so daß niemand überfordert werden kann. Eine schwierige Aufgabe ist nichts anderes als ein Kompliment des Schicksals an die eigenen Fähigkeiten, Probleme zu lösen.

*Positiv Denken* heißt auch zu erkennen, daß die beste Zeit, eine Aufgabe zu bewältigen, dann ist, wenn sie sich stellt. Das sofortige Lösen bedeutet frei zu sein für neue Aufgaben und somit für weiteres Wachstum.

Wir leben gleichzeitig in zwei Welten, erleben zwei Wirklichkeiten. Die innere Welt unserer Gedanken, Gefühle und Wertvorstellungen und die äußere Welt der Menschen, Orte, Dinge und Ereignisse. Die äußere Welt können wir nur über die innere Welt beherrschen und gestalten. Sie beginnen in dem Augenblick, Ihre Wirklichkeit bewußt zu erschaffen, wo Sie aufhören, lediglich nur auf sie zu reagieren.

Der erste Schritt in ein neues und erfolgreiches Leben ist zu lernen, den Fluß Ihrer Gedanken aufmerksam zu beobachten und nach Ihren Vorstellungen zu lenken. Sie bekommen nicht das, was Sie haben wollen und sich vielleicht dringend wünschen. Auch Ihr sehnsüchtiges Hoffen hat keine Wirkung. Selbst wenn Sie täglich zehn oder zwölf Stunden arbeiten, wird Sie das nicht wirklich weiterbringen – außer, Sie verändern Ihr Bewußtsein und damit Ihre Gedanken!

Damit die Gedanken sich nicht gegenseitig behindern, müssen Sie eine klare Linie des Denkens finden und beständig verfolgen.

## Fehlschläge sind lehrreicher als Erfolge

Im Bewußtsein kann immer nur ein Gedanke gleichzeitig sein. Das ist eine Begrenzung, aber auch eine wunderbare Chance, wenn Sie dafür sorgen, daß es immer der richtige ist. Erkennen Sie dabei Probleme als Aufgaben des Lebens, als Situationen, die verbessert werden müssen, als Gelegenheiten zu wachsen, schlimmstenfalls als vorübergehende Unannehmlichkeiten und bestenfalls als Geschenke des Lebens, die Ihnen eine Erkenntnis vermitteln wollen.

Wer vorwärts stürmt, muß allerdings auch Rückschläge und Mißerfolge in Kauf nehmen. Worauf es aber ankommt, ist, sich davon nicht aufhalten zu lassen, sondern diese Situationen nur als Zwischenergebnisse auf dem Weg zum endgültigen Erfolg anzusehen. Nehmen Sie diese Chance wahr, es beim nächsten Anlauf noch besser und klüger zu machen. Mit dieser Einstellung der Erfolgreichen **haben** Sie Erfolg. Sie werden selbst ein erfolgreicher Ausdruck Ihres Lebens.

## Jeder Rückschlag ist ein „Entwicklungshelfer", denn er zwingt Sie, sich noch gründlicher mit Ihrem Vorhaben zu beschäftigen und es endgültig zum Erfolg zu führen!

Das Schicksal zwingt Sie also zum Erfolg. Der kürzeste Weg dazu ist, sich die Erfahrungen und Erkenntnisse erfolgreicher und weiser Menschen anzueignen und sie in das eigene Leben individuell und maßgerecht einzubauen.

Ein kleiner Schlüssel, der selbst nur wenige Gramm wiegt, kann eine tonnenschwere Tresortür öffnen. Der Schlüssel zu Ihrer „inneren Schatzkammer" heißt:

# Gedankendisziplin!

Nur mit Gedankendisziplin kann man seine Erkenntnisse auch in die Tat umsetzen, die richtigen Ursachen schaffen, um so die erwünschten Wirkungen hervorzurufen. Nur mit Gedankendisziplin wird man zum „Herrn seines Schicksals".

Leben heißt lernen. Wir alle müssen ein Leben lang lernen, besonders aber, wenn wir auf dem Weg der Selbstverwirklichung sind, heißt es ständig an uns zu arbeiten, sonst arbeitet das Leben an uns. Wir haben nur die Wahl, wie wir lernen wollen. Dabei helfen uns die drei großen Kräfte des Menschen (siehe S. 124).

Wenn Sie diese drei großen Kräfte nicht bewußt nutzen, so betrügen Sie sich um Ihr geistiges Erbe, um das, was das Leben wirklich ausmacht. Um Lebensfreude, Liebe, Glück, Weisheit und Erfüllung. Denn Leben heißt nicht, zu arbeiten, um Geld zu verdienen, in einer Partnerschaft ohne Begeisterung zu verweilen, Leben heißt nicht Mangel, Krankheit und Resignation, sondern Leben heißt gesund und voller Freude einen Beruf auszuüben, der wirklich Berufung ist, in einer erfüllenden Partnerschaft, in der man miteinander durch das Abenteuer Leben geht und sich aneinander erfreut. Leben heißt, voller Energie und Freude gesund in der Fülle zu leben, indem man sein geistiges Erbe antritt und sein Schicksal bewußt selbst bestimmt.

Man kann als geistiger Hilfsarbeiter durchs Leben gehen, als Handwerker, der seine Sache versteht, oder als Künstler, der aus seinem Leben ein Kunstwerk macht. Dazu braucht er aber optimale geistige Werkzeuge, denn mit unzureichendem Werkzeug kann auch ein Künstler kein Kunstwerk schaffen. Ein solches optimales geistiges Werkzeug ist das

# „Mental-Training!"

Mit seiner Hilfe sind Sie nicht mehr auf den Zufall angewiesen, gibt es für Sie nicht mehr Glück oder Pech, sondern Sie bestimmen Ihr Schicksal und alle Lebensumstände selbst.

# Die 3 Kräfte des Menschen

*Denken – Fühlen – Sein*

1. Das Tagesbewußtsein:
   Gedanken gestalten meine Wirklichkeit.
   Durch meine Gedanken setze ich die schöpferische Urkraft in Tätigkeit.
   Wenn ich meine Gedanken auf ein Ziel konzentriere, wirken sie wie ein Laserstrahl.
   Durch die Harmonie meiner Gedanken bestimme ich auch meine Gesundheit.
   Meine dominierenden Gedanken bestimmen mein Schicksal.
   Durch Gedankendisziplin bestimme ich alle Umstände – mein ganzes Leben.
2. Das Unterbewußtsein:
   Die inneren Programme bestimmen mein unbewußtes Tun.
   Durch mentales Umerleben tausche ich unerwünschte Programme gegen erwünschte aus.
   Indem ich mein Unterbewußtsein zum Freund gewinne, beherrsche ich auch meine unbewußten Energien – meine Gefühle.
   Mit Hilfe des Unterbewußtseins schaffe ich in mir Freude, Optimismus, Vertrauen, Sicherheit und Glück.
3. Das Überbewußtsein:
   Ich gewinne das Überbewußtsein als universellen Ratgeber und treffe somit optimale Entscheidungen.
   Ich erkenne die Vollkommenheit meines wahren Selbst als individualisierten Teil des Einen Bewußtseins.
   Über die Intuition nehme ich Kontakt zu meinem „inneren Meister" auf und werde in jeder Situation sicher geführt.

Auf materieller Ebene tritt das in Erscheinung als: Erfolg, Ansehen, Macht, Reichtum.

Auf körperlicher Ebene als: Kraft, Gesundheit, Wohlgefühl.

Auf seelischer Ebene als: Lebensfreude, Harmonie, Glück und Liebe.

Auf geistiger Ebene als: Bewußtseinserweiterung, Erkenntnis und Weisheit.

Machen Sie sich einmal bewußt, daß Sie ein Gewinner sind und gar nicht verlieren können. Das ganze Leben, alles was ist, will Ihnen nur dienen und helfen, ist für **Sie** da, bis Sie wieder einmal gewonnen haben. Das Mental-Training ist ein geistiges Werkzeug, das absolut zuverlässig funktioniert. Es ist immens wichtig, daß Sie sich selbst als Werkzeug optimieren.

### Machen Sie doch einmal folgendes Experiment:

Sobald Sie sich in einem Raum mit mehreren Personen befinden, suchen Sie sich eine Person aus, die Sie nicht kennen. Das kann in der Straßenbahn sein, bei einem Vortrag oder in einem Café. Am besten wählen Sie eine Person, die Ihnen den Rücken zukehrt. Schauen Sie diese Person konzentriert an und stellen Sie sich dabei ganz lebendig vor, wie sie sich zu Ihnen umdreht und sie anschaut. Erleben Sie diese kleine Szene immer wieder in Ihrem Innern. Meistens wird sich diese Person nach 1 bis 2 Minuten umdrehen und Sie fragend anschauen. Nicht etwa Ihren Nachbarn, sondern genau Sie. Vielleicht haben Sie schon einmal oder öfter eine solche Erfahrung gemacht, aber haben Sie sich dabei schon einmal gefragt, wie eine solche Wirkung zustande kommt? Sie können das Experiment beliebig oft wiederholen, mit den verschiedensten Personen, das Ergebnis wird immer das gleiche sein. Sie haben gerade einen anderen Menschen mit der Kraft Ihrer Gedanken berührt und ihn veranlaßt, sich Ihnen zuzuwenden. Sie haben von Ihrem Zauberstab **Gedankenkraft** Gebrauch gemacht und es hat funktioniert. Es funktioniert immer. Sie haben mit Ihrem Geist etwas Beabsichtigtes verwirklicht. Sollten Sie einsam sein und sich nach einem Partner sehnen, können Sie auf die gleiche Weise einen Partner anziehen und das Leben veranlassen, eine Begegnung herbeizuführen. Sie können sogar einen bestimmten Partner anziehen. Vielleicht haben Sie auch das schon einmal erlebt, daß Sie an einen bestimmten Menschen dachten, und kurz darauf begegnet Ihnen der andere „zufällig" in der Stadt oder ruft Sie an, obwohl Sie vorher lange nichts voneinander gehört haben. Glauben Sie wirklich, daß das Zufall ist? Und wenn Sie es Zufall nennen, dann ist es ein Zufall, den Sie jederzeit herbeiführen können. Sie können sogar den Zeitpunkt der Begegnung bestimmen, ja, Sie können sogar den richtigen Partner anziehen, ohne zu wissen, wer der richtige ist. Auf die gleiche Weise können Sie sich einen neuen Arbeitsplatz schaffen, falls Sie einmal arbeitslos sein sollten oder sich verbessern wollen. Auch hier können Sie die Qualität dessen bestimmen, was Sie anziehen, also eine Stellung, in der Sie mehr verdienen, eine Tätigkeit, die mehr Freude macht. Oder noch besser einen Arbeitsplatz, der Ihren Beruf wirklich zur Berufung macht. Sie brauchen sich dann auch nicht mehr bei vielen Firmen zu bewerben, sondern werden gleich bei der richtigen Erfolg haben. So haben Sie immer Erfolg!

## Der Positive sieht in jeder Schwierigkeit eine Möglichkeit – der Negative sieht in jeder Möglichkeit eine Schwierigkeit

Das Schreckliche am Leben ist, daß die nächste Minute bereits alles verändern kann. Das Schöne am Leben ist, daß die nächste Minute bereits alles wieder verändern kann!

# Wie man eine Ursache setzt!

## Was ist das, eine Ursache?

Der entscheidende Teil einer Lehre ist ihre Wirksamkeit. Schauen wir uns daher einmal genauer an, was eine Ursache ist und woraus sie im einzelnen besteht:

Eine Ursache besteht aus der Gedankenform und dem praktischen Tun, dem Säen.

Gedankenform = Saatgut
Säen = der Auslöser des persönlichen Handelns

Eine Gedankenform besteht aus drei Teilen:

Wort = die Information für den Verstand
Bild = die Information für das Unterbewußtsein

Denn die Sprache des Unterbewußtseins ist das Bild.

Gefühl = der Motor für die Verwirklichung

Erst das Gefühl gibt Wort und Bild die Kraft der Verwirklichung.

Jede so gesäte Ursache verwirklicht sich im gleichen Augenblick! Wie jede Ernte braucht auch sie allerdings einige Zeit, um im Außen in Erscheinung zu treten.

## Das Ende verläuft immer getreu dem Ursprung!

Die Saat bestimmt die Ernte! Säen können Sie, was Sie wollen, ernten müssen Sie, was Sie gesät haben!

Die erste Gedankenform ist:

# Das Wort!

Erst durch das Wort erhält der Gedanke seinen Ausdruck. Erst das Wort läßt den Wunsch Wirklichkeit werden. Ganz gleich, ob Sie innere Selbstgespräche führen oder einem Wunsch eine klare Form geben, damit sie das Leben verwirklichen kann, immer ist Ihr Wort Impuls, setzt Ihr Wort die schöpferische Urkraft in Tätigkeit. Das ist kein Wunschdenken, keine Phantasie, sondern ein geistiges Gesetz.

„Eine Sache entwickelt sich von selbst,
wenn man dauernd an sie denkt."

*Henry Ford*

„…und er ruft das, was nicht ist, ins Dasein."

*Römer 4, 17*

„Das Wort ist der Sohn und der Geist ist der
Vater oder das Wort. Sie sind nicht getrennt
voneinander, denn das Leben ist die Verbindung
von Wort und Geist."

In der Bibel heißt es:
„Herr, sprich nur ein Wort und ich bin gesund."

Das „innere Wort": Inneres Reden ruft Ereignisse ins Leben. Die Ereignisse, Umstände und Bedingungen unseres Lebens sind äußere Abbilder des inneren Wortes. Jedes Ereignis ist ein im Wort zum Ausdruck gebrachter Gedanke. Lebensumstände sind sichtbar gewordenes Wort, Ausdruck des inneren Redens, das sie prägte.

Nehmen Sie einmal bewußt wahr, was Sie in diesem Augenblick zu sich sagen, welchen Gedanken und Gefühlen Sie gerade beipflichten. Indem Sie ihnen zustimmen, gestatten Sie ihnen, in Kürze als Umstand und Ereignis in Ihrem Leben in Erscheinung zu treten. Lebensumstände sind die Vereinigung von Gedanke und Wort! Wollen Sie Ihr Leben ändern, müssen Sie Ihr inneres Reden kontrollieren und lenken. Sie müssen es nach Ihrem inneren Maßstab auf Ihren

Wunsch und Ihr Ziel abstimmen, und das Äußere wird getreu das Innere widerspiegeln. Die meisten Menschen sind sich Ihres inneren Redens gar nicht bewußt und erkennen sich daher nicht als die Ursache ihrer Lebensumstände.

Jedes Wort wird so zum Baustein Ihres Schicksals und wird Ihnen das zurückbringen, was es beinhaltet. Sobald der Mensch entdeckt, daß seine Welt der sichtbare Ausdruck seiner Gedanken ist, denen er über das Wort die Form gibt, wird er zum Herrn seines Schicksals.

Der menschliche Geist ist wie ein Prisma, in das ständig umgeformte schöpferische Urkraft einfällt und entsprechend der innewohnenden Gedanken Gestalt annimmt, als Umstand oder Ereignis. Das „Prisma des Geistes" bestimmt durch die Einstellung, ob die Kraft in die Erfüllung gelenkt, ob sie neutralisiert wird oder das Gegenteil der Absicht bewirkt.

Die schöpferische Urkraft füllt alle Formen aus, die perfekten ebenso, wie die unvollkommenen, die präzisen genauso, wie die verschwommenen. An Ihren Lebensumständen können Sie erkennen, wie perfekt oder unvollkommen die Gedankenformen sind, die Sie manifestiert haben.

„Wenn die Sprache ungenau ist, stimmt das, was gesagt wird, nicht mit dem überein, was gemeint ist. Wenn aber das, was gesagt wird, nicht mit dem übereinstimmt, was gemeint ist, kann das, was getan werden soll, nicht ausgeführt werden."

*Konfuzius (551–478 v.Chr.)*

Der erwünschte Endzustand soll mit wenigen bildhaften Worten beschrieben werden. Die Beschreibung muß: präzise, vollständig, unmißverständlich und positiv formuliert sein.

Es soll nicht heißen: „Meine Angst wird täglich kleiner", sondern: „Mein **Mut** wächst von Tag zu Tag".

Der erwünschte Endzustand sollte zudem in der Präsensform beschrieben werden und darf keine Verneinung enthalten. Also nicht: „Ich werde keine Schwierigkeiten haben, mein Ziel zu erreichen", sondern: „Ich erreiche sicher, was immer ich wirklich will".

Die Formulierung darf auch keine Absichtserklärung wie „ich will, möchte usw." enthalten. Sie muß bildhaft und detailliert sein, und beim Lesen sollte ein klares geistiges Bild des erwünschten Endzustandes entstehen. Die ausgewählte Formulierung sollte alle diese Kriterien erfüllen, denn das, was eintritt, kann nur so gut sein,wie das Wort, das Sie aussenden, damit es sich erfüllt.

Der Gedanke ist die Münze des Himmels und Geld ist sein irdischer Ausdruck. Hören Sie daher auf, Gedanken, Zeit und Geld nur auszugeben. Ausgeben heißt, ohne wirklichen Gegenwert weggeben. Investieren Sie Gedanken, Zeit und Geld in Ihre Zukunft. Sie stehen in jedem Augenblick Ihres Lebens vor einer unendlichen Auswahl von Möglichkeiten, also wählen Sie! Alle Lebensumstände warten darauf, von Ihnen bestimmt zu werden. Aber keine Möglichkeit, die sich anbietet, kann sich verwirklichen, wenn Sie sie nicht für möglich halten.

Sie können das kontrollieren, denn alles, was Sie glauben, tritt in Ihren inneren Reden zutage. In der Regel ist man sich dieser inneren Reden gar nicht bewußt. Nehmen Sie einmal bewußt wahr, was Ihr inneres Wort zu einer bestimmten Sache oder einem Vorhaben meint. Danach können Sie beginnen, dieses innere Reden umzuformen zu einem positiven und konstruktiven Reden unter der Voraussetzung des erfüllten Wunsches. Denken, reden und handeln Sie nur noch vom Ziel aus, vom erfüllten Endzustand. Bilden Sie ganz bewußt Sätze, die die Erfüllung Ihres Wunsches zum Ausdruck bringen, und wiederholen Sie diese Sätze bewußt immer wieder, bis Sie im Inneren die Wirkung spüren.

Ihr inneres Reden sollte sich ausschließlich um das erreichte Ziel drehen, nicht darum, ein Ziel zu erreichen. Die Formulierungen sollten daher nicht nur präzise, sondern auch so kurz wie möglich, aber so lang wie nötig sein.

Wissen Sie, wieviel Worte die zehn Gebote haben? Genau 287 Worte. Das Gesetz der Kahunas hat nur zwei Worte: **„Verletze niemanden".**

Die amerikanische Unabhängigkeitserklärung hat exakt 300 Worte, aber die EG-Verordnung über die Einfuhr von Karamelbonbons umfaßt 25.687 Worte. Je unwichtiger eine

Sache ist, desto mehr Worte scheinen wir zu brauchen. Stoppen wir also die Wortinflation.

Erkennen wir auch die Ungenauigkeit in unserem Wortgebrauch. Wir benutzen die Worte oft gar nicht mehr nach ihrer wahren Bedeutung, nach dem, was das Wort eigentlich sagt. So sagen wir oft etwas, was wir gar nicht gemeint haben, und wundern uns, daß der andere uns nicht versteht, oder daß wir damit eine Zukunft verursachen, die wir gar nicht haben wollen.

Nehmen wir nur das Beispiel „Individuum". Wir meinen damit, daß wir selbständig sind, mit den anderen nichts zu tun haben, unseren eigenen Charakter und eigenen Willen haben. Das Wort aber sagt klar das Gegenteil, nämlich, daß wir ungeteilte Teile des Einen Bewußtseins sind, von dem uns nur unsere Eigenwilligkeit trennt.

Damit Sie bei einem erwünschten Endzustand nicht nur die positive Seite sehen, sollten Sie sich, bevor Sie ihn als Ursache aussenden, mindestens drei negative Konsequenzen Ihres Zieles vor Augen führen. Vielleicht haben Sie dann weniger Zeit für Ihre Familie oder müssen dafür Ihren Wohnort wechseln. Prüfen Sie sorgfältig, ob Sie wirklich bereit sind, die erforderlichen Konsequenzen auf sich zu nehmen, oder finden Sie heraus, wie Sie sie vermeiden können.

### Was sollen Sie verursachen?

Wenn Sie unschlüssig sind, **was** Sie verursachen sollten, schreiben Sie mindestens zehn Dinge auf, die Sie stören. Das können Eigenschaften bei sich selbst oder bei anderen sein, das können aber auch Dinge, Umstände oder Situationen sein.

Bestimmen Sie dann, welches die drei wichtigsten Dinge sind und schreiben Sie diese ins Positive um. Das wollen Sie nun wirklich. Je schwieriger es ist, eine positive Aussage zu finden, desto wichtiger ist es für Sie. Das gilt besonders für negative Überzeugungen.

„Ich traue mich nicht," wird ersetzt durch: „Ich bin voller Sicherheit und Selbstvertrauen".

„Ich bewege mich zuwenig," ersetzen Sie durch: „Körperliche Bewegung ist gut für mich und macht mir Freude".

Sobald Sie Ihre negativen Gedanken in positive Selbstbestätigungen umgewandelt haben, schreiben Sie Ihre alten negativen Aussagen auf ein Blatt Papier, das Sie anschließend verbrennen. Trennen Sie sich so ganz bewußt auch physisch von ihnen. Das beeindruckt Ihr Unterbewußtsein und beschleunigt die Verwirklichung. Machen Sie sich auch bewußt, daß das Umwandeln in eine positive Affirmation nur das Erinnern an die eigene Wirklichkeit und damit die Wahrheit ist. Im Gegensatz zu einer Suggestion, bei der wir uns etwas einreden, das in Wirklichkeit nicht so ist, ist eine Affirmation die Erinnerung an die Vollkommenheit des wahren Selbst, das

## Ich bin

So erkennen Sie auch, daß Ihnen in Wirklichkeit alles nur dienen und helfen will, zu sich selbst zurückzufinden!

Der zweite Teil einer Gedankenform ist:

## Das Bild

Entweder man weckt und nutzt die Fähigkeit zur Imagination oder man bleibt ein Leben lang ein Gefangener von Tatsachen. Der grundlegende Unterschied zwischen Imagination und Tagträumen besteht darin, daß die Imagination ein bewußter schöpferischer Akt ist, der etwas in Erscheinung ruft, was vorher nicht da war, während Tagträumen nur der Entspannung und Erholung dient. Gestalten Sie Ihr Leben nach Ihren Wünschen.

Vielleicht stellt sich Ihnen dabei die Frage, wie Sie sich gesund vorstellen können, wenn Sie doch spüren, daß Sie krank sind und Schmerzen haben? Das können Sie durch die Erkenntnis, daß Sie nicht der Körper sind. Der Körper ist Ihr Werkzeug, der bei Nichtbeachtung der „Bedienungsvorschriften" durchaus krank werden kann. Sie aber sind Bewußtsein. Bewußtsein wird nicht geboren, kann nicht krank, nicht alt werden und kann nicht sterben. Sie waren immer und werden immer sein. Wenn Sie sich mit Ihrem wahren Selbst identifizieren, werden Sie gesund!

So wie eine Plastik in den Händen des Künstlers ihre Gestalt erhält, so formt der geistig Erwachte die Umstände seines Lebens nach seinen Wünschen. Er nutzt seine Fähigkeit der schöpferischen Imagination zur eigenen Entwicklung und zum Wohle des Ganzen – nicht auf dessen Kosten. Werden Sie ein Lebenskünstler und machen Sie aus Ihrem Leben ein Kunstwerk.

Vielleicht glauben Sie nun, daß nichts mehr unmöglich ist. Grundsätzlich ist das auch richtig. Es genügt aber nicht, zu wissen, wie man es macht, man muß es auch noch tun! Indem Sie die drei großen Kräfte Wort, Bild und Gefühl auf den erwünschten Endzustand konzentrieren, aktivieren Sie Ihren „Gedankenlaser", und das Leben läßt in Erscheinung treten, was immer Sie verursachen. Mobilisieren Sie ausreichend Energie!

Obwohl wir von einem Meer von schöpferischer Energie umgeben sind, können wir davon nur soviel bewegen, wie es der Entwicklung unseres Bewußtseins entspricht, damit kein Wesen weiter handeln kann, als sein Horizont reicht. In dem Maße, wie Sie Ihr Bewußtsein erweitern, erweitern Sie Ihre schöpferischen Möglichkeiten, bis beide allumfassend geworden sind.

Der dritte und letzte Teil einer Gedankenform sind:

## Die Gefühle

Wir lernen, mit unseren Gefühlen umzugehen, wenn wir unsere Innenwelt wichtiger nehmen und sie besser kennenlernen. Alle Emotionen haben ihre Bedeutung und ihren Wert. Wir entziehen ihnen aber die Würde, wenn wir sie frei und hemmungslos ausarten lassen.

Wir können davon ausgehen, daß jeder Mensch Gefühle hat. Sie gehören zu uns, geben unserem Leben Farbe. So schwierig es ist, ohne die Kraft und den Schwung seiner Gefühle leben zu müssen, so gefährlich ist es, seine Gefühle zu unterdrücken, zu verdrängen oder zu verleugnen. Andere wiederum leiden nicht unter Gefühlsarmut, sondern werden von ihren Gefühlen beherrscht. Die Gefühle gehen mit ihnen durch, sie sagen oder tun etwas, das ihnen später leid tut, und oft irreparabel ist.

So wie die Kraft des Autos von seinem Motor bestimmt wird, liegt die Kraft einer Persönlichkeit in ihren Gefühlen. Ohne Motor ist ein Auto wertlos, ohne Steuerung ein lebensgefährliches Geschoß. Wer seine Gefühle nicht steuern kann, hat nicht nur mit sich selbst Probleme. Er schafft auch Probleme in seiner Umwelt, indem er andere mit seinen Problemen „überfährt".

Andere wissen nicht einmal, welche Gefühle sie haben. Sie sind in der Situation eines Autofahrers, dessen Motor streikt und der seinen Wagen schieben muß. Das ist nicht nur anstrengend, das Leben ist auch farblos ohne Gefühle von Begeisterung, Verliebtsein, Übermut, Freude und Dankbarkeit.

Leider beherrschen nur wenige die Kunst, mit ihren Gefühlen sinnvoll umzugehen, wissen nur wenige von der Möglichkeit, neue Gefühle zu erlernen.

Leben Sie Ihre Gefühle, aber lassen Sie sich nicht von Ihren Gefühlen beherrschen.

Ohne Gefühle ist das Leben trist und wenig erfüllend. Sogar unangenehme Gefühle wie Trauer, Schmerz, Angst und Eifersucht gehören zu unserem Leben, machen es lebendig. Jedes Gefühl hat seine Ursache und ist eine wichtige Botschaft für uns. Gefühle sind hilfreich, ja lebenswichtig, aber sie sind gefährlich, wenn sie uns beherrschen.

Es kann zu einem faszinierenden Spiel werden, die Sprache der Gefühle zu erlernen. Dabei können Sie mitunter ganz neue Gefühle in sich entdecken und erfühlen, denn die Welt der Gefühle ist unendlich und immer wieder neu. Aber es geht nicht nur darum, die Vielfalt Ihrer Innenwelt zu erleben, sondern vor allem darum, die ungeahnten Energien Ihrer Gefühle freizusetzen. Es geht darum, Ihre Gefühle sinnvoll bei der Gestaltung und Entfaltung Ihres Lebens zu nutzen. Eine Arbeit, die mit Lust und Liebe getan wird, geht viel schneller und leichter von der Hand, ist sehr viel erfüllender, als wenn Sie nur Ihre Pflicht tun, ohne die Freude an der Arbeit zu empfinden. Sich selbst für eine Sache zu begeistern, läßt das Leben reicher und erfüllender werden.

Ideal wäre es, wenn Sie Ihre Entscheidungen immer in Übereinstimmung von Vernunft, Willen und Gefühlen treffen könnten. Wann immer das geschieht, spüren Sie, daß Ihr Leben stimmt, daß Sie im Einklang mit sich und dem Ganzen sind. Aber manchmal braucht das Gefühl etwas länger, um einer Entscheidung zuzustimmen. Oft ist es allerdings auch schneller als der Verstand. Aber es lohnt sich, seine Gefühle kennenzulernen und bewußt zu erleben, denn sie sind starke und willige Diener, wenn sie von einem liebevollen Bewußtsein geleitet werden.

Das Leben ist die „Lautstärke der Sprache des Unterbewußtseins" und gibt Wort und Bild erst die Kraft der Verwirklichung. Wort und Bild werden erst durch die begleitende Emotion zur Gedankenform. Es kann ein Gefühl der Zustimmung, der Bejahung, Dankbarkeit, Freude, des Glücks oder der absoluten inneren Gewißheit sein. Wichtig ist, daß Sie von diesem Gefühl erfüllt sind.

Damit aktiviert dieses Gefühl die Kraft des Glaubens, der nicht nur ein erfüllendes Gefühl der Gewißheit ist, sondern ein inneres Erkennen der Wirklichkeit.

Dieses Gefühl entsteht leichter durch Identifikation mit dem erwünschten Endzustand. Führen Sie sich lebendig vor Augen, wie Sie sich dann fühlen, wie Sie dann denken und wie Sie sich im Zustand der Erfüllung dann verhalten. So holen Sie die Erfüllung in Ihre Gegenwart.

Entspricht Ihr Gefühl nicht diesem Ideal, müssen Sie es korrigieren. Dies ist ein aktiver Prozeß des korrigierenden Hinfühlens, bis die Vorstellung des erwünschten Endzustandes mit Ihrem Gefühl absolut übereinstimmt. Bis Sie ganz erfüllt sind von der absoluten inneren Gewißheit, daß Erfüllung **jetzt** verursacht und damit geistig geschehen ist.

Durch wiederholte Vorstellung laden Sie Wort und Bild immer mehr mit der Kraft des Gefühls auf und nehmen die

Erfüllung innerlich **jetzt** in Besitz. Sie verinnerlichen die Erfüllung und nehmen sie damit in Ihre Gegenwart.

Setzen Sie das alles verzehrende Feuer der inneren Gewißheit ein, welches alles auflöst, was die Verwirklichung behindert. Gestatten Sie der Schöpfung, jetzt das hervorzubringen, was Sie haben wollen!

Die meisten Menschen leben auf der emotionalen Ebene und lassen zu, daß ihre Gefühle ihre Handlungen beherrschen. Herrschen aber sollte der Geist. Die Gefühle sollten nur den Antrieb zum Handeln liefern, nicht aber das Ziel bestimmen. Wir müssen daher die Gefühle entthronen, um dem Geist wieder den ihm gebührenden Platz einzuräumen.

Das heißt nicht, die Gefühle zu verleugnen oder zu unterdrücken. Sie haben eine enorme Kraft, ein solches Verhalten würde inneren Schaden anrichten, und irgendwann würden die unterdrückten Gefühle dann doch zum Ausdruck kommen.

Der richtige Umgang mit den Gefühlen ist die Hinführung zu Höherem. Jedes Gefühl hat eine höhere und eine niedere Entsprechung. Das höchste Gefühl, das einen Menschen erfüllen kann, ist die Liebe. Ihre niedere Entsprechung führt über die Eigenliebe zum Egoismus, ihre höchste Entsprechung aber über die Liebe zur ganzen Schöpfung, letztlich zum Schöpfer.

Gefühle sollten daher nicht einfach als selbstverständlich genommen werden, sondern auf ihren Gehalt untersucht und auf ihre höchste Entsprechung umgelenkt werden. Um ein einfaches Beispiel aufzuzeigen: Wenn Sie Appetit auf eine Tafel Schokolade haben, aber wissen, daß dies Ihnen schadet und zudem dick macht, dann unterdrücken Sie den Appetit nicht, sondern lenken ihn auf eine gesunde Entsprechung. Vielleicht essen Sie lieber einen Apfel.

So erziehen Sie allmählich Ihre Gefühle, und mit der Zeit werden diese von selbst mehr und mehr das Höhere wollen. Sie aber befreien sich so von der Herrschaft der Gefühle und räumen Ihrem Geist wieder den Platz ein, für den er gedacht ist.

Es wird Sie vielleicht überraschen, daß Sie auch mit Ihren Gefühlen sprechen können. Die inneren Selbstgespräche sind oft destruktiv: „Wie konnte ich das nur tun,“ oder: „Ich bin ja dumm, daß ich...“. In dieses innere Selbstgespräch können Sie bewußt eingreifen und es zu einem erwünschten Ende führen. Wenn Sie gründlich sind, gehen Sie zurück bis zu den Ursprüngen etwa eines Gefühls der Angst oder Minderwertigkeit. Machen Sie sich bewußt, daß dieses Gefühl aus der heutigen Sicht nicht mehr berechtigt ist. Geben Sie den ursprünglichen Ereignissen eine neue Wertung, und ziehen Sie daraus andere Konsequenzen als damals. Lassen Sie zu, daß sich Ihre neugewonnene Überzeugung auch in einer veränderten Haltung ausdrückt. Erkennen Sie, daß Ihre Gefühlsstruktur kein festgelegtes Schicksal ist, sondern ebenfalls darauf wartet, von Ihnen gestaltet zu werden. Setzen Sie etwas Neues, Erwünschtes an die Stelle des Alten, Überholten. Füllen Sie den Raum aus, damit es nicht zurückkehren kann.

Dulden Sie in sich kein Chaos an ungeordneten Stimmungen und Launen. Wenn Sie Ihr Leben nicht von Gefühlen bestimmen lassen wollen, müssen Sie das Recht in Anspruch nehmen, über Ihre inneren Kräfte zu bestimmen. Gefühle sind oft blinde, taube, dumme, aber starke Energien, die von einem klaren Bewußtsein liebevoll geführt werden sollten! Sie bestimmen in Wirklichkeit, wie Sie sich fühlen, ob etwas angenehm oder unangenehm ist – aber Sie müssen es tun, es geschieht nicht von selbst.

Anstatt über die eigene Gereiztheit gereizt zu sein und über die eigene Niedergeschlagenheit niedergeschlagen, könnten Sie aktiv werden und Ihre Einstellung zu den Dingen und Umständen bewußt frei wählen.

Haben Sie aus den drei Bestandteilen Wort, Bild und Gefühl eine Gedankenform geschaffen, fehlt nur noch der

# Auslöser des persönlichen Handelns

Entspricht die Gedankenform dem Saatgut, so entspricht der Auslöser des persönlichen Handelns dem Säen, denn jeder muß auf seiner Ebene sein möglichstes zum Erfolg beitragen. Alle Ereignisse dieser Welt brauchen neben der geistigen Ursache auch einen physikalischen Auslöser, um sich materiell zu verwirklichen.

Diesen Auslöser müssen wir selbst betätigen, damit die Erfüllung auch in Erscheinung treten kann. Sonst geht es uns wie dem Mann, der täglich zu Gott betete: „Herr, laß mich bitte einmal das große Los gewinnen", aber nichts geschah. Der Mann wiederholte sein Gebet täglich, und als er nach einigen Jahren wieder einmal so betete, da öffnete sich der Himmel und eine Stimme rief: „Gib mir doch endlich einmal eine Chance und kauf Dir ein Los!" Wir sind also trotz der wirkungsvollen geistigen Technik nicht von der Aufgabe befreit, unseren Teil zur Erfüllung beizutragen, sonst kann es sein, daß wir selbst zum Hindernis für die Erfüllung werden.

Schaffen Sie deshalb täglich die Ursache, bis sie sich erfüllt hat. Seien Sie in der Zwischenzeit jedoch auch selbst aktiv. Wenn Sie z.B. Ihre Position verändern wollen, dann sollten Sie wenigstens die Zeitungsinserate lesen und vielleicht selbst ein Inserat aufgeben. Fragen Sie Freunde und Bekannte und schieben Sie mögliche Telefonate nicht auf. Erhöhen Sie auch die eigene Qualität, und lösen Sie überhöhte Ansprüche auf. Vor allen Dingen glauben Sie aber an Ihren Erfolg. Leben Sie in der unerschütterlichen Gewißheit, daß alle diese Bemühungen letztlich zum Erfolg führen.

# Schicksal und Bestimmung

Schicksal ist weder unerforschlicher Ratschluß Gottes, noch blinder Zufall. Es ist vielmehr das denkbar gerechteste Gesetz, und **jeder** bekommt das, was **er** verursacht. Was die Menschen als Schicksal bezeichnen, ist bei genauer Betrachtung nichts anderes als Schöpfung. In welcher Form sich Schicksal äußert, zeigt dem Wissenden nur, wie der Urheber des Schicksals gedacht, gefühlt und gehandelt hat.

Alles Denken, Fühlen und Handeln hinterläßt im Gemüt „Spurbilder", die sich als Schicksal auswirken und in Erscheinung treten. Das, was wir Realität nennen, ist nur das Spiegelbild unseres Denkens, Fühlens und Handelns. Der Wissende löscht unerwünschte Spurbilder in seinem Gemüt, mit allen Schicksalsfolgen durch Erkenntnis auf, der Unwissende muß sie durchleiden. Somit ist jeder Mensch Schöpfer, Träger und Überwinder seines Schicksals.

Die Wirklichkeit ist geistiger Natur. Setzen Sie eine Ursache in Ihrem Leben, entsteht sofort eine neue Wirklichkeit. Die Materie aber ist scheinbar unverändert, so wie ein Acker unverändert aussieht, nachdem der Bauer gesät hat. Doch der Bauer weiß, daß seine Arbeit getan ist, daß es nur noch einige Zeit dauert, bis die von ihm gesetzte Ursache als Ernte in Erscheinung tritt.

Hat jemand eine Ursache gesetzt und damit eine neue Wirklichkeit geschaffen, glaubt er oft, es habe nicht geklappt, weil die äußeren Umstände noch unverändert sind. Dieser Gedanke aber ist eine neue Ursache, der die vorherige wieder löscht und den alten Zustand wieder herstellt. So geschieht nichts mehr, er resigniert und glaubt, bei ihm funktioniere das nicht. Dabei hat er nur alles wieder rückgängig gemacht, obwohl es bereits verwirklicht war.

Es ist wie beim Hausbau: Jemand erteilt den Auftrag für den Bau eines neuen Hauses. Er hat genügend Geld, ein Grundstück, einen Plan, die Baugenehmigung und einer Baufirma den Auftrag erteilt.

Er brauchte es nur noch geschehen zu lassen. Doch am nächsten Tag kommt er zu seinem Grundstück und sieht, daß da noch immer kein Haus steht. Er resigniert und macht den Auftrag rückgängig. Erst damit schafft er eine neue Wirklichkeit, und es wird auch in Zukunft kein Haus gebaut.

Machen Sie sich also bewußt, daß Ihr Wunsch im gleichen Augenblick, in dem Sie die Ursache setzen, bereits verwirklicht ist! Es dauert nur noch einige Zeit, bis er als Wirkung in Erscheinung treten kann. Das wird in den meisten

Fällen nur einige Wochen, oft nur wenige Tage dauern, und manchmal tritt es auch sofort in Erscheinung. Aber immer ist es geschehen!

Ganz gleich, wie das Haus aussehen soll, es wird stets aus den gleichen Steinen gebaut – den Gedanken. Halten Sie sich also den erwünschten Endzustand vor Augen und setzen Sie einen Gedankenbaustein auf den anderen, bis das Haus fertig ist. Wahre Größe besteht in Wirklichkeit aus vielen kleinen Dingen, die wirklich groß getan werden, und das nicht nur einmal, sondern ständig. Das schönste Haus besteht aus diesen ganz einfachen, normalen Steinen, die aber in einer besonderen Harmonie angeordnet sind.

Häufigste Falle, die zur Nichterfüllung führt:

1. Sie schaffen eine Ursache in Ihrem Leben und machen alles richtig. Damit ist die erwünschte Wirkung geistig bereits Wirklichkeit, und das Leben bestimmt, daß sie in einer Woche in Erscheinung tritt.
2. Nach drei bis vier Tagen, in denen scheinbar noch nichts geschehen ist, denken Sie: „So schnell geht das ja nicht" und setzen damit eine neue Ursache.
   Das Unterbewußtsein nimmt das als neuen Auftrag an, leitet ihn an das Leben weiter, und das Leben verschiebt die Erfüllung daraufhin um sechs Wochen.
3. Nach fünf Wochen vergeblichen Wartens denken Sie: „Bei mir klappt das nicht mit dem Mental-Training" und setzen damit eine endgültige Ursache. Das Unterbewußtsein nimmt das wiederum als Auftrag an und streicht die Erfüllung endgültig. Es geschieht nichts mehr.
4. Nach drei Monaten hören Sie vielleicht von den Erfolgen anderer und versuchen es noch einmal.

Das Unterbewußtsein denkt, es werde nur auf die Probe gestellt, ob es aufpasse und leitet den Auftrag gar nicht erst weiter, weil noch immer der Auftrag gilt: „Bei mir klappt das nicht."

Gleichzeitig verhindert es auch in Zukunft „erfolgreich" alle Versuche, mit dem Mental-Training eine Ursache zu setzen. Für das Unterbewußtsein ein Erfolg nach dem anderen!

Wenn Sie Ihr ganzen Denken, Fühlen, Reden und Handeln auf eine Sache richten, sich wert fühlen, Erfolg zu haben und das beharrlich wiederholen, ist Ihnen der Erfolg sicher!

## Das Geheimnis der Konzentration

Wahre Konzentration besteht darin, alles loszulassen, was Sie jetzt nicht in Ihrem Bewußtsein haben wollen, und festzuhalten, worauf Sie sich gerade konzentrieren möchten. Je mehr Sie loslassen, desto „gelassener" können Sie sein. Alle Ihre Energie fließt auf eine Sache.

Das Geheimnis der Konzentration besteht also darin, im kleinsten Punkt die größte Kraft zu sammeln, einer einzigen Sache seine ausschließliche Aufmerksamkeit zu schenken. Sonnenstrahlen, die durch ein Brennglas gesammelt und auf einen Punkt gelenkt werden, wirken „zündend". Diese Erkenntnis wurde konsequent in der Entwicklung der Laserstrahlen genutzt, die das normale Licht nur richten und dadurch tausendfach verstärken, so daß es in der Lage ist, dicke Stahlplatten zu schmelzen.

Auch Sie sollten lernen, Ihre Gedanken zu einem „Gedanken-Laser" zu bündeln und auf das angestrebte Ziel zu richten. Dieses Bündeln geschieht durch **Konzentration!** Durch die Linse der Konzentration werden die durcheinander wirkenden Gedanken ausgerichtet und ihre Kräfte vereinigt, wodurch aus dem normalen Denken ein Erfolgsdenken wird.

Wie wichtig die Konzentration der Gedanken ist, wußte schon Napoleon. Er schrieb: „Was ist das Geheimnis meiner Erfolge? Etwa mein Feldherrentalent? Ich bin sicher, daß tausend meiner Offiziere dieses Talent im gleichen Maße besitzen. Oder meine staatsmännische Befähigung? Wer weiß, vielleicht sitzt fünf Minuten von hier entfernt in irgendeinem Amt ein Mann, der weit größere Fähigkeiten hat, Staaten zu lenken, als ich. Nein – meine Talente sind es nicht, die mich hochgebracht haben. Etwas anderes ist es. Ich habe die Fähigkeit, mein Gehirn zu behandeln, als bestünde es aus hundert und aberhundert kleinen verschließbaren Fächern.

Wenn ich mich mit Sache A beschäftige, so ist in meinem Geist nur das Fach A geöffnet; alle anderen Fächer sind streng verschlossen. Meine Stärke liegt in der an sich einfachen Fähigkeit, meine ganze Gedankenkraft immer gerade auf denjenigen Punkt zu konzentrieren, mit dem ich mich befasse, und während dieser Zeit nichts anderes in mein Bewußtsein hineinzulassen. Die meisten Menschen tun das nicht. Sie teilen ihre Gedankenarmeen, machen sie hierdurch ohnmächtig und können daher im Lebenskampf niemals große und entscheidende Schlachten gewinnen."

Grundsätzlich kann immer nur ein Gedanke gleichzeitig unser Bewußtsein erfüllen. Wir sind also von Natur aus konzentriert. Das, was wir Konzentrationsschwäche nennen, bedeutet aber, daß sich unsere Gedankeninhalte zu schnell ändern. Es kann viele Gründe für diesen schnellen Wechsel der Gedanken geben: Assoziationen, die sich uns hartnäckig aufdrängen, Gefühle, die beim Betrachten einer Sache aufsteigen, Aufregung oder innere Verwirrung, oder einfach mangelndes Interesse.

Wir sind also aufgerufen, unsere Fähigkeit zur Konzentration nicht nur zu nutzen, sondern auch weiterzuentwickeln. Dies erreichen wir am besten durch die Fähigkeit der Faszination. Denn einer Sache, die uns wirklich fasziniert, schenken wir unsere Aufmerksamkeit gern. Eine veränderte, positive Geisteshaltung einer Sache oder dem gegenüber, was wir tun, wird daher unser Konzentrationsvermögen erheblich steigern.

Aus diesem Grund ist es so wichtig, daß Sie alles, was Sie tun, mit Freude tun. Wenn Ihre Tätigkeit Sie erfüllt und Sie mit Freude arbeiten, wird auch das Ergebnis Ihrer Arbeit zufriedenstellend sein. Letztlich hat jede Tätigkeit ihre eigene Faszination, die es nur zu erkennen gilt. Wenn Sie Ihre Arbeit als Last sehen, wird sie Ihnen auch eine tägliche Last sein. Ändern Sie daher Ihre Einstellung zur Arbeit, um ständig neue Aspekte in ihr zu erkennen, die Sie faszinieren.

Hilfreiche Affirmationen:

1. Ich konzentriere mich immer ganz auf das, was ich gerade tue.
2. Jedes Geräusch vertieft meine Konzentration (und wird so zum Training und zum Auslöser immer tieferer Konzentration).

**Als konzentrierter Mensch sind Sie erfolgreich.**
**Als erfolgreicher Mensch sind Sie konzentriert.**

Wenn Sie auf diese Weise die Macht Ihrer Gedanken einsetzen und sich ganz auf das konzentrieren, was Sie wirklich wollen, werden Sie es auch sicher erreichen. Es mag sein, daß es Ihnen immer wieder wie ein Wunder erscheint, aber es ist Wirklichkeit. Eine Wirklichkeit, die sich immer wieder aufs neue bestätigt und Ihr Leben faszinierender und reicher macht.

Aber mit einem Rat ist das so eine Sache. Ein Rat ist etwas, was die Weisen nicht brauchen und die Dummen nicht annehmen!

# Der dreizehnte Schritt zum Erfolg

*Es gibt keine Probleme,*
*nur eine problematische Einstellung*
*zu den Aufgaben des Lebens.*

Der dreizehnte Schritt zum Erfolg heißt, eine ganz neue Einstellung zu den Problemen und Schwierigkeiten des Lebens zu entwickeln. Zu erkennen, daß jedes sogenannte Problem nur eine Aufgabe des Lebens an Sie ist und der beste Zeitpunkt, diese zu lösen, ist **jetzt!** Lösen Sie diese Aufgabe jetzt nicht, zwingen Sie damit das Leben, diese Aufgabe zu wiederholen, bis Sie sie endlich gelöst haben. Die meisten Menschen können ihre Probleme nur mit großen Schwierigkeiten lösen und oft genug überhaupt nicht, einfach deshalb, weil sie es nie gelernt haben. In meiner Zeit als Unternehmensberater mußte ich erkennen, daß selbst Unternehmer, die doch tagtäglich mit der Lösung von Problemen beschäftigt sind, nur selten, oft gar nicht mit optimalen Lösungsmöglichkeiten vertraut sind. Dabei heißt erfolgreich sein, seine Probleme zu lösen. Viele aber sind nicht nur unfähig, sondern auch unwillig, ihre Probleme anzupacken. Es ist falsch zu glauben, man könne sich dadurch ein bequemes Leben schaffen, indem man den Problemen ausweicht. Ungelöste Probleme haben es an sich, immer weitere ins Leben zu rufen. Es werden immer mehr, bis man sich vor Problemen nicht mehr retten kann. Deshalb braucht es Menschen, die gelernt haben, Probleme dann anzupacken, wenn sie sich zeigen, und sie in möglichst kurzer Zeit, mit möglichst geringem Kraftaufwand zu lösen, um frei zu sein für die nächste Aufgabe. Selbst die zweitbeste Lösung, wenn sie realisiert wird, ist besser als die beste, die nie in die Tat umgesetzt wird.

Gehen Sie Probleme sportlich an. Sehen Sie es als sportlichen Wettkampf, der nicht nur Ihre geistigen Muskeln trainiert und stärkt, sondern gleichzeitig auch Ihre Leistungsfähigkeit steigert. Erfolg ist kein Geschenk, Erfolg muß geschaffen werden. Auch der günstigste Zufall fällt immer nur dem in den Schoß, der das Gesetz von Ursache und Wirkung befolgt hat. Erfolg ist das, was erfolgt, wenn Sie richtig denken und handeln. Der Erfolgreiche fängt gerade da an, wo der Erfolglose aufhört, nämlich da, wo es schwierig wird, wo Probleme auftauchen. Der Mensch braucht Ziele, die er durch eigene Kraft erreichen kann. Die Geschichte lehrt uns, daß Großes meist aus Schwierigkeiten entsteht. In Zeiten des Überflusses verkümmert das Kreative, das Schöpferische, ja, sogar das Gute im Menschen. Der Mensch stagniert, wenn es ihm längere Zeit nur gut geht.

Jedes Problem ist ein Geschenk des Lebens an Sie. Das Problem ist nur die Verpackung. Das Geschenk, das darin enthalten ist, finden Sie immer in Form einer Erkenntnis, sobald Sie die Verpackung, das sogenannte Problem, „gelöst" haben. Das „Pro-blem" ist also für Sie da, nicht gegen Sie, sonst müßte es ja „Contrablem" heißen. Das Problem ist also eine Aufgabe des Lebens an Sie, das immer eine Gabe enthält, die Sie finden, indem Sie die Aufgabe lösen. Die darin enthaltene Gabe ist die Erkenntnis, das einzige, was Sie aus einem Leben mit „nach Hause" nehmen können.

Die Aufgabe besteht oft auch darin, daß Sie etwas aufgeben, etwas verlernen oder loslassen müssen. Doch was immer das Leben auch von Ihnen erwarten mag, es sagt es deutlich in seiner Sprache, der Sprache der Lebensumstände. Es liefert immer auch die Lösung mit – sie ist bereits in der Aufgabe enthalten.

Da Probleme also immer Geschenke des Lebens an Sie sind, sollten Sie sie sofort und bedingungslos annehmen, die vom Leben erwünschte Lösung erkennen und durchführen. Dann können Sie das Geschenk in Empfang nehmen.

Einschränkende Verhältnisse und Lebenssituationen sind dazu da, Sie auf grundlegende geistige Fehlhaltungen aufmerksam zu machen. Haben Sie diese durchschaut, können sie auch aufgelöst werden. Wenn Sie aber denken, daß das Leben ein Problem ist, gibt es keine Lösung. Jedes Problem entsteht im Kopf, im Leben gibt es nur Aufgaben, Umstände und Situationen.

Das Problem ist der Motor der Evolution, denn wir lernen vor allem durch eine Aufgabe, die uns fordert. Nicht umsonst heißt es: „Was Dich fordert, fördert Dich".

Leben heißt lernen.
Lernen heißt Probleme lösen.
Probleme sind Auf-gaben.
Viele Probleme sind viele Lernmöglichkeiten und/oder viele Notwendigkeiten.
Die beste Zeit zur Lösung ist jetzt (optimaler Zeitpunkt).
Nichtlösen heißt den optimalen Zeitpunkt zu verpassen.
Sich drücken, die Probleme umgehen, abwarten, heißt immer mehr Probleme, die immer schwieriger zu lösen sind.
Den optimalen Zeitpunkt verpassen, bedeutet Wiederholung unter ungünstigeren Umständen.
Nichterfüllen der Lebensaufgabe in dieser Inkarnation heißt Wiederholung in einem andern Leben unter ungünstigeren Bedingungen oder Behinderungen.

Haben Sie ein Problem, bedeutet das stets die Nichtakzeptanz einer Realität. Es enthält ein Nichtkonfrontieren, eine Erwartung oder Befürchtung, einen bestimmten Anspruch oder eine Vorstellung, die nicht mit der Realität übereinstimmt. Wenn Sie ein Problem haben, sollten Sie sich daher fragen:

1. Womit sind Sie nicht bereit, sich zu konfrontieren?
2. Wo erwarten oder befürchten Sie etwas?
3. Welchen Anspruch haben Sie an das Leben?
4. Wo haben Sie feste Vorstellungen, wie das Leben zu sein hat?

Jedes sogenannte Problem ist eine Aufgabe, die das Leben Ihnen jetzt stellt, und daher ist jedes Problem auch jetzt von Ihnen zu lösen. Jedes Problem ist ein „Maßanzug" für Sie, und Sie haben jetzt alle Fähigkeiten und Kräfte, die Sie zu seiner Lösung brauchen.

Sie müssen daher weder auf irgendetwas warten, noch brauchen Sie Hilfe von außen. Der richtige Zeitpunkt ein

Problem zu lösen, ist immer dann, wenn es sich Ihnen stellt. Das Leben erwartet die Lösung **jetzt!**

Die Erkenntnis, die Sie danach als Geschenk erhalten, ist das, was Sie weiterbringt. Es ist das einzige, was Sie aus diesem Leben mitnehmen können, wofür Sie gelebt haben!

Aus diesem Grund sollten Sie auch eine ganz neue Einstellung zu Problemen schaffen. Richtig wäre zu sagen: „Wie schön, das Leben schickt mir ein Problem, stellt mir eine willkommene Aufgabe. Da kann ich etwas lernen, kann mein Bewußtsein erweitern und erhalte mit der Lösung ein wertvolles Geschenk".

Außerdem sollten Sie nie vergessen, daß es gar keine Probleme gibt, denn ein Problem, wie es allgemein verstanden wird, wäre eine Schwierigkeit, für die es keine Lösung gibt. Das Leben stimmt aber den Schwierigkeitsgrad der Aufgabe, die es Ihnen stellt, immer genau auf Ihre Fähigkeiten ab. Daher können Sie jedes „Problem" lösen. Je schwieriger die Aufgabe, je größer ist das Kompliment des Schicksals an Ihre Fähigkeit, Schwierigkeiten zu meistern, daran zu wachsen und zu reifen – Ihr Bewußtsein zu erweitern.

Außerdem schaffen wir uns die meisten Probleme durch unsere Unachtsamkeit selbst. Wären wir achtsamer, brauchte uns das Leben gar nicht so viele Aufgaben zu schicken.

Stellen Sie sich Ihren Aufgaben, damit das Leben Sie nicht zur Auseinandersetzung, zum Lernprozeß zwingen muß. Machen Sie es sich zur Gewohnheit, sich den Lebensaufgaben sofort zu stellen, sie sofort zu lösen, um so viel intensiver, leichter, freier und glücklicher durchs Leben zu gehen.

Es gibt verschiedene Arten von Problemen:

| | |
|---|---|
| Familiäre Probleme | – zwischen Eltern und Kindern, |
| Partnerprobleme | – zwischen Partnern oder Freunden, |
| Gesundheitsprobleme | – Beeinträchtigung des Wohlgefühls und der Leistungsfähigkeit, |
| Finanzielle Probleme | – zu hohe Ansprüche, zu geringe Leistung. Unvermögen, mit Geld umzugehen, |
| Gesellschaftliche Probleme | – fehlende Anerkennung oder Macht, |

| Probleme mit sich selbst | – Nichtakzeptanz, falsche Erwartungen, Andersseinwollen in Charakter, Aussehen oder Verhalten. |

Mit großen Problemen sollten Sie sich beschäftigen, solange sie noch ganz klein sind, das heißt sofort, wenn sie in Ihr Bewußtsein treten. Wer sich nicht entscheidet, der entscheidet zu 100% falsch. Wer sich schnell entscheidet, der entscheidet zu 50% richtig. Für die falschen Entscheidungen kann wieder eine Entscheidung getroffen werden, die wieder zu 50% richtig ist usw. Am Schluß ist alles richtig entschieden.

Zur Lösung von Problemen braucht man drei Voraussetzungen:

1. Erkenntnisbereitschaft
2. Änderungsbereitschaft
3. Beharrlichkeit

Viele Menschen sagen: „Das macht mir keinen Spaß", oder: „Dazu habe ich keine Lust", aber wir werden nicht gefragt. Wenn eine Aufgabe notwendig geworden ist, dann stellt sie das Leben bei der erstbesten Gelegenheit, ob es uns paßt oder nicht. Dies wird so lange wiederholt, bis die Aufgabe gelöst ist.

Die meisten Probleme entstehen dadurch, daß wir das Gestern noch heute mit uns herumschleppen. Aber gestern ist tot, und alles Tote, das wir mit uns herumschleppen, erschwert die Reise unnötig.

Für manche ist es auch ein Problem, Fehler gemacht zu haben, doch niemand kann lernen, kann die „Schule des Lebens" besuchen, ohne Fehler zu machen. Ein Fehler beweist nur, daß jemand etwas getan hat, anstatt nur zu reden!

Ein anderes Problem ist, daß wir meist zuviel und zu unrationell arbeiten. Dabei könnten wir bei gleichem Aufwand an Zeit und Energie meist viel mehr bewirken!

Kaum jemand, der ein Problem hat, kann dieses exakt definieren. Solange wir aber nicht genau wissen, worin unser Problem eigentlich besteht, haben wir auch keine Chance, eine brauchbare Lösung zu finden. Wissen wir es aber, kommt die zweite Hürde, das richtige **tun**. Jeder Bauer weiß, daß er, um etwas Bestimmtes zu ernten, zuerst genau das einmal säen muß. Er wird niemals etwas anderes ernten als das, was er gesät hat! Das ist so selbstverständlich, daß man darüber gar nicht zu reden braucht. Doch bei der gleichen Situation im Alltag, bei Arbeitslosigkeit, Partnerschafts- oder Gesundheitsproblemen, da hapert es meist. Man tut wenig und oft genug noch das Falsche!

Zur Lösung Ihrer Probleme können Sie verschiedene Problemlösungstechniken erarbeiten. Das wichtigste sind aber nicht die Techniken, sondern die Optimierung Ihres wichtigsten Werkzeugs:

## Ihres Bewußtseins!

Sie können auf der Ebene des Problems noch so brillante Techniken anwenden und werden damit trotzdem nicht annähernd die gleichen Ergebnisse erzielen, als wenn Sie Ihr Bewußtsein auf die Ebene der Lösungen erheben und wahrnehmen, welche Lösung das Leben will. So werden Sie auch den Weg erkennen, wie Sie in Zukunft alle Ihre Probleme lösen können.

Erst müssen Sie Ihre Probleme lösen, müssen Sie sich „ent-wickeln", um sich dann geistig „ent-falten" zu können.

Wenn Sie Schwierigkeiten haben sollten, Ihre Probleme zu erkennen, gibt es ein einfaches Hilfsmittel. Jede Abneigung ist, ebenso wie jede Zuneigung, ein Hinweis auf ein Problem, also eine Aufgabe des Lebens. Lernen Sie daher nicht mehr in Problemen zu denken, sondern vielmehr in Lösungen.

Der erste Schritt zum Denken in Lösungen ist, sich einen Überblick über die verschiedenen Aspekte des Problems zu verschaffen. Einer der effektivsten Wege, die ich dazu benutze, ist der „**Weg-Plan**". Bei aller Einfachheit hat er einen großen Vorteil: Sie sehen alle Aspekte und notwendigen Schritte zur Lösung immer auf einen Blick vor sich. Im obersten Feld tragen Sie die Aufgabe ein. In den Feldern darunter die einzelnen Teilbereiche der Aufgabe und in den Feldern unter den Teilbereichen die jeweiligen Schritte, die zur Lösung erforderlich sind. Sobald ein Schritt erledigt ist, streichen Sie ihn durch. Wird ein neuer Schritt erforderlich, schaffen Sie ein weiteres Feld. Sind alle Felder durchgestrichen, ist das Problem gelöst, die Aufgabe erfüllt. Bis dahin aber sehen Sie stets auf einen Blick, welche Schritte noch offen sind. So können Sie 20 und mehr Probleme gleichzeitig lösen. Denn mit einem „**Weg-Plan**" für jede Aufgabe behalten Sie immer die Übersicht, können keinen Schritt vergessen, keinen Termin versäumen. Gehen Sie jeden Morgen alle **Weg-Pläne** durch, und übernehmen Sie in Ihren Terminkalender, was heute zu tun ist.

Ähnlich effektiv ist der „**Fisch-Plan**", der nach der Grätenform so heißt. In die linken „Gräten" tragen Sie die Schritte ein, die Sie als hilfreich erkannt haben, um vom Soll- zum Istzustand zu kommen. Schaffen Sie beliebig viele neue Gräten und schreiben Sie rechts ein, welche Schritte zur Lösung Sie erkannt haben. Streichen Sie durch, was erledigt ist. Wieder sehen Sie auf einen Blick, was noch zu tun bleibt. Ganz gleich, welchen Weg Sie sonst gehen, um den Überblick über Ihre Aufgaben zu behalten, Sie sollten einen dieser beiden Wege **zusätzlich** wählen, denn es gibt wohl kaum bessere Wegpläne, um stets den Überblick zu behalten, um im richtigen Augenblick das Richtige zu tun.

In jeder Aufgabe ist die Lösung bereits enthalten, und der Weg zur Lösung entsteht, indem Sie ihn gehen. Ihr derzeitiges Problem ist nur eines von unzähligen, die Sie bereits gelöst haben oder noch lösen werden. In ein paar Tagen, Wochen, spätestens Jahren, wird es vergessen, unwichtig geworden, gelöst sein. Warum also sollten Sie sich jetzt darüber aufregen.

Sie wissen, daß es der Zweck des Lebens ist, sich ständig mit neuen Schwierigkeiten zu konfrontieren, und daß es der Sinn des Lebens ist, diese Schwierigkeiten optimal zu meistern, um daran zu wachsen und zu reifen.

So entwickeln Sie eine ganz neue Einstellung zu Schwierigkeiten. Sie suchen und finden in aller Ruhe die beste Lösung und führen sie durch, damit Sie bereit sind, die nächste Aufgabe zu lösen!

# Die sieben Schritte zur Problemlösung

1. Exakte Definition des Problems
   - Was genau ist Ihr Problem? (Schriftlich ausarbeiten.) In der richtigen Frage liegt meist schon die Antwort.
   - Haben Sie überhaupt ein Problem oder nur eine falsche Einstellung zu den Umständen? Oder sind gar Sie selbst das Problem?
   - Was ist die wirkliche Ursache Ihres Problems? (Vorsicht: Ursache und Auslöser nicht verwechseln!)
2. Exakte Bestimmung des Ziels
   - Was genau ist der gewünschte Endzustand? (In Wort – schriftlich – und Bild – Imagination – ausarbeiten.)
   - Bringt Ihnen dieser Zustand wirklich die Erfüllung, das Glück? (Wohlstand bedeutet nicht nur Geld, sondern, daß es in **allen** Bereichen wohl steht.)
3. Exakte Beschreibung des Weges zum Ziel
   - Welcher Weg zum Ziel ist der schnellste, kürzeste, beste, bequemste und sicherste?
   - Welchen Weg würden Sie einem Freund mit dem gleichen Problem empfehlen?
4. Exakte Beschreibung der erforderlichen Schritte
   - Belastungen durch Vergangenheit auflösen (Schuldgefühle, Hemmungen, überholte Programme).
   - Innere Voraussetzungen für den Erfolg schaffen (Gedankendisziplin, Gelassenheit, Harmonie usw.).
   - Sich geistig und körperlich fit halten und die eigene Leistungskurve und -grenze beachten.
   - Eine neue Einstellung zu Problemen entwickeln (Schwierigkeiten als Zweck des Lebens, die Meisterung von Problemen als Sinn des Lebens erkennen).
   - Festlegen von Teilzielen und deren Reihenfolge.
   - Den erwünschten Endzustand in Wort und Bild immer wieder imaginieren und so mit positiver Energie aufladen.

5. Klare Motivation
   - Sind Sie wirklich bereit, für das Ziel die erforderlichen Anstrengungen auf sich zu nehmen?
   - Motivationshemmende Gedankenfallen auflösen (z.B. „Ich kann nicht, bin unfähig, zu schwach, zu alt, zu arm…").
   - Motivationen stärken (Selbsthypnose, positive Suggestionen, Psychokybernetik, schöpferische Imagination, Kontakt zu erfolgreichen Menschen…).

6. Was tun, wenn es keine Lösung zu geben scheint?
   - Feststellen, unter welchen Umständen eine Lösung möglich wäre und diese Umstände erschaffen.

7. Problem lösen oder Mißerfolg erkennen
   - Lösen Sie das Problem, indem Sie **jetzt** mit ganzem Einsatz ans Werk gehen, durch **Mental-Training** die richtigen Ursachen setzen, damit das, was geistig verursacht wurde, im Außen in Erscheinung treten kann.
   - Führen diese Schritte nicht zur Lösung des Problems, haben Sie es nicht exakt genug erfaßt, dann beginnen Sie diesmal noch gründlicher bei Schritt 1.

# Der vierzehnte Schritt zum Erfolg

*Die Kritik an anderen hat noch keinem
die eigene Leistung erspart!*

Der vierzehnte Schritt zum Erfolg heißt loslassen der eigenen Empfindlichkeit und konstruktiver Umgang mit Kritik, Lob, Ablehnung und Mißerfolg. Falls Sie empfindlich reagieren, wenn andere Sie kritisieren, machen Sie sich bewußt, wie Sie mit sich selbst umgehen. Finden **Sie** sich gut? Loben Sie sich selbst, wenn Sie etwas gut gemacht haben? Oder kritisieren Sie sich innerlich häufig? Bauen Sie sich selbst auf oder behandeln Sie sich destruktiv? Wenn Sie dazu neigen, sich selbst herunterzumachen, sind Sie schon angegriffen genug und können von andern nichts mehr vertragen. So sind Sie selbst für Lob nicht mehr offen, weil Sie es für nicht berechtigt halten und es daher nicht wirklich annehmen können. Das gleiche gilt für Ablehnung. Wenn Sie sich selbst schon ablehnen, trifft Sie die Ablehnung anderer zusätzlich.

Die Empfindlichkeit gegenüber Kritik können Sie durch die Erkenntnis ablegen, daß es nur zwei Möglichkeiten gibt, wenn ein anderer Sie kritisiert. Entweder hat er recht mit seiner Kritik, dann können Sie ihm weder böse sein, noch sich beleidigt oder verletzt fühlen. Schließlich hat er nur die Wahrheit gesagt.

Auch dabei gibt es zwei Möglichkeiten. Entweder Sie kennen dieseWahrheit bereits, dann hat der andere nur Ihr Bewußtsein wieder einmal darauf gerichtet und Ihnen damit eine Chance gegeben, es zu ändern. Oder Sie kannten diese Wahrheit noch nicht, dann sollten Sie ihm dankbar sein, daß er Sie darauf aufmerksam gemacht hat. Vielleicht hätten Sie sie sonst übersehen und damit das Leben gezwungen, Ihnen „Nachhilfeunterricht" zu geben.

Die zweite Möglichkeit ist, daß die Kritik nicht berechtigt ist. Somit haben Sie erst recht keinen Grund empfindlich zu sein, denn das Ganze geht Sie nichts an. Der andere hat sich einfach nur geirrt und das ist Ihnen sicher auch schon einmal passiert. Es betrifft Sie nicht, und so sollte es Sie auch nicht mehr treffen. Das tut es auch nicht mehr, wenn Sie sich selbst öfter loben und nur noch konstruktive, aufbauende Kritik an sich üben. So lernen Sie mit Kritik und Lob anderer ganz anders umzugehen und achten nur noch darauf, wie Lob und Kritik Ihnen hilft, immer mehr Sie selbst zu sein: echt, ehrlich und authentisch.

Wer vorwärts stürmt, muß allerdings auch Rückschläge und Mißerfolge in Kauf nehmen. Worauf es jedoch ankommt, ist, was Sie aus den Hindernissen machen. Ob Sie sich dadurch aufhalten oder sich erst recht zum Erfolg anspornen lassen. Denn jeder sogenannte Mißerfolg ist ebenfalls ein verkleideter Erfolg. Er zeigt erfolgreich, daß der eingeschlagene Weg nicht zu dem beabsichtigten Ergebnis führt, daß Absicht und Handlung nicht übereingestimmt haben. Es erfolgt immer das, was Sie verursachen, das muß aber nicht immer mit dem identisch sein, was Sie beabsichtigt haben. So bekommen Sie eine neue Chance, Absicht und Handlung in Übereinstimmung zu bringen und damit Erfolg zu haben. Vorausgesetzt, daß Sie den Mißerfolg nicht erwarten und ihn damit hervorrufen oder sich nicht wert fühlen, wirklich Erfolg zu haben. Für den Erfolgreichen sind Mißerfolge immer nur Zwischenergebnisse auf dem Weg zum eigentlichen Erfolg. Eine Chance, es beim zweiten Anlauf besser und klüger zu machen.

Dazu gehört natürlich auch, daß Sie von nun an andere nur noch liebevoll und konstruktiv kritisieren, wenn überhaupt. Solange Sie die Erfolgreichen noch kritisieren, beneiden oder gar verachten, behindert oder verhindert dies gar den eigenen Erfolg, denn alles fällt auf Sie zurück.

# Der fünfzehnte Schritt zum Erfolg

*Höre auf zu suchen, finde!*
*Sucher suchen ewig, Finder finden ständig.*

Der fünfzehnte Schritt zum Erfolg heißt, die Chancen und Möglichkeiten zu suchen und zu finden, die Ihnen das Leben ständig bietet. Zu erkennen, daß jede Schwierigkeit in Wirklichkeit nur eine verkleidete Möglichkeit ist. Erkennen Sie, daß das Leben Ihnen ständig Chancen und Möglichkeiten bietet.

Um das zu erkennen, sollten Sie zunächst ein Chancen- und Möglichkeitenbewußtsein schaffen. Das geschieht dadurch, daß Sie Ihr Bewußtsein nicht mehr vorwiegend darauf richten, wo gerade ein Hindernis liegt und welche Chance das Leben Ihnen derzeit gerade nicht bietet, sondern darauf, was das Leben Ihnen in diesem Augenblick für Möglichkeiten eröffnet. In diesem Bewußtsein erkennen Sie leicht, daß in **allem** immer eine Chance steckt, die Ihnen bisher nur deshalb verborgen blieb, weil Sie Ihr Bewußtsein auf die Hindernisse gerichtet hatten. Prüfen Sie einmal, wo die Chance dieses Augenblicks liegt, Ihr derzeitiges Projekt einen Schritt weiterzubringen. Solange Sie Ihren Blick auf den Mangel richten, führt das zu Unzufriedenheit und Aggression, weil Sie nicht so können, wie Sie wollen. Leonardo da Vinci hat einmal gesagt: „Wer nicht kann, was er will, muß wollen, was er kann!" Sie aber können, was Sie wollen, denn sobald Sie den Blick auf die Möglichkeiten richten, die Ihnen das Leben in diesem Augenblick bietet, finden Sie in jeder Sekunde eine Chance. Ihr Leben wird von einem Augenblick zum anderen reicher. Glück ist nicht Glücksache, sondern die logische Folge von Hören, Denken, Reden und Erkennen von Möglichkeiten und deren Nutzung. Oft aber fehlt es an der Weitsicht und Vorstellungskraft, um die günstigen Gelegenheiten überhaupt zu erkennen. Das aber können Sie ändern, indem Sie ständig Ihr Bewußtsein darauf richten und sich immer wieder fragen: „Wo liegt meine

Chance in diesem Augenblick?" Es ist wie bei einem Bildhauer, der erkannt hat, welche Figur in dem Steinblock wartet. Er braucht nur noch abzuschlagen, was nicht zu der Figur gehört. So brauchen auch Sie nur alles loszulassen, was nicht mehr wirklich zu Ihnen gehört, was Sie noch vom Erfolg trennt. Was übrig bleibt, ist der pure Erfolg. Erkennen Sie aber auch, welche Chance **Sie** dem Ganzen sein können. Suchen Sie jedoch nicht nach etwas Bestimmtem, sondern bleiben Sie offen für das, was das Leben Ihnen bietet. Ein Goldsucher findet vielleicht Gold, übersieht aber wahrscheinlich den Diamanten.

Wenn das Leben Ihnen in diesem Augenblick nur eine Zitrone gibt, dann machen Sie Limonade daraus, und wenn Sie nur ein Sandkorn haben, dann geben Sie es in eine Auster und lassen eine Perle daraus wachsen. Erkennen Sie, daß in Wirklichkeit **jeder, jederzeit, an jedem Platz** die Möglichkeit **zu allem** hat. Sie können sicher sein, daß Ihnen das Leben eine Möglichkeit dazu schafft, sobald Sie ein konkretes Bedürfnis oder eine klare Absicht haben. Vorausgesetzt, daß Sie daran glauben und sich wert fühlen, es in Empfang zu nehmen. Irgendwann erkennen Sie:

## Die erfolgreichste Art, vorwärts zu kommen, ist in sich zu gehen!

Gehen Sie in sich, und schaffen Sie dort die Voraussetzungen für Ihren Erfolg. Dazu gehört auch zu erkennen, welche besonderen Fähigkeiten und Möglichkeiten **Sie** haben, um sie zu nutzen. Auch das, was Sie nicht können, bietet Ihnen eine Chance zu lernen. Sie lernen zu erkennen, warum Sie diesen Mangel haben, warum Sie in diesen Umständen leben und wie Sie die Gegebenheiten am besten nutzen können, um Ihre Absicht zu verwirklichen. Das Leben spricht ständig auf allen Ebenen zu Ihnen. Es schickt Ihnen entweder:

Ein Angebot, eine Chance, eine Möglichkeit, eine Aufforderung, einen Anstoß, eine Erinnerung, eine Mahnung, einen Schubs, „Nachhilfeunterricht" durch eine Krise oder,

wenn Sie immer noch nicht hören wollen, einen Schicksals-
schlag oder eine Katastrophe. Es kann aber auch eine Bestätigung, eine Bestärkung oder eine Zustimmung sein. Wir
empfangen ständig auf allen Ebenen Botschaften, nehmen
sie aber oft nicht wahr, weil wir abgelenkt und anderweitig
beschäftigt sind.

Die verschiedenen Zeitebenen:

Ich **bin** unmittelbar im Einklang mit dem Leben, wenn
ich stimme.

Ich **denke** und weiß einen Augenblick später, daß es stimmig ist oder eben nicht.

Ich **fühle** bei Stimmigkeit bald danach ein Wohlgefühl,
Freude, Gesundheit.

Ich **erlebe** es später energetisch als Energie, Motivation,
Lebensqualität.

Ich **erlebe es sichtbar** nach einiger Zeit als Ereignis, Geschehen, Lebensumstand, Eindruck, als Ding, Begegnung, Vorgang.

Ich **erinnere** Stimmigkeit noch später als Vergangenheit,
schöne Erinnerung, als Gewesenes.

# Die Sprache des Lebens

## Die Botschaft meines Körpers

Wohlbefinden, Kraft, Vitalität, Motivation, aber auch das Aussehen sind Botschaften, denn Inhalt und Form sind identisch. So wird der Charakter des einzelnen sichtbar. Ort und Art der Symptome sind weitere Botschaften Ihres Körpers.

Folgende anderen Botschaften können Sie entschlüsseln: die Botschaften…

– der Lebensumstände, Ereignisse.
– Ihrer Probleme, Krisen, Schicksalsschläge.
– der „Zufälle".
– Ihrer Partnerschaft, von Wechsel, Scheidung, Alleinsein, aber auch von Freundschaften.
– Ihres Berufes, die verschiedenen Stadien, Beförderungen, vor allem aber Ihrer wahren Berufung.
– Ihrer Wünsche, Träume, Visionen, Ziele, Pläne, Sehnsüchte.
– von Glück und Pech in Ihrem Leben.
– durch „Nachhilfeunterricht". Wo unterrichtet Sie „Dr. Krankheit" und „Dr. Leid"? Welche Probleme und Aufgaben wiederholen sich immer wieder? In welche Situationen geraten Sie immer wieder? Welche Lektionen erhalten Sie gerade von „Dr. Alltag"?
– Ihres persönlichen Erfolges.
– Ihres Wohlstandes, Reichtums.
– Ihrer Gefühle, Vorlieben und Ablehnungen.
– Ihrer Hobbies.
– der Freude in Ihrem Leben. Wann, wodurch und wie?
– Ihrer Ernährung als Spiegel Ihres Bewußtseins.
– Ihrer Kleidung – Art, Farbe, Schmuck.
– Ihrer Wohnung, Ihres Wohnortes, Ihrer Nachbarn.
– Ihres Ärgers, Ihrer Ängste und Sorgen.
– Ihrer Intuition und Ahnungen.

- Ihrer Empfindlichkeiten.
- Ihrer Beziehung zu Mutter, Vater, Geschwistern.
- Ihrer Haustiere.
- Ihrer Verhaltensmuster.
- Ihrer Hindernisse, Blockaden, aber auch Ihrer Möglichkeiten, Kräfte, Fähigkeiten und Chancen.
- Ihrer Lieblingsfarbe, -musik, Ihres Lieblingslandes usw.
- dessen, was Sie an sich mögen, den anderen, was nicht und warum?
- des Verhaltens der anderen zu Ihnen.
- des Geburtsdatums, Namens.

Alle diese Botschaften wollen Ihnen helfen, stimmig zu leben. Dann leben Sie im **Tao**, und da Sie stimmen, stimmt auch das Ergebnis. Sie können dem Leben auch ein bestimmtes, erwünschtes Ergebnis vorgeben und ihm gestatten, dafür die erforderlichen Voraussetzungen und Zufälle zu schaffen. Sie brauchen nur den erwünschten Endzustand im Bewußtsein zu halten und zu glauben, daß das Leben Ihnen jede Chance bietet, die Sie zur Verwirklichung brauchen. Nutzen Sie alles, was sich Ihnen bietet. Es ist vollkommen gleichgültig, wo Sie derzeit im Leben stehen. Entscheidend ist nur, **wohin Sie jetzt gehen!** Tun Sie den ersten Schritt in die richtige Richtung, und Ihr Leben ändert sich **in diesem Augenblick!** Oft brauchen Sie hierfür nur einen anderen Blickwinkel, wie die folgende Geschichte zeigt:

Ein Schuhverkäufer besuchte eine abgelegene Insel und berichtete seinem Chef später ganz enttäuscht: „Dort tragen die Leute überhaupt keine Schuhe, da können wir kein Geschäft machen." Einige Zeit darauf kam ein anderer Schuhverkäufer auf diese Insel und berichtete seinem Chef ganz begeistert: „Dort tragen die Leute noch keine Schuhe, da können wir ein tolles Geschäft machen!" So kann man mit dem richtigen Bewußtsein aus der gleichen Situation ganz andere Konsequenzen ziehen und da einen Erfolg schaffen, wo ein anderer nicht einmal daran denkt.

# Der sechzehnte Schritt zum Erfolg

*Der Körper kann nicht lügen.*
*Er zeigt wie ein Spiegel nur das, was ist!*

Der sechzehnte Schritt zum Erfolg heißt, Menschenkenntnis zu lernen und die damit verbundene Selbsterkenntnis. Hermes Trismegistos hat bereits vor 5000 Jahren in der „Tabula smaragdina" festgehalten:

## Wie Innen, so Außen!

Weil dieses Gesetz auf jeder Ebene Gültigkeit hat, ist es möglich, den Charakter eines Menschen an seinem Äußeren zu erkennen, wenn man gelernt hat, die Signale zu verstehen, und in der Landschaft eines Gesichtes lesen kann wie in einem offenen Buch. Das ist einfacher, als Sie vielleicht denken. Es gibt gute Bücher und noch bessere Seminare darüber, man muß sie nur lesen und besuchen. Danach kann man sich auf diese Informationen verlassen, denn der Körper lügt nie. Er ist die Übersetzung der Seele ins Sichtbare, läßt über die äußere Form den sonst unsichtbaren Charakter sichtbar werden. Jeder sieht so aus, weil er so ist, und in dem Maße wie er sich ändert, ändert sich auch sein Aussehen. Schauen Sie einmal Ihre Jugendbilder an, um zu erkennen, wie sehr Sie sich seither ver- und damit geändert haben. Jeder ist für sein Aussehen selbst verantwortlich. Dabei sollten Sie beachten, daß es nicht gute oder schlechte Zeichen gibt, sondern nur beobachten und ohne zu urteilen wahrnehmen, was ist.

Natürlich können Sie Ihre Menschenkenntnis benutzen, um mehr Erfolg im Leben zu haben. Sie wissen so vorher, was Sie von einem Partner oder einem Mitarbeiter erwarten können und setzen ihn, entsprechend seiner tatsächlichen, oft noch latenten Fähigkeiten, richtig ein. Gekonnt angewandt, hilft Ihnen die Menschenkenntnis, den anderen besser zu verstehen, seine Stärken zur Geltung zu bringen. Sie können ihm helfen, seine Schwächen allmählich in Stärken zu verwandeln und optimal einzusetzen. In seinem Gesicht sehen Sie nicht nur was ist, sondern auch das, was werden kann. Menschenkenntnis kann Ihnen helfen, besser mit andern zu leben, weil Sie sie besser verstehen. Das gilt natürlich auch für Sie selbst, denn wenn Sie einen Spiegel zur Hand nehmen, wird auch Ihr Charakter, seine Schwächen und Möglichkeiten, offen vor Ihnen liegen.

## Der Mensch kennt alle Dinge der Erde, aber den Menschen kennt er nicht.

Jeder Mensch befaßt sich mit Physiognomie, selbst wenn ihm dieser Begriff fremd ist. Noch bevor ein Kind sprechen kann, hat es gelernt, den Gesichtsausdruck der Mutter zu deuten. Es erkennt, ob sie fröhlich, schlecht gelaunt oder gar ärgerlich ist.

Wenn Ihnen ein Fremder vorgestellt wird, schauen Sie ihm ins Gesicht und bekommen einen ersten Eindruck. Es spielt dabei keine Rolle, ob Ihr Urteil begründet ist oder nicht. Sie reagieren auf diesen ersten Eindruck. Jeder reagiert auf die Gesichtszüge und das Mienenspiel seiner Mitmenschen, ob er will oder nicht, und die „Sprache der Physiognomie" ist international.

Das ist keine neue Wissenschaft, sondern war schon in den ältesten Kulturen hochentwickelt. Menschenkenntnis bedeutet in erster Linie Schulung der Wahrnehmung. Wenn wir dann noch aufhören, Menschen zu beurteilen oder gar zu verurteilen, können wir anfangen, sie zu entdecken!

Praktisch beginnt alle Menschenkenntnis bei der Selbsterkenntnis. Je bewußter ein Mensch sich selbst beobachten und erkennen gelernt hat, um seine Stärken und Schwächen weiß, um so umfassender wird er auch einen anderen erkennen können. Man könnte sogar sagen, daß ein Mensch einen anderen nur soweit erkennen kann, als er sich selbst erkannt hat.

162

Aber nur wenige sind bereit, der Wahrheit ins Gesicht zu sehen. Doch Selbsterkenntnis ist der erste Schritt zur Selbstverwirklichung. Wer andere erkennt, ist klug, wer sich selbst erkennt, ist weise! Selbsterkenntnis aber, ohne Konsequenzen daraus zu ziehen, ist Zeitverschwendung. Mit der Forderung: „Erkenne Dich selbst!" ist auch die Forderung: „Sei Du selbst!" verbunden.

Schon über dem Tempel von Delphi standen die Worte: „Erkenne Dich selbst". Im Inneren des Tempels ging dieser Satz weiter: „...dann erkennst Du **Gott!**" Wahre Selbsterkenntnis führt immer zur Erkenntnis Gottes.

Selbsterkenntnis ist eine Aufgabe, die die meisten Menschen nicht für besonders schwierig halten. Die meisten glauben, sich selbst zu kennen. Sie haben sich beobachtet, über sich nachgedacht, vielleicht sogar mit Freunden über sich gesprochen und glauben, sich dadurch ganz gut zu kennen. Wenn wir es aber wirklich ernst meinen, wird gerade die Selbsterkenntnis schwierig.

Es gibt ein zuverlässiges Hilfsmittel, das Sie dabei unbedingt nutzen lernen sollten, nämlich das Gesicht. Niemand sieht zufällig so aus, sondern er sieht so aus, weil er so ist. Das Äußere macht nur die innere unsichtbare Wirklichkeit, das So-sein sichtbar. Das Gesicht wird damit zum Spiegel der inneren Wirklichkeit.

Außerdem sind sich alle Weisen einig, daß der Mensch als Mikrokosmos dem Makrokosmos entspricht, daß das **Außen** ein Spiegelbild des **Innen** ist. Sie können das Außen, das heißt Ihre Lebensumstände und Ihr Schicksal nur in dem Maße verändern, wie Sie das Innen ändern.

So wird Selbsterkenntnis zur Erkenntnis der Schöpfung und die Erkenntnis der Schöpfung zur Selbsterkenntnis. Lernen wir daher, im „Buch der Schöpfung" zu lesen!Wenn Sie bereit sind, bei sich selbst anzufangen, dann beantworten Sie sich die folgenden Fragen. Sie werden dabei sehr viel über sich selbst erfahren. Wenn Sie dabei ehrlich sind, und das sollten Sie sich zuliebe sein, dann ist es möglich, daß Ihnen nicht alles gefällt, was Sie dabei erkennen werden. Aber erst dann haben Sie die Möglichkeit, es nach Ihren heutigen Erkenntnissen zu ändern.

Noch etwas mehr erfahren Sie über sich, wenn Sie sich einmal bewußt machen, wie Ihr Schreibtisch aussieht. Sind Sie ein „Leertischler" oder ein „Volltischler"?

Der „Leertischler" ist eher introvertiert. Er liest sehr viel, und er hat die Fähigkeit, die benötigten Informationen aus Büchern zu entnehmen, ja geradezu ein Gespür dafür, wo er sie finden kann. Er hat sogar die Fähigkeit, einer falschen Information die richtige Erkenntnis zu entnehmen, und er ist so fast unabhängig von der Qualität des Gelesenen, weil er mit einem untrüglichen inneren Maßstab richtig von falsch unterscheiden kann und so die richtigen Konsequenzen zieht. Auf diesen Informationen beruht auch sein oft überragendes und stets präsentes Wissen. Er denkt sorgfältig und geordnet und was er sagt, hat Hand und Fuß. Bei der Arbeit ist er sehr genau und zuverlässig, neigt aber zu Perfektionismus, der seine Effektivität behindern kann. Ansonsten ist er gut organisiert, hat eine geschliffene Denk- und Sprechweise, und man hat bei ihm das Gefühl, daß einfach alles stimmt. Der Schreibtisch sieht immer aufgeräumt aus. Dort liegt nur das, was er gerade bearbeitet.

Ganz anders der „Volltischler". Er ist eher extrovertiert und erlebnisbezogen und bekommt die besten Einfälle beim Herumwandern, im Gespräch mit anderen. Er hat die Fähigkeit, eine Situation, ihre Ursache und weitere Entwicklung schnell und sicher zu erfassen, neigt aber dazu, sich dabei in Details zu verlieren. Daher überläßt er diese lieber anderen. Schwierigkeiten bereitet es ihm auch, die holistisch erfaßte Situation mit den richtigen Worten auszudrücken. Er hat einen Sachverhalt klar erfaßt, weiß genau, was er meint, aber kann es nicht mit Worten vermitteln.

Sein Schreibtisch sieht aus, als hätte er gerade alles ausgeräumt und dort deponiert. Aber ihn stört das nicht und er hat auch nicht die Absicht, das zu ändern. Denn so hat er stets alles griffbereit und er findet auch, was er braucht. Er lebt nach dem Motto: „Das Genie beherrscht das Chaos."

Haben Sie sich wiedererkannt? Nun, Sie werden noch sehr viel mehr Interessantes über sich und Ihre Mitmenschen erfahren, wenn Sie sich die Freude machen, tiefer in dieses wichtige und faszinierende Gebiet der Menschenkenntnis einzutauchen.

# Selbsterkenntnisblatt 1

| Die Bilanz<br>Das „Real-Ich" | Das Ziel<br>Das „Ideal-Ich" |
|---|---|
| *Positiv – Negativ* | *Nur Positiv* |

So sehe ich mich:
Meine Eigenschaften
Meine Talente
Meine Fähigkeiten
Meine Motivationen
Meine Intelligenz
Meine Interessen
Meine Ziele

So sehen mich die anderen:
Befragen Sie mit Hilfe obiger Punkte Ihre Familie, Freunde, Kollegen.
Vergleichen Sie dann, wie Sie sich selbst und wie die anderen Sie sehen.
Das wird selten übereinstimmen. Beide Seiten haben recht. Nur sieht es jeder etwas anders.

So will ich sein

So will ich denken

So will ich fühlen

So will ich handeln

Das will ich können

Das will ich tun

Das will ich haben

Das will ich wissen

Das will ich sein

Das ist mein Endziel

Das sind meine Teilziele

---

*Positiv – Negativ*

Meine Lebensumstände:

| | |
|---|---|
| Familie | Beruf |
| Wohnort | Wohnung |
| Freunde | Bekannte |
| Nachbarn | Berufskollegen |
| Einkommen | Vermögen |
| Haus | Auto |
| Geld | Rente |
| Gesundheit | Harmonie |
| Zufriedenheit | Anerkennung |
| Titel | Auszeichnungen |

Geistige Entwicklung
Selbstverwirklichung

*Positiv – Negativ*

Die idealen Lebensumstände:

| | |
|---|---|
| Familie | Beruf |
| Wohnort | Wohnung |
| Freunde | Bekannte |
| Nachbarn | Berufskollegen |
| Einkommen | Vermögen |
| Haus | Auto |
| Geld | Rente |
| Gesundheit | Harmonie |
| Zufriedenheit | Anerkennung |
| Titel | Auszeichnungen |

Geistige Entwicklung
Selbstverwirklichung

# Selbsterkenntnisblatt 2

| Die Mittel<br>Was brauche ich – was habe ich | Der Weg<br>So gehe ich vor |
|---|---|
| Das muß ich tun | So beseitige ich Hindernisse |
| Das muß ich lassen | So beseitige ich Fehler |
| Das muß ich loslassen | Das ist: |
| Das muß ich beschaffen: z.B. Geld. So verdiene ich es zusätzlich. Der leiht es mir. so zahle ich es zurück. | der schnellste Weg<br><br>der beste Weg<br><br>der sicherste Weg<br><br>der angenehmste Weg |
| Diese Hilfsmittel brauch ich: z.B. Bücher, Geräte, Karten, Kassetten. | Der optimale Zeitplan:<br><br>Prioritäten setzen |
| Das muß ich lernen – wo und wie kann ich das lernen? | Teilziele festlegen |
| Diese Eigenschaften muß ich stärken, entwickeln, mit abgewöhnen. | So bestärke ich mich in meiner Absicht.<br><br>So halte ich sicher durch: z.B. Mental-Training, Affirmationen |
| Diese Hindernisse gibt es. | |
| Der oder das hilft mir. | Ist mein Problem unter den gegebenen Umständen nicht zu lösen, stelle ich drei Fragen: |
| | 1. Unter welchen Umständen wäre es zu lösen? |
| | 2. Wie schaffe ich diese Umstände? |
| | 3. Kann ich es dadurch lösen, indem ich meine Einstellung zu dem Problem ändere? |

# Der siebzehnte Schritt zum Erfolg

Der siebzehnte Schritt zum Erfolg heißt, die geistigen Gesetze zu erkennen und zu beachten, mit ihnen zu kooperieren, anstatt zu kollidieren. Diese Gesetze wirken, ganz gleich, ob Sie sie kennen oder nicht.

## Das geistige Grundgesetz – Das Gesetz der Harmonie

Dieses Gesetz gleicht die verschiedenartigsten Wirkungen aus und sorgt dafür, daß die Harmonie stets erhalten bleibt oder doch so schnell wie möglich wieder hergestellt wird. Aus ihm lassen sich alle anderen Gesetze direkt ableiten – sie sind in ihm enthalten.

Das „Gesetz der Evolution". Das Gesetz der Evolution besagt, daß sich alles ständig verändert. Die gesamte Ordnung in der Natur, im ganzen Kosmos, weist auf eine fortschreitende Entwicklung, auf ein höheres Sein hin. Das ewige Sein, obwohl ständig im Wandel, kann weder vermehrt noch vermindert werden – es ist. Es wandelt seine Form, seinen Ausdruck und ist doch unwandelbar das Eine. Alles, was ist, ist aus dem Einen hervorgegangen, und das Eine ist in allem. Alles ist ein Teil des Einen und ist doch stets ein Ganzes.

Das „Gesetz der Schwingung". Dieses Gesetz besagt, daß alles sich bewegt, nichts still steht. Alles befindet sich in Schwingung. Jeder Gedanke, jedes Gefühl, jeder Wunsch oder Wille ist begleitet von Schwingungen mit unterschiedlicher Frequenz und unterschiedlichem Rhythmus, entsprechend seiner Kraft und seinem Inhalt. Alles schwingt, bewegt sich – lebt.

Das „Gesetz der Polarität". Dieses Gesetz besagt, daß alles, was ist, zwei Pole hat, aber in Wirklichkeit doch eins ist. Alle scheinbaren Gegensätze sind ihrem Wesen nach identisch, nur verschieden im Grad ihres Ausdrucks. Sobald wir zur Einsicht kommen, erkennen wir das Eine zwischen den Polen, die scheinbare Dualität verschwindet. Wir sind wieder im Einklang mit der Schöpfung.

Das „Gesetz des Rhythmus". Dieses Gesetz besagt, daß alles Sein seinen individuellen Rhythmus hat. Es steigt und fällt, fließt hinein und wieder heraus. Die Nacht folgt dem Tag und der Tag der Nacht. Dem Werden folgt das Vergehen, das wiederum ein neues Werden hervorbringt.

Das „Gesetz der Entsprechung" (oder Gesetz der Analogie). Dieses Gesetz sagt: „Wie oben, so unten, wie unten, so oben. Wie im Kleinsten, so im Größten. Wie innen, so außen." Damit sagt das Gesetz auch, daß ein bestimmter Inhalt auch immer eine bestimmte Form haben muß. Inhalt und Form sind identisch. Und doch gibt es nur **ein** Leben und **ein** Gesetz, und der darin wirkt, ist **einer**. Nichts ist innen und nichts ist außen, nichts ist groß und nichts ist klein, nichts ist hoch und nichts ist niedrig in dieser göttlichen Weltordnung – **alles ist eins.**

Das „Gesetz der Resonanz" besagt, daß Gleiches Gleiches anzieht und durch Gleiches verstärkt wird. Ungleiches stößt sich ab. Das Stärkere bestimmt das Schwächere und gleicht es sich an. Jeder kann nur das anziehen, was seiner derzeitigen Schwingung entspricht. Die vorherrschenden Gedanken, Gefühle und Neigungen eines Menschen bestimmen seine geistige Atmosphäre und schaffen so eine Aura des Erfolges oder des Mißerfolges.

Das „Gesetz des Wohlstands" besagt, daß die äußeren Lebensumstände nur ein Spiegelbild der inneren Wirklichkeit sind, nach dem Gesetz: Wie innen, so außen. Die äußeren Umstände können sich nur in dem Maße ändern, wie sich das Bewußtsein ändert. Die Ur-Sache für alles, was ist, ist immer geistiger Natur, deshalb muß zuerst geistiger Wohlstand erworben werden, ehe der Wohlstand im Außen in Erscheinung treten kann. Wir ernten stets nur das, was wir säen. Säen kann jeder, was immer er will, ernten aber muß er, was er gesät hat. Auch Wohlstand muß verursacht werden. Was aber bedeutet Wohlstand eigentlich? Wie der Name schon sagt, bedeutet Wohlstand, daß alles wohl steht. Dazu gehört sehr viel mehr als nur Geld oder Besitz.

Zum Wohlstand gehört: Gesundheit durch Harmonie des Denkens. Eine harmonische Partnerschaft und ein glückliches Familienleben. Gute Freunde. In Harmonie mit den anderen zu leben und jeden so anzunehmen, wie er ist. Ein Beruf, der wirklich Berufung ist. Erkennen der Lebensaufgabe, des Weges sowie des Ziels und der Schritte. Genügend Geld zu haben, denn Mangel ist Disharmonie. Ausreichender Besitz. Erfolg zu haben und sich darüber zu freuen. Dazu gehört auch, sich über den Erfolg anderer freuen zu können. Richtig lachen zu können. Wer lacht, lebt gesünder und hat mehr Spaß am Leben. Intelligenz – Klugheit – Weisheit. Wahre innere und geistige Freiheit. Genügend Zeit zu haben für alles, was wichtig ist, und die Fähigkeit, den Augenblick zu erfüllen. Schöne Erinnerungen und die zukünftigen Erinnerungen jetzt bewußt zu schaffen. Loslassen zu können und gelassen zu sein. Ehrlichkeit, auch sich selbst gegenüber. Offenheit und Bereitschaft ständig aus allem zu lernen. Erkenntnis der „Wirklichkeit hinter dem Schein". Das „Spiel des Lebens" zu erkennen und bewußt zu spielen.

Im wahren Wohlstand zu leben ist nichts anderes, als ein Teil unseres Seinsauftrages, der da lautet: „Sei Du selbst." Der Wert eines Menschen wird nicht davon bestimmt, was er hat, sondern wer er ist. Nicht das Haben entscheidet, sondern das Sein, und so bestimmt jeder in jedem Augenblick seinen Wert.

Daran erkennen Sie auch, daß es nicht sinnvoll sein kann, sich für materielle Dinge krumm zu machen, denn alles soll Ihnen dienen, nicht Sie ihm. Wir lassen ohnehin alles hier zurück.

Wie Sie wissen, kann nur jemand im Wohlstand leben, der „vermögend" ist. Daher ist es wichtig, sein inneres Potential zu entwickeln, um im Außen den Wohlstand in Erscheinung treten zu lassen. So wie in der Wüste seit Millionen von Jahren ein Schatz verborgen war, das Erdöl, aber die Menschen in der Wüste waren arm. Erst als sie diesen Schatz entdeckt und gefördert haben, wurde der innere Reichtum auch im Außen sichtbar.

Geld zu haben, heißt aber noch lange nicht, im Wohlstand zu leben. Doch kein Geld zu haben zeigt immer einen

Mangel. Wer aber sein Leben lang nichts anderes tut, als Geld zu verdienen, der verdient auch nichts als Geld. Zum Wohlstand gehört also auch die richtige Einstellung zum Geld. Geld ist ein wunderbarer Diener, aber ein miserabler Herr, der uns innerlich verarmen läßt, wenn wir ihm dienen. Am Ende des Lebens wären wir die Betrogenen, denn wir hätten unser Leben für etwas gegeben, das wir ohnehin hier zurücklassen.

Die meisten Menschen wollen mehr verdienen, als sie verdienen. Aber der Verdienst richtet sich nicht nach dem Anspruch, sondern nach der Leistung. Erst kommt das Dienen, dann das Verdienen. Erst kommt das Säen, dann das Ernten. Wollen Sie Wohlstand außen in Erscheinung treten lassen, müssen Sie ihn erst in sich verwirklicht haben. Ihre inneren Bilder bestimmen die äußeren Umstände und das

## Geheimnis des Reichtums!

Ihre inneren Bilder bestimmen Ihr Leben, Sie aber bestimmen Ihre inneren Bilder. Reich kann man nur innen sein, und das Außen spiegelt die innere Wirklichkeit wider. Deshalb sind auch hier die inneren Bilder gründlich zu überprüfen, insbesondere daraufhin, welches Selbstbild Sie haben. Wie ist Ihre innere Einstellung zu: Geld, Reichtum, Glück, Gesundheit, zum Beruf, zum Leben, zu sich selbst? Welche Ursachen setzen Sie bewußt oder unbewußt durch diese Einstellung? Sollten diese inneren Bilder nicht Ihrem derzeitigen Maßstab entsprechen, sind sie gründlich mental umzuerleben. Das Leben verwirklicht Ihre Gedankenbilder. Wenn Sie begrenzend und unglücklich denken, werden Sie diese Gedanken mit absoluter Sicherheit in begrenzende und unglückliche Verhältnisse bringen, ob Sie das wollen oder nicht. Sie müssen Ihr Wollen in Ein-Klang mit Ihren inneren Bildern, Ihrer gesamten Einstellung bringen, dann können Sie erreichen, was Sie wollen. Leben ist wie Wasser, es füllt die Form aus, die Sie ihm mit den inneren Bildern geben. Um reich zu werden und zu bleiben, braucht man einen tief verwurzelten Glauben, reich zu sein; dann manifestiert sich dieser Reichtum auch im Außen. Probieren Sie es aus, und Sie werden erleben, daß es bei Ihnen ebenso zuverlässig wirkt.

Das „Gesetz der Fülle" besagt, daß uns die Fülle des Lebens als geistiges Erbe zusteht und uns in jedem Augenblick frei zur Verfügung steht. Durch falsche Geisteshaltung und mangelnden Glauben wird jedoch oftmals eine Beschränkung des inneren und äußeren Reichtums und damit Mangel hervorgerufen. Übergeben Sie Ihr kleines ich Ihrem wahren Selbst, Gott in sich, um der Fülle ganz teilhaftig zu werden.

Das „Gesetz der Freiheit" stellt den Menschen in jedem Augenblick vor die Fülle der Schöpfung und gibt ihm die Freiheit der Wahl, aber auch den Zwang zur Entscheidung. Selbst wenn er sich nicht entscheidet, ist das eine Entscheidung. Der Mensch hat die Wahl, sich für den königlichen Weg der Erkenntnis zu entscheiden oder für den normalen Weg des Lernens durch Krankheit und Leid. Der Mensch hat keine Freiheit im Ziel, wohl aber im Weg.

Das „Gesetz des Denkens" besagt, daß jeder einzelne Gedanke unser Schicksal verändert, Erfolg oder Pech, Krankheit oder Gesundheit, Leid oder Glück verursacht. Wir müssen daher lernen, möglichst optimal mit unserem Denkinstrument umzugehen. Unsere Lebensumstände existieren nur durch unsere Gedanken – sie schaffen alle Wirkungen in unserem Leben – unsere Wirklichkeit. Und Gedanken, die wir nicht loswerden, werden unser Los.

Das „Gesetz der Imagination" zeigt auf, daß jede bildhafte Vorstellung, die uns erfüllt, das Bestreben hat, sich zu erfüllen. Jeder besitzt die Fähigkeit zur bildhaften Vorstellung. Das Bild ist die „Sprache des Unterbewußtseins" und der Seele. Die inneren Bilder bestimmen den größten Teil unseres Lebens. Das Leben schafft die Lebensumstände, die wir bewußt oder unbewußt als innere Bilder sehen.

Das „Gesetz des Glaubens" ist das Erinnern an die eigene göttliche Natur des Menschen. Einem jeden geschieht nach seinem Glauben. Glaube ist ein inneres gewiß Wissen, das nicht auf äußeren Beweisen beruht. Alle Dinge sind möglich, dem, der glaubt.

Das „Gesetz von Ursache und Wirkung" zeigt das Prinzip, dem alles Geschehen auf dieser Welt gehorcht. Nichts kommt von nichts, und jede Wirkung entspricht in Qualität und Quantität immer genau der Ursache. Zufall und Glück sind nur Bezeichnungen für einen nicht erkannten Zusammenhang.

Das „Gesetz des Schicksals" (Karma) besagt, daß Schicksal weder ein unerforschlicher Ratschluß Gottes, noch blinder Zufall ist, denn jeder bekommt das, was er selbst verursacht hat. Jeder Gedanke, jedes Gefühl und jedes Wort ist eine Ursache, der eine entsprechende Wirkung folgt. Unser Schicksal ist die Summe der Folgen unserer Entscheidungen. Weder belohnt das Gesetz des Schicksals, noch bestraft es, sondern es konfrontiert den Menschen ausschließlich mit den Folgen seines Tuns. Das Gesetz des Schicksals kann den Menschen aber nur so lange erreichen, solange er aus eigenem Willen handelt. Sobald er seinen Willen in den Schöpfungswillen einfließen läßt, ist er im „reinen, folgenlosen Tun" und frei von Schicksal.

Das „Gesetz des Glücks" besagt, daß nichts, was man im Außen haben kann, wirklich glücklich macht, denn das Glück findet man nur in sich selbst. Sie finden das Glück in sich, unabhängig von allem Umständen, indem Sie bedingungslos ja sagen zum Leben, so wie es ist.

Das „Gesetz des Dankens". Das Geheimnis des unaufhörlichen Dankens für alles, was ist, läßt den Glauben tätig werden, der Berge versetzt. Indem Sie Ihr Herz mit Dankbarkeit erfüllen, beginnt die höchste Kraft des Universums durch Sie zu wirken.

# Der achtzehnte Schritt zum Erfolg

*Mein Wort kehrt nicht leer zu mir zurück, sondern
soll vollbringen, woran ich Wohlgefallen habe,
soll Gedeihen bewirken in dem, wozu ich es sandte.*
Jesaja 55,11

Der achtzehnte Schritt zum Erfolg ist das „Geheimnis des ersten Wortes". Die Wissenschaft, insbesondere die beiden Wissenschaftler Barr und Charron haben gezeigt, daß Geist die Materie formt. Je klarer die geistige Vorstellung ist, je präziser sie im Wort ihren Ausdruck findet, umso leichter setzt sie sich durch und manifestiert sich als äußere Erscheinung. Das Wort hat eine starke Wirklichkeit schaffende Kraft, wenn es gezielt eingesetzt wird und wenn die gestaltgebenden Gesetzmäßigkeiten des Wortes beachtet werden. Vorstellung und Wort sind die idealen Instrumente, um einen erwünschten Endzustand herbeizuführen. Alle Lebensumstände sind Ausdrucksformen des inneren Wortes, sind sichtbar gewordenes Wort. Das Ende verläuft immer getreu dem Ursprung, die Ernte entspricht immer der Saat.

Machen wir also weniger Worte, achten wir aber darauf, daß es die richtigen sind. Im Idealfall ist jedes unserer Worte ein Geschenk für den anderen.

## Das Geheimnis des ersten Wortes

Das erste Wort bestimmt das Niveau einer Begegnung, denn es antwortet die Ebene, die Sie ansprechen. Also sollten Sie nicht nur ganz bewußt das erste Wort wählen, sondern noch mehr die Gedanken, die ihm vorangehen und vor allem das Bewußtsein, in dem Sie sprechen. Bevor Sie das erste Wort sprechen, sollten Sie sich entscheiden:

1. Als **wer** sprechen Sie? Mit welchem Ihrer Aspekte identifizieren Sie sich gerade? Sprechen Sie aus dem Verstand?

173

Oder aus dem Gemüt? Aus dem Ego? Aus dem Unterbewußtsein? Oder sprechen Sie aus Ihrem Selbst, aus dem, der Sie wirklich sind? Ganz gleich, mit wem Sie sich identifizieren, es wirkt der, der spricht.

2. Zu **wem** sprechen Sie? Mit wem identifizieren Sie den anderen? Als wen sehen und sprechen Sie ihn an? Wenn Sie den Verstand ansprechen, wird sein Verstand antworten. Sprechen Sie das Gemüt an, wird auch sein Gemüt antworten. Sprechen Sie das Ego an, wird Ihnen sein Ego Gesprächspartner sein. Mit dem ersten Wort entscheiden Sie also auch, mit wem Sie sprechen, von wem Sie eine Antwort bekommen.

3. **Was** sagen Sie? Haben Sie die richtigen Worte gewählt? Wissen Sie genau, was Sie damit bewirken wollen? Sind die gewählten Worte geeignet, das Gewünschte zu bewirken? Meinen Sie auch wirklich den anderen, und sind Ihre Worte ein Geschenk für ihn?

4. **Wie** sprechen Sie? Seien Sie nicht nur bewußt **Sie selbst,** sondern auch in einem liebevollen Bewußtsein. Die Energie der Antwort des anderen wird der Energie Ihres ersten Wortes entsprechen. Noch haben Sie es in der Hand, die Qualität dieser Energie zu bestimmen. Erst wenn Sie sich das alles bewußt gemacht und den anderen wirklich wahrgenommen haben, wenn Sie also Ihren Gesprächspartner gewählt haben, richten Sie das erst Wort an ihn. Wenn Sie so sprechen, dann sprechen Sie „subcutan", dann geht jedes Ihrer Worte dem anderen unter die Haut. Dann reden Sie nicht nur, sondern sprechen machtvolle Worte. Dann beherrschen Sie wieder die fast vergessene Kunst, durch das Wort zu wirken und zu erreichen, was immer Sie wollen. Das Geheimnis des ersten Wortes wird aber erst vollständig durch:

# Das Geheimnis des Zuhörens!

## Wer redet sät, wer zuhört erntet!

Bevor Sie das erste Wort sagen, kommt der wichtigste Teil des Redens, das Zuhören. Auch hierbei sollte Ihr Bewußtsein gerichtet sein, damit Sie wirklich mit dem Herzen hören und nicht nur mit den Ohren. Natürlich sollten Sie auch aufmerksam mit den Ohren zuhören und sich bewußt machen, was Ihr Gegenüber sagt. Wenn Sie jedoch gleichzeitig mit dem Herzen hören, dann hören Sie auch das, was er nicht sagt, was er sich zu sagen vielleicht nicht traut, ja, was er vielleicht nicht einmal bewußt weiß. Oder was er zwar weiß, aber Ihnen nie verraten würde. Das alles entgeht Ihnen, wenn Sie nur mit den Ohren zuhören oder gar darauf brennen, endlich selbst zu Wort zu kommen. Wir glauben uns oft ganz aufnahmebereit, sind in Wirklichkeit aber von unseren eigenen Vorstellungen, Meinungen, Möglichkeiten und Urteilen gefangen, so daß wir die Möglichkeiten, die der andere uns gerade mit seinen Worten einräumt, gar nicht wahrnehmen. Wenn Sie zuhören, schaffen Sie einen Raum, in dem Sie vom anderen ständig lernen können. Vor allem erkennen Sie, was der andere will und können so die richtigen Konsequenzen ziehen.

Wenn Sie sich entschieden haben, wirklich zuzuhören, sollten Sie die folgenden Punkte beachten:

1. Was wurde verbal gesagt? Nehmen Sie die In-FORM-ation vollständig und unmißverständlich auf und fragen Sie notfalls zurück: „Habe ich Sie richtig verstanden? Meinen Sie das so?"
2. Was wurde energetisch gesagt? Welche Gefühle bewegen den anderen beim Sprechen? Welche Gefühle ruft das Gesagte in Ihnen hervor? Machen Sie sich seine und Ihre Gefühle bewußt, lassen Sie sich aber nicht von den Gefühlen zu Handlungen bewegen.
3. Was meint der andere wirklich? Lernen Sie ganz mit dem Herzen zuzuhören, indem Sie bewußt sind und über dem

Verstand, dem Gemüt und dem Ego stehen. Hören Sie zu als das, was Sie wirklich sind – Bewußtsein!

4. Was bedeutet das Gesagte auf jeder Ebene für Sie? Warum wird es gerade **jetzt** gesagt und welche Konsequenzen ergeben sich daraus? Wollen Sie diese Konsequenzen ziehen und wollen Sie sie **jetzt** ziehen? Was wollen Sie bewirken, und wie erreichen Sie das am sichersten?

Außerdem ist zu beachten, daß alle Gespräche, geschäftlich wie privat, immer aus drei Teilen bestehen:

1. Die Eröffnung des Gespräches mit der Begrüßung, in der schon möglichst eine menschliche Basis für das Gespräch zu schaffen ist.
2. Der mittlere Teil des Gespräches, der das eigentliche Anliegen enthält und der zu einem Entschluß führen sollte.
3. Der Schluß des Gespräches, in dem der Entschluß vollzogen, ein Vertrag unterschrieben, ein Scheck überreicht oder ein Notartermin vereinbart wird. Der eigentliche Schluß besteht wieder in einem persönlichen Teil, in dem man dem anderen innerlich die Hand reicht und seine Bereitschaft für ein weiteres Gespräch zeigt.

*Wenn Sie also mehr Erfolg haben wollen, dann nutzen Sie ab sofort ganz bewußt das Geheimnis des ersten Wortes, und Sie werden vom Ergebnis immer wieder überrascht werden.*

# Der neunzehnte Schritt zum Erfolg

Der neunzehnte Schritt zum Erfolg heißt, Ihre Intuition zu gebrauchen, um in jedem Augenblick die richtige Entscheidung zu treffen. Einmal so getroffene Entscheidungen sind nur zu überdenken, wenn veränderte Umstände es erfordern.

Jeder weiß, daß Intuition wichtig ist. Für Einstein war sie sogar das Wichtigste. Was aber ist Intuition eigentlich? Wir sprechen von Sensibilität und Einfühlungsvermögen, von Ahnungen, unbewußter Wahrnehmung und Vorauswissen. Wir haben einen Einfall, eine Idee, eine Inspiration oder die Muse küßt uns. Es ist eine plötzliche Eingebung, Bilder erscheinen vor unserem „geistigen Auge", und wir spüren, daß etwas in der Luft liegt. Wir entwickeln einen „guten Riecher" oder haben so ein bestimmtes Gefühl in der Magengrube. Alle diese Ausdrücke verwenden wir, wenn wir einen Einfall aus einem höheren Informationsfeld bekommen. War es wirklich Intuition, stellt sich nach einiger Zeit die absolute Richtigkeit der Information heraus, oft gegen die bis dahin herrschende Meinung.

Durch das, was wir Zivilisation nennen, sind einige Sinne des Menschen annähernd abgestorben, und unsere sinnliche Wahrnehmung dient fast nur noch dem intellektuellen Erfassen. Trotzdem ist Intuition nicht etwas, das auf einem mehr oder weniger glücklichen Umstand beruht, auf den wir aber keinen Einfluß haben. Intuition gehört zum Menschen, wie das Denken auch. Und ebenso wie das Denken muß sie geschult und genutzt werden. Sobald wir geübt sind, können wir unser Bewußtsein zur Wahrnehmung auf das Denken, Fühlen oder eben auf die Intuition einstellen. Das Wort Intuition kommt aus dem lateinischen Intuitus = Blick oder Anblick und von intueri = anschauen. Wir sollten endlich erkennen, daß die logische Methode des Verstandes nur **eine** Möglichkeit des Erkennens von Wirklichkeit ist und daß jedem bessere Möglichkeiten zur Verfügung stehen, die zudem noch viel umfassender und von ihrer Natur her frei von Irrtum sind. Ein Irrtum ist nur in der Interpretation möglich, intuitive Wahrnehmung aber ist absolut. Die wichtigste Voraussetzung, um intuitiv wahrzunehmen, ist Geistesgegenwart. Wir müssen uns bewußt machen, daß es zwei Arten von Wissen gibt:

1. Das rationale Wissen, das durch Lernen erworben wird.
2. Die lebendige Art des Wissens, die holistisch als unmittelbare Wahrnehmung dessen erlebt wird, was ist, und als absolute innere Gewißheit in Erscheinung tritt.

Es kann nicht bezweifelt werden, daß uns das wissenschaftliche Denken weitergebracht hat, aber wir können mit der wissenschaftlichen Methode nur einen kleinen Teil der Wirklichkeit erfassen. Die Einmaligkeit des Menschen kann wissenschaftlich nicht erfaßt werden. Schon gar nicht sollten wir den Verstand zur obersten Instanz für unsere Entscheidungen machen. Denn auf die wirklich wichtigen Fragen des Lebens kann uns dieser keine brauchbaren Antworten geben. Ganz gleich, ob es nach der Schulzeit um die berufliche Entscheidung geht oder ob Sie sich für einen Partner entscheiden, der Verstand kann Ihnen nur Argumente liefern. Doch eine Partnerschaft ist keine Rechenaufgabe, und so kann Ihnen der Verstand letztlich nicht weiterhelfen. Ganz anders die Intuition. Hier fragen Sie nicht, ob dieser Beruf gute Aussichten hat, ob Sie darin Anerkennung und ein gutes Auskommen finden werden, sondern nehmen wahr, welcher Beruf der richtige für Sie ist. Das gleiche gilt für die Partnerschaft. Sie brauchen sich nicht zwischen zwei oder mehreren Möglichkeiten zu entscheiden, sondern Sie nehmen wahr, welcher **Ihr** Partner ist. Vielleicht wäre ein anderer scheinbar richtiger, aber die Intuition berücksichtigt nicht nur das, was ist, sondern durch ihre holistische Art der Erfassung auch das, was wird.

Wie könnten Sie lernen, wieder auf Ihre innere Stimme zu hören, wenn es ringsherum so laut ist? Indem Sie immer wieder in die Stille gehen! Noch ist das auch in unserer lauten Welt möglich, und damit schaffen Sie eine weitere Voraussetzung für Intuition, denn Intuition braucht Stille, zumindest innere Ruhe.

Intuition ist die höchste Form des Wissens. Sie ist unmittelbar, holistisch und absolut. Intuitives Wissen braucht nicht erlernt zu werden. Es wird wahrgenommen und ist präsent.

Im Lexikon wird Intuition als unmittelbare innere Wahrnehmung oder eingebungsartiges Schauen definiert. Es ist also keine durch Erfahrung, oder verstandesmäßige Überlegung gewonnene Einsicht bzw. kein unmittelbares Erleben der Wirklichkeit. Goethe nennt es: eine aus dem Inneren des Menschen sich entwickelte Offenbarung.

Intuition ist in einem viel stärkeren Maße an unserem Alltagsleben beteiligt, als wir glauben und zudem ein wesentlicher Bestandteil unserer Kreativität. Das wohl wichtigste Charakteristikum der Intuition ist, daß sie meist in den Pausen zwischen den Denkvorgängen auftritt, oft erst dann, wenn wir bereits aufgegeben haben, mit dem Verstand eine Lösung zu finden. Doch nicht jede blitzartige Eingebung ist auch wirklich eine Intuition, erfahren wir aber Intuition, wissen wir es meist im selben Augenblick.

Intuition ist trainierbar. Das beginnt damit, daß Sie Intuitionshindernisse abbauen. Wie ist Ihre Einstellung zu intuitivem Handeln? Haben Sie Vertrauen dazu oder erscheint Ihnen das zu vage? Welche Vorurteile haben Sie durch Umwelt oder Erziehung vermittelt bekommen? Dies müssen Sie sorgfältig analysieren und bereinigen.

Nutzen Sie dann jede Gelegenheit zu Ihrem persönlichen Intuitionstraining. Nehmen Sie Ihre Intuition bei der Suche nach einem Parkplatz zu Hilfe, indem Sie sich von innen zu Ihrem Parkplatz „führen lassen". Fragen Sie Ihre Intuition nach dem Wetter vor einer Reise oder nach der besten Strecke. „Raten" Sie, welcher Aufzug zuerst kommt, wenn mehrere da sind. Wie macht sich Ihre Intuition bemerkbar? Ist es eine innere Gewißheit oder ein bestimmtes Gefühl, Bild, eine Stimme? Hören Sie darauf!

Die dritte Voraussetzung für Intuition ist Gedankenlosigkeit, besser Gedankenstille. Sie können darauf warten, bis diese Voraussetzung irgendwann geschieht, oder sie bewußt herbeiführen. Durch Meditation oder eine „gedankenlose" Tätigkeit, wie Rasen mähen, Schuhe putzen, Geschirr spülen oder einfach nur zum Fenster hinausschauen. Für mich ist der einfachste Weg ein Dämmerstündchen. Machen Sie kein Licht, wenn der Tag geht und öffnen Sie in der Dämmerung die Tore der Wahrnehmung. Richten Sie dabei das Bewußtsein auf das Problem, die Frage, und lassen Sie noch einmal alle vorhandenen Informationen zu diesem Bereich auf dem geistigen Bildschirm vorüberziehen. Und plötzlich kommt die „Erleuchtung"! Was so einfällt, stimmt immer. Denn Intuition ist die natürliche Fähigkeit des Menschen, die Wirklichkeit unmittelbar, umfassend und objektiv wahrzunehmen. Wahre Intuition erfaßt die Individualität der Dinge bis in jede Einzelheit und ist frei von Raum und Zeit, nimmt also auch wahr, was werden kann und wie etwas gemeint ist, nicht nur, was derzeit ist.

Intuition brauchen Sie nicht zu erlernen, Sie müssen sich nur wieder daran erinnern, bewußt in das absichtslose Gespanntsein hineingehen. Nachdem Sie sich noch einmal alle bisher vorhandenen Informationen und Teilaspekte bewußt gemacht haben, „leeren" Sie Ihr Bewußtsein und machen sich damit bereit für einen Einfall. Intuition ist für den Erfolgreichen unverzichtbar. Sie ist die Kunst, in jeder Situation die optimale Entscheidung zu treffen. Richtig angewandt kostet sie keine Zeit, sondern spart Ihnen Zeit, denn durch sie werden Fehler vermieden, die später mit erheblichem Aufwand an Zeit und Geld bereinigt werden müßten. Die richtige Entscheidung steht in jedem Augenblick zur Verfügung, muß nicht erarbeitet werden. Eine einzige Intuition kann 1000 Stunden harter Arbeit ersetzen und zu einem viel besseren Ergebnis führen. Wenn Sie in der intuitiven Wahrnehmung sind, wissen Sie, was Ihr Partner meint, obwohl er es noch gar nicht klar zum Ausdruck gebracht hat. Sie wissen, was er braucht, was er will und wie weit er bereit ist zu gehen. Sie wissen, wann ein Auftrag oder ein Vertrag abschlußbereit ist und können zielsicher handeln. Wenn Sie dem anderen im genau richtigen Augenblick den Kugelschreiber in die Hand drücken, wird er nicht zögern zu unterschreiben. Intuition führt unvermeidbar zu Charisma und Genialität.

# Intuition ist „sehen mit den Augen der Seele"

Schon Einstein sagte: „Was wirklich zählt, ist Intuition". Sie ist unentbehrlich, und doch behaupten manche Leute, es gäbe sie überhaupt nicht. Andere glauben zwar daran, werten aber ihre Leistung ab. Einige wenige aber halten nicht nur große Stücke auf sie, sie wüßten gar nicht, wie sie ohne Intuition auskommen sollten.

Wenn je ein Zeitalter dringend Intuition gebraucht hat, dann ist es das unsere, und wir sollten alles tun, um zu lernen, uns in das „morpho-genetische Informationsfeld des Allbewußtseins" einzuschalten. Dann brauchten wir Entscheidungen nicht mehr zu fällen, wir würden sie „treffen". Damit wäre mehr zu erreichen als nur persönlicher Erfolg oder Glück. Alle Fachleute sind sich einig, daß die vor uns liegende Zeit schwieriger wird und weniger berechenbar mit dem Verstand als jede Zeit zuvor. Wir werden oft in Sekunden Entscheidungen auf Grund begrenzter Informationen treffen müssen, wobei Fehler nicht nur wahrscheinlich, sondern auch immer katastrophaler werden.

## Wer besitzt Intuition?

Die eindeutige Antwort lautet: Jeder! Wir alle sind intuitiv. Wir alle haben Ahnungen, Inspiration, eine innere Stimme oder so „ein Gefühl in der Magengegend". Es ist unser eigenes, oft übersehenes und vernachlässigtes, aber trotzdem sehr wirksames intuitives Potential! Wir alle haben die latente Fähigkeit, in jeder Situation die richtige Entscheidung zu treffen oder ein scheinbar schwieriges Problem sofort zu lösen.

Jeder Mensch hat zwei Möglichkeiten der Wahrnehmung: Die bewußte und die intuitive. Jede der beiden Möglichkeiten hat ihre eigene Art der Erfassung, des Umgangs und Erinnerns. Die bewußte Wahrnehmung wird vom Verstand in Worte gefaßt, und dieses Verbalisieren gibt uns Sicherheit und Vertrauen. So wird alles verarbeitet, was man bewußt mit den fünf Sinnen aufnimmt – was man sieht, riecht, fühlt, hört und schmeckt. Die Ergebnisse der intuitiven Wahrnehmung werden nicht in Worten ausgedrückt. Sie erfolgen energetisch und holistisch, doch dieses intuitive Wissen kann oft nur schwer in Worte gefaßt werden.

Sitz der Intuition ist die linke Hemisphäre unseres Gehirns, die wir gern auch die stumme Seite nennen, weil sie nicht verbalisieren und artikulieren kann. Die Fähigkeit hierzu sitzt, wie der logische Verstand, in der rechten Hemisphäre. Erst in dem Maß, wie ein Mensch gelernt hat, beide Teile seines Gehirns gleichzeitig zu benutzen, spürt er Intuition nicht nur, er kann sie auch zum Ausdruck bringen.

Wir können Intuition daher als ein unmittelbares Erfassen der Wahrheit und Wirklichkeit definieren, das unabhängig vom bewußten Verstand und Denken erfolgt. Meist entsteht eine Intuition in einer Denkpause, wenn der Verstand schweigt oder nicht mehr weiter weiß. Sie ist ein direkter Einfall aus dem Überbewußtsein und wird auch sofort als wahr und richtig erkannt.

Manchmal streift sie uns jedoch nur, huscht durch unser Bewußtsein, und was bleibt, ist die Erinnerung: „Eben habe ich es noch gewußt!" Die Lösung war zum Greifen nahe, aber es ist, als versuche man, eine Schneeflocke mit der warmen Hand zu fassen. Sobald wir sie erfaßt, berührt haben, löst sie sich auf. Man kann jedoch die Intuition wieder einfangen und länger festhalten, indem man die Bedingungen wieder herstellt, unter denen man die Intuition empfangen hat. Indem man sich in die Stimmung des intuitiven Augenblicks versetzt, die Gedanken noch einmal denkt, die man dabei gedacht hat, oder wenn möglich, Gedankenstille herstellt.

Das Ergebnis der Intuition ist immer ein direktes Erfassen der Wahrheit und Wirklichkeit, energetisch und holistisch, und es führt zu einem unmittelbaren Verstehen, das in seiner Reichweite so umfassend ist, daß es zum universellen Denken führt.

Sie können lernen, sich in das „morpho-genetische Informationsfeld des Allbewußtseins" einzuschalten und in ständigem, bewußtem Kontakt mit ihm zu bleiben, indem Sie Ihr Scheitelchakra durch eine entsprechende Imagination öffnen und sich vorstellen, daß über das offene Chakra das höchste Prinzip, die Eine Kraft einströmt und sich als Intuition manifestiert. Sie können ihr gestatten, Sie ganz zu erfüllen und behutsam Ihr Denken zu lenken und Ihr Handeln zu bestimmen, bis Sie ganz aus dieser Kraft und Intuition leben!

## Läßt sich Intuition trainieren?

Intuition ist ein unmittelbares Erfassen der Wirklichkeit. Die richtige Entscheidung können Sie nur mit Intuition treffen, und solche Entscheidungen stimmen auch in der Zukunft für **alle**.

Intuition ist, wie bereits angesprochen, durchaus trainierbar. Beginnen Sie diese unmittelbare Wahrnehmung zu lernen, indem Sie alle Intuitionshindernisse abbauen. Klären Sie, wie Ihre individuelle Einstellung zur Intuition ist? Machen Sie sich Ihre persönliche Einstellung zur Intuition bewußt und bereinigen Sie sie. Öffnen Sie sich für Ihre Intuition.

Schaffen Sie günstige Umstände für Ihre Intuition. Das kann ein Zustand der Gedankenlosigkeit sein, des Dösens. Finden Sie Ihren Weg, Gedankenstille herbeizuführen. Auch jede Atempause ist hilfreich für die Intuition. Lernen Sie das absichtslose Gespanntsein. Üben Sie die Kunst des sich Vergessens. Des von seinem Ich gelöst seins und eins seins, mit der allumfassenden Wirklichkeit. Üben Sie das Stimmigsein im Einklang mit sich und der Welt.

Nutzen Sie jede Gelegenheit zu Ihrem persönlichen Intuitionstraining. Raten Sie, wie ein Fußballspiel ausgeht, wer am Telefon ist. Raten Sie, von wem Sie heute Post bekommen und was drin steht. Raten Sie, welche Strecke günstiger zu fahren ist etc. Üben Sie schnelles Entscheiden bei unwichtigen Angelegenheiten, z.B. was Sie heute anziehen, welche Speise Sie bestellen usw.

Schalten Sie den Ton des Fernsehgerätes ab und erfassen Sie, was gerade geschieht. Beschreiben Sie einen Fremden nach einer kurzen Begegnung in möglichst vielen Einzelheiten: Stimmung, familiäre Situation, Gesundheit, Hemmungen, Fähigkeiten, Absicht, Interessen, Hobbies usw.

Natürlich sollten Sie so viele Daten und Fakten wie möglich sammeln, alle erreichbaren relevanten Informationen, alles ins Bewußtsein nehmen und das Richtige bildhaft in Erscheinung treten lassen.

Sie können auch das Leben um eine klare Information bitten, mit einem präzisen Termin: Innerhalb von 24 Stunden oder morgen früh beim Erwachen.

Sie können lernen, den „kosmischen Ton" zu hören, den Urlaut der Schöpfung. Machen Sie sich dabei eine Frage bewußt und lauschen Sie auf die innere Antwort.

Sie können, wie gesagt, auch in einer entsprechenden Meditation die Geistesgegenwart üben, indem Sie Ihr Scheitelchakra durch eine Imagination öffnen und erleben, wie über das offene Chakra das höchste Prinzip, die Eine Kraft einströmt und sich als Intuition manifestiert.

Intuition geschieht plötzlich und ohne jede Anstrengung. Sie können lernen, Sie jederzeit hervorzurufen, bis Sie im ständigen Kontakt mit der allumfassenden Wirklichkeit sind.

**Meditation zur Vorbereitung auf die Intuition.**

Machen Sie es Ihrem Körper bequem. Lassen Sie körperlichen und seelischen Ballast los.

Wer in Ihnen beobachtet Ihr Denken? Ich bin der bewußte Denker, nicht der Gedanke.

Ich bin der, der fühlt, nicht mein Gefühl. Ich bin der bewußte Beobachter meines Lebens. Ich bin Geist – Bewußtsein – bewußter Geist.

Das Leben geschieht durch mich. Ich lasse das Denken los, lasse es ohne Beachtung geschehen, mache mir keine Gedanken über die Gedanken.

Ich stelle mir vor, ich sitze auf einem hohen Berggipfel und nehme alles wahr. Ich meditiere mit Körper, Seele und Geist.

184

„Es atmet mich". Über den Rhythmus des Atems bin ich im Einklang mit allem.

Ich nehme wahr, wie die Eine Kraft in jede Zelle meines Körpers strömt und mich ganz erfüllt.

Ich spüre, wie mein ganzer Körper pulsiert im Rhythmus der Schöpfung. Sie lebt durch mich, sie handelt durch mich.

Ich öffne die Tore der Wahrnehmung meiner Seele, erlebe die Unendlichkeit des geistigen Raumes.

Mein Bewußtsein öffnet sich ganz weit – ganz weit, ich werde immer weiter – weiter – grenzenlos – allumfassend.

Höchstes Bewußtsein strömt über mein Scheitelchakra in mich ein. Es lenkt behutsam mein Denken und bestimmt mein Handeln. Es erfüllt mein ganzes Sein.

Ich bin eins mit dem höchsten Bewußtsein, bin eins mit dem Höchsten.

## Ich bin

In dieser Einheit sind Sie auch eins mit dem Informationsfeld des Allbewußtseins. Alle Informationen stehen Ihnen zur Verfügung und Sie erkennen, worauf Sie Ihr Bewußtsein richten. Sie erkennen die Antwort auf jede Frage, die Lösung jedes Problems. Absolute Fülle an Information, Wissen, Erkenntnis umgibt Sie.

Machen Sie sich einmal bewußt, wann und wie sich in Ihrer Vergangenheit Intuition schon gezeigt hat. Erinnern Sie sich an Situationen, in denen Sie schon vorher wußten: „Ja, so ist es richtig". Oder: „Das ist jetzt zu tun". Machen Sie sich auch bewußt, wie sich die Intuition bei Ihnen bemerkbar machte. War es eine bestimmte Energie, eine innere Stimme, ein Bild, ein starkes Gefühl oder eine innere Gewißheit?

Situationen Ihrer Vergangenheit, in denen sich Intuition bemerkbar machte: Wie und wann?

# Der zwanzigste Schritt zum Erfolg

*Wenn ich eine Sache beenden will,*
*brauche ich sie nur zu beginnen!*

Der zwanzigste Schritt zum Erfolg heißt, das als richtig Erkannte auch zu tun. Erfolg ist kein Geschenk, Erfolg muß geschaffen werden. Selbst der günstigste Zu-Fall fällt immer nur dem zu, der das Gesetz von Ursache und Wirkung befolgt hat. Erfolg ist das, was erfolgt, wenn Sie richtig denken und handeln. Es gibt Menschen, die bereit sind, alles für den Erfolg zu tun, ausgenommen dafür zu arbeiten. Zu diesem zwanzigsten Schritt zum Erfolg gehört auch, daß Sie nie mehr nach dem Spruch handeln: „Was Du heute kannst besorgen, das hat auch noch Zeit bis morgen!" oder: „Verschiebe nichts auf morgen, was Du nicht genausogut auch auf übermorgen verschieben könntest!"

Viele Menschen vergessen den Unterschied zwischen Wissen und Tun. Zu wissen, daß etwas gut und richtig ist, ist eine Sache, dieses Wissen in die Tat umzusetzen und beharrlich bis zum erfolgreichen Abschluß dranzubleiben, ist eine ganz andere. Ich habe für mich einen einfachen Weg gefunden, indem ich mir jeden Tag etwas Unangenehmes vornehme und es auch ausführe. Schon bald mußte ich feststellen, daß ich gar nicht für jeden Tag etwas Unangenehmes zu tun hatte, und außerdem war das Unangenehme nicht so unangenehm. Außerdem bringt es eine große Erleichterung und Befriedigung, wenn es dann getan ist und das Bewußtsein wieder frei ist für wirklich Wichtiges. Eine zweite inzwischen lieb gewordene Angewohnheit ist, jeden Tag etwas **zusätzlich** zu tun, das mich weiterbringt. Eine zusätzliche Möglichkeit zu nutzen oder etwas zu tun, was ich bisher versäumt habe. Immer aber beachte ich dabei, daß nicht Perfektion gefragt ist, sondern ein Ergebnis, denn Perfektion ist ein Ideal und kein reales Ziel. Wenn Sie bei allem aber nur tun, was Sie gelernt haben, was Sie schon können, bleibt das Tun Handwerk, mag es noch so perfekt ausgeübt werden. Erst wenn Sie durch das Tor der Unwissenheit treten, in die Möglichkeiten des Augenblicks, wird das Tun zur Kunst, weil Sie sich dabei selbst überschreiten und so bereit sind für eine größere Aufgabe.

# Der einundzwanzigste Schritt zum Erfolg

*Der Dummkopf stellt sich ihr entgegen,*
*der Schlaukopf beutet sie gehörig aus.*
*Der Kluge geht mit ihr auf allen Wegen,*
*der große Mann geht seiner Zeit voraus!*

Der einundzwanzigste Schritt zum Erfolg heißt richtiges Zeitmanagement. Obwohl sich die Lebensdauer des Menschen in den letzten 100 Jahren fast verdoppelt hat, ist Zeitmangel heute ein viel größeres Problem als damals. Wir haben das Gefühl, zuviele Dinge tun zu müssen und nicht genügend Zeit zu haben. Wir denken viel mehr über Geld nach, das erneuerbar ist, als über die Zeit, die, wenn sie vergangen ist, unwiederbringlich vorbei ist. Wahrscheinlich würde uns der Wert der Zeit viel bewußter, wenn wir für vertane Zeit eine Gebühr bezahlen müßten. So aber gehen wir leichtfertig mit ihr um, da sie scheinbar im Überfluß vorhanden ist. Wir sollten uns daher einmal die Zeit nehmen, über die Zeit nachzudenken. Denn wo haben wir gelernt, mit ihr optimal umzugehen? Dies wäre sicher ebenso wichtig wie Rhetorik oder Menschenführung, und letztlich entscheidet diese Fähigkeit auch den persönlichen Erfolg. Achten Sie einmal darauf, und Sie werden erkennen, daß wirklich Erfolgreiche scheinbar stets Zeit haben. Nur der Erfolglose hat keine Zeit.

Der erste Schritt zum optimalen Umgang mit der Zeit ist die Erkenntnis, daß Sie lernen können, mit der Zeit umzugehen. Der nächste Schritt ist, darauf zu achten, daß Ihnen niemand die Zeit stiehlt. Es gibt Menschen, die es meisterhaft verstehen, anderen die Zeit zu stehlen und dabei die eigene zu vergeuden. Machen Sie sich bewußt, daß Zeit unser größtes Kapital ist, denn Zeit ist mehr als Geld: Zeit ist Leben. Viele Menschen entscheiden sich aber erst zu leben, wenn sie schon halb tot sind. Die meisten arbeiten zuviel und zu unrationell und machen es sich damit unnötig schwer.

Ein anderer wichtiger Faktor, der meist nicht bedacht wird, ist die Zeitqualität, denn Zeit hat nicht nur eine bestimmte Dauer, sondern auch eine wechselnde Qualität. Die Zeitqualität zu beachten, ist ein wichtiger Bewußtseinsfaktor. Wir alle haben Zeiten, in denen wir zu Höchstleistungen fähig sind und sollten diese Zeit nutzen, um auch wirklich das zu tun, das diese Hochform braucht. Und wir haben Zeiten, die wir besser nur für die Erledigung von Routineangelegenheiten nutzen sollten. Wenn Sie Ihre persönlichen „Hochzeiten" besser nutzen, werden Sie mehr leisten und dabei weniger tun müssen. Wenn Sie versuchen, in einer Ruhephase Hochleistungen von sich zu verlangen, kann das Ergebnis nicht optimal sein. Menschen, die mit ihrer Zeit besser umgehen können, arbeiten nicht unbedingt weniger als andere, die ständig im Streß sind, aber sie besitzen die Fähigkeit, in jeder Situation Prioritäten zu setzen, die richtigen Entscheidungen zu treffen und auch dazu zu stehen. Dazu gehört auch, Verzögerungen und Wartezeiten sinnvoll zu nutzen, anstatt sich darüber zu ärgern. Sie erwerben sich damit zudem den Ruf, einen besonnenen und ausgeglichenen Charakter zu besitzen.

Ein Unbekannter hat einmal geschrieben:

- Nimm dir Zeit, um zu arbeiten; es ist der Preis des Erfolgs.
- Nimm dir Zeit, um nachzudenken; es ist die Quelle der Kraft.
- Nimm dir Zeit, um zu spielen; es ist das Geheimnis der Jugend.
- Nimm dir Zeit, um zu lesen; es ist die Grundlage des Wissens.
- Nimm dir Zeit, um freundlich zu sein; es ist das Tor zum Glücklichsein.
- Nimm dir Zeit, um zu träumen; es ist der Weg zu den Sternen.
- Nimm dir Zeit, um zu lieben; es ist die wahre Lebensfreude.
- Nimm dir Zeit, um froh zu sein; es ist die Musik der Seele.

Manche Menschen möchte man wirklich fragen: „Haben Sie heute schon gelebt?" Machen Sie sich bewußt, daß die

Gegenwart der Beginn der Zukunft ist. Gestern ist für immer vorbei, morgen ist noch nicht geboren, aber heute können Sie alles frei gestalten. Jetzt ist Ihre letzte Chance, diesen Augenblick wirklich zu erfüllen.

Auch in der Partnerschaft gilt es, keine Zeit zu verlieren. Wie oft hört man die Klage: „Mein Mann hat keine Zeit mehr für mich!" Dies führt zu Verbitterung und Entfremdung. Es kann aber auch Anlaß zur Besinnung sein, die wenigen Stunden des Zusammenseins wirklich zum Miteinander zu nutzen und sich nicht in der Rolle der Vernachlässigten zu gefallen. Sehen Sie jeden Tag als neue Herausforderung und als Abenteuer, das es zu bestehen gilt, so daß Sie Achtung vor sich selbst haben können. Wenn Sie diesen Augenblick wirklich erfüllen, können Sie durchaus in der „100-Minuten-Stunde" leben, ja mitunter kann sogar ein Augenblick ewig dauern.

Im Lauf der Jahrhunderte haben sich die besten Köpfe der Menschheit mit der Frage nach dem Wesen der Zeit herumgeschlagen, und doch ist sie noch immer eines der größten Geheimnisse des Universums. Existiert sie nur im Bewußtsein des Wahrnehmenden oder existiert sie unabhängig von jeder Wahrnehmung? Ist Zeit eine meßbare Menge, die man in viele kleine Einheiten einteilen kann, oder ist sie eine nicht teilbare Ewigkeit? Heute ist die Zeit ein Forschungsbereich für die Naturwissenschaft, aber die Herausforderung hat sich nicht geändert. Noch immer suchen Wissenschaftler nach dem wahren Wesen der Zeit. Doch wie die Antwort auch lauten mag, wir sind keine Opfer der Zeit, wir haben die Möglichkeit, den Inhalt einer jeden Zeiteinheit frei zu bestimmen. Wir können jedoch unsere Zeit nur sinnvoll einteilen, wenn wir unsere Antwort auf die Grundfrage gefunden haben, was wir vom Leben wollen, auf was wir am Ende unseres Lebens zurückblicken möchten. Die klassische Methode des Zeitmanagements ist in der heutigen Zeit keine Antwort mehr. Was wir brauchen, ist keine Technik der Zeiteinteilung, sondern eine völlig neue Sicht der Zeit, eine Zeitphilosophie, die sich auf die Bedürfnisse des einzelnen konzentriert und nicht so sehr auf die Befriedigung der Bedürfnisse anderer. Seine Zeit zu nutzen, um den Unterhalt für sein Leben zu verdienen, ist eine Sache. Ein Leben zu führen, das sich lohnt, eine ganz andere. Je mehr Tempo wir in unsere Zeit bringen, desto weniger bleibt uns Zeit zum Leben. Entdecken wir wieder, daß Zeit immer im Überfluß vorhanden ist, denn sobald eine Stunde vorbei ist, beginnt sofort eine neue. Was uns fehlt, ist nicht mehr Zeit, sondern die Kunst des rechten Umgangs mit der Zeit. Wir nehmen uns für jede Zeiteinheit zuviel vor und geraten in Streß, wenn wir unseren Plan nicht erfüllen können, weil wieder einmal etwas Unvorhergesehenes geschehen ist. Anstatt sich in Ruhe zu fragen, warum wir das alles eigentlich tun, was wir da glauben, tun zu müssen, hetzen wir weiter. Was immer wir auch tun, es kostet uns ein Stück von unserem Leben.

Wir arbeiten meistens gegen die Zeit, die Uhr, den Terminkalender, anstatt uns von der Zeit durch unser Leben tragen zu lassen, indem wir mit ihr fließen. Dann wundern wir uns, daß wir am Ende des Tages verärgert, erschöpft und wirklich am Ende sind. Der Terminkalender mit Zeitplaner war das Statussymbol der Vergangenheit, er kann uns nicht helfen, unsere Zeit wirklich zu erfüllen und einen erfüllten Augenblick an den anderen zu reihen, zu einem erfüllten Leben. Es gehört Mut dazu, der Zeit zu vertrauen. Darauf, daß alles seine Zeit hat und auf diesen richtigen Augenblick warten zu können. Es mag sein, daß wir nicht mehr so viel erledigen, aber wir sind dann auch am Ende des Tages nicht mehr erledigt, sondern erfüllt. Das Leben kommt zum Vorschein, wenn wir die vorgefaßten Ideen und Methoden fallenlassen und wieder in den lebendigen Strom der Zeit eintauchen. Wenn wir uns nicht mehr ausschließlich auf unseren Verstand mit seiner Logik verlassen, sondern auf unsere Wahrnehmung. Wir bringen intellektuelles Wissen wieder ins Gleichgewicht, indem wir unserer Intuition vertrauen und damit eine geistige Brücke bilden, die wieder in die Einfachheit führt. Wenn wir so jedem Augenblick wieder volle Beachtung schenken, entwickeln wir ein völlig neues Verhältnis zur Zeit, dann leben wir wieder immer öfter in der Zeitlosigkeit. Wir konzentrierten uns so ohne jede Ablenkung auf die Aufgabe und tauchen nicht nur ganz in den Augenblick ein, sondern werden selbst zum Augenblick. So entsteht eine tiefe innere Gewißheit, daß wir die richtigen Antworten im richtigen Augenblick bekommen.

Morgens unter der Dusche haben Sie eine gute Möglichkeit, diese Zeitlosigkeit zu erleben. In drei Minuten können Sie so eine Stunde lang duschen, und diese Art des Erlebens hat eine ganz neue Dimension der Intensität. Sie können morgens einfach öfter mal eine Stunde früher aufstehen als sonst, und Sie werden erleben, daß diese Stunde eine andere Qualität hat. Dabei schärft sich auch Ihr Sinn für die unterschiedliche Qualität der Zeit. Sie werden dabei auch bemerken, daß Ihr Kurzzeitgedächtnis morgens am leistungsfähigsten ist, während das Langzeitgedächtnis am Nachmittag besser funktioniert. Vielleicht entdecken Sie, daß sich der späte Vormittag am besten für komplizierte, kreative Aufgaben eignet, während die Mitte des Nachmittags für Routineangelegenheiten genutzt werden sollte. Ihre manuelle Geschicklichkeit ist hingegen gerade in dieser Zeit optimal, die Koordination zwischen Auge und Hand am besten. Auch Ihre Stimmung ist nicht immer gleich und doch wird etwa vier Stunden nach dem Aufstehen ein Höhepunkt sein. Die Sinne sind dagegen in der Dämmerung am schärfsten, weshalb Ihnen das Abendessen besonders gut schmeckt. Auch Ihr Zeitgefühl ist nicht immer gleich. Am frühen Morgen und am späten Abend scheint die Zeit schneller zu vergehen als am späten Nachmittag. Am späten Nachmittag sind Sie dagegen körperlich am leistungsfähigsten, weshalb Sie in dieser Zeit am wirkungsvollsten Ihre Fitness steigern können. Auch fallen Ihnen körperliche Anstrengungen am späten Nachmittag leichter.

Die Jahreszeiten spielen ebenfalls eine große Rolle. Wir scheinen im Sommer „aufzublühen" und im Winter mehr in uns gekehrt zu sein. Frauen sind in bezug auf ihren Monatszyklus sehr empfindlich, aber auch Männer haben ihre Zyklen, in denen die Hormone schwanken, das Gewicht sich verändert und der Bartwuchs stärker wird. Beide Geschlechter reagieren auf den Vollmond, wenn auch oft unterschiedlich. Wenn wir das Bewußtsein auf die hormonelle Situation richten, bemerken wir, daß das sexuelle Bedürfnis am Morgen am stärksten ist.

Doch bei allen diesen Unterschieden sollten Sie sich nicht danach richten, wie das bei anderen oder im allgemeinen ist, sondern beobachten, wie das bei Ihnen aussieht. Leben Sie nach Ihrer individuellen Zeitqualität. Verwöhnen Sie sich täglich mit einer regelmäßigen Dosis Sonnenschein. Wenn das Wetter oder die Jahreszeit nicht mitspielt, eben mit einer Höhensonne mit natürlichem Lichtspektrum. Das wird Ihr Wohlgefühl deutlich heben.

Lernen Sie vor allem, nicht mehr gegen die Uhr zu arbeiten, aber auch nicht mit der Uhr, sondern entsprechend Ihrem eigenen inneren Tempo. Achten Sie auch mehr darauf, wieviel Spaß Ihnen ein Projekt macht. Als Erwachsene haben wir fast vergessen, diesen eigentlich selbstverständlichen Maßstab anzulegen. Das kann ein Gefühl der Befriedigung oder des Genießens sein, aber auch die Freude an der eigenen Leistung. Es kann ein Gefühl des gesteigerten Interesses sein und bis zur wahren Begeisterung gehen. Wenn Sie etwas wirklich erfüllt, sind Sie vollständig in das versunken, was Sie gerade tun, und Zeit wird bedeutungslos. Sie erleben sich dann im zeitlosen Tun und laden sich dabei mit positiver Energie auf. Machen Sie sich bewußt, daß es immer einen Weg gibt, mit einer Sache so umzugehen, daß sie Spaß macht, ganz egal, worum es sich handelt. Wenn Sie trotzdem einmal aus dem Gleichgewicht geraten, dann tun Sie etwas, das das Gleichgewicht wiederherstellt. Hören Sie Musik, basteln Sie, räumen Sie den Keller auf oder machen Sie einen einsamen ausgedehnten Spaziergang. Finden Sie Ihren Weg, sich zu entspannen und ins Gleichgewicht zurückzufinden. Finden Sie vor allem Ihren Weg, Ihr Leben mit der unbegrenzten, universellen Zeit zu verbinden und immer häufiger im Zustand des lebendigen und bewußten Seins zu leben. Aus diesem Sein heraus können Sie dann ins Tun gehen, und das führt dazu, daß Sie haben können, was immer Sie wirklich wollen. In dieser Möglichkeit der Fülle zu leben, führt wiederum zu einem umfassenderen Sein.

Dazu gehört auch, daß Sie einmal getroffene Entscheidungen nur dann überdenken, wenn sich die Umstände geändert haben. Richten Sie Ihr Bewußtsein darauf, mit dem geringsten Energieaufwand, auf dem kürzesten Weg die größtmöglichen Leistungen zu vollbringen. Vor allem aber fragen Sie sich immer wieder, ob Sie heute schon gelebt, das Leben wirklich gespürt haben. Wenn nicht, fragen Sie sich, was Sie **jetzt** tun könnten, um das Gefühl zu haben, wirklich zu leben. Manches von dem, was wir meinen, tun zu müssen, wird am besten geregelt, indem man es nicht regelt.

Es gibt immer mehr Menschen, deren Sehnsucht nach unverplanter Zeit sie veranlaßt, nur noch 20 bis 30 Stunden in der Woche zu arbeiten. Für sie ist Selbstentfaltung wichtiger und das Entdecken eines ganz neuen Aspekts des Wohlstands – des Zeitwohlstandes! Zwar verdienen sie anfangs etwas weniger, verfügen aber über ein erhöhtes Maß an Lebensqualität, denn Zeit ist nicht durch Geld zu ersetzen, wenn es um Leben geht. Sie lernen mehr und mehr, beides zu genießen, die Arbeit und die Muße. Diese erhöhte Lebensqualität zeigt sich bald auch in einer höheren Arbeitsqualität, und damit verdienen sie dann oft weit mehr als vorher in der vollen Arbeitszeit. Man kann sagen, daß eine Kultur des Genießens entsteht, der Fähigkeit, sich am Leben selbst zu erfreuen. Glück und Genuß sind nur dort möglich, wo wir unsere Sinne voll einsetzen, wodurch auch das Alltägliche zu etwas Besonderem wird, in der Arbeit ebenso wie in der Muse.

Wenn wir einmal ein ganzes Leben überschauen und feststellen, wofür wir unsere Zeit verwenden, kommen wir zu erstaunlichen Ergebnissen. Nur 1 Jahr eines im Durchschnitt 75 Jahre langen Lebens widmen wir uns rund um die Uhr unserem jeweiligen Partner, aber allein 6 Monate versuchen wir vergeblich, andere telefonisch zu erreichen. Frauen verbringen 9 Monate mit Anziehen, aber nur 2 Monate mit Sex. 5 Jahre dagegen warten wir bei Behörden, beim Friseur, Zahnarzt oder einfach an der Ampel. 3,5 Jahre lesen wir Zeitungen oder Bücher, und ebenfalls 3,5 Jahre sehen wir fern. 22 Jahre schlafen wir, und nur 16,5 Jahre widmen wir der Arbeit. 1,5 Jahre verbringen wir im Badezimmer, und 1 Jahr suchen wir im Durchschnitt nach verlorenen oder verlegten Gegenständen. Mehr als 3 Monate verbringen wir in Staus, und 8 Monate schreiben oder lesen wir Briefe. 10 Jahre sind wir im Kino, Theater oder Restaurant. Allein

27.000 Minuten schauen wir auf die Uhr, nur um zu wissen, wie wenig Zeit uns noch bleibt für all das, was im Leben wirklich wichtig ist. Wenn Sie jetzt damit anfangen, bleibt noch Zeit genug!

Wenn Sie Ihre Zeit sinnvoll nutzen und jeden Augenblick wirklich erfüllen, führt dies dazu, daß Sie weniger arbeiten und besser leben, Ihre Zeit also optimal ausschöpfen und auch nichts mehr aufschieben. Sie lernen, sich gezielt abzuschirmen für ungestörte, kreative Zeiten und zu delegieren, was nicht wirklich von Ihnen getan werden muß. Auch der richtige Umgang mit Zeitdieben und gesellschaftlichen Verpflichtungen gehört dazu.

Zeit zu haben für das Wichtigste setzt voraus, daß Sie wissen, was Ihnen wirklich wichtig ist. Für das persönlich Wichtige findet jeder Zeit, aber natürlich nur, wenn Sie sich die Zeit nehmen. Seien Sie gut zu sich, solange Sie sich haben. Vergangenheit und Zukunft werden immer unwichtiger bei dieser Art zu leben, und in den Mittelpunkt rückt die Gegenwart, der Zeitpunkt des jetzt. Meister im Umgang mit dieser Form des Zeitumganges leben in der permanenten Punkt-Zeit. Ein Lebenskünstler ist immer auch ein Künstler im Umgang mit der Zeit. Er nimmt sich Zeit, wirklich hinzuschauen und zuzuhören, vor allem Zeit, seine Arbeit zu genießen. Wenn das nicht geht, dann haben Sie die falsche Tätigkeit und sollten sie schleunigst wechseln. Meister im Umgang mit der Zeit fragen sich auch immer wieder: „Welches ist derzeit der aussichtsreichste Zug in meinem Leben? Was bringt mich jetzt persönlich oder beruflich am weitesten?" Aber auch: „Wem könnte ich welche Freude bereiten?" Und: „Wem sollte ich wofür und wie danken?" Eine gute Möglichkeit, seine Zeit sinnvoll zu nutzen ist, sich eine Liste Ihrer Erfolge zu machen und sich immer wieder einmal daran zu erfreuen, was Sie alles schon erfolgreich geschafft haben. Sie sollten zudem immer wieder einmal prüfen, ob Sie das, was Sie gerade tun, weiterbringt. Ob Sie wirklich dorthin wollen, wohin das führt, was Sie tun.

Prüfen Sie ebenfalls, wieweit Ihr Zeitgefühl stimmt. Schauen Sie auf die Uhr, schließen Sie dann Ihre Augen und schauen Sie erst wieder auf die Uhr, wenn Sie glauben, daß eine Minute vergangen ist. Sie werden meist schon nach 30 Sekunden wieder auf die Uhr schauen. Das zeigt, daß Ihre innere Zeit zu schnell läuft, daß Sie sich selbst unter Zeitdruck setzen. Üben Sie das, bis die innere mit der äußeren Zeit synchron läuft. Machen Sie sich bewußt, wie Sie Ihre Zeit am besten für Ihre Ziele einsetzen, was Sie wann erreicht haben wollen.

Erleben Sie einmal einen Tag unter einem ganz neuen Gesichtspunkt, nämlich, Freude zu haben. Nehmen Sie sich vor: „Heute besteht mein einziger Auftrag darin, mich zu freuen, was immer ich auch gerade tue." Tun Sie, was zu tun ist, aber vergessen Sie in keinem Augenblick die Freude. Wenn Ihnen etwas wirklich keine Freude macht, sollten Sie sich fragen, ob es überhaupt zu Ihrem Leben gehört. Lernen Sie so, konfliktfrei zu leben, indem Sie alles mit Freude tun, auch das, was Ihnen bisher unangenehm war. Sie werden erstaunt feststellen, daß es möglich und gar nicht einmal schwierig ist. Vielleicht haben Sie es bisher nur noch nie versucht. Seien Sie sich immer bewußt, Zeit ist Leben, Ihr Leben. Für das, was nicht in Ihr Leben gehört, sollten Sie auch keine Zeit mehr haben. Wenn Sie loslassen, was nicht mehr zu Ihnen gehört und Ihr Bewußtsein darauf richten, was Ihnen Freude macht, entsteht eine ganz neue Lebensqualität. Sie erfüllen so Ihr Leben immer mehr mit Ihren eigenen Werten und geben ihm einen tiefen Sinn. Sie lassen Perfektion los und finden Erfüllung im „gut genug". Ihr Leben wird einfacher, und Sie erleben Einfachheit als eine besondere Qualität. Sie entwickeln eine bemerkenswerte Unfähigkeit, sich Sorgen zu machen, kultivieren aber Ihre Fähigkeit, den Augenblick zu genießen. So lernen Sie auch zu warten, bis der richtige Augenblick gekommen ist. Sie leben in dem Bewußtsein: „Ich verdiene es, daß heute wunderbare Dinge in meinem Leben passieren!" Sie lernen die Kunst, alles im richtigen Augenblick zu tun. Sie erkennen ihn daran, daß alle Handlungen wie von selbst ihren Platz einnehmen. Sie ruhen in Ihrer Mitte, weil Sie die Magie des Jetzt wiederentdeckt haben. Sie wissen, um irgendetwas zu vollbringen, muß man zuerst **sein**. Wenn Sie es geschafft haben, zu sein, folgen das Tun und das Haben ganz von selbst.

196

# Der zweiundzwanzigste Schritt
# zum Erfolg

*Begeisterung ist eine Liebeserklärung*
*an das, was Du tust!*

Der zweiundzwanzigste Schritt zum Erfolg heißt, das zu tun, was Sie begeistert, und sich dafür zu begeistern, was Sie tun. Nur wer begeistert ist, begeistert auch andere, nur wer überzeugt ist, kann auch andere überzeugen. Wer nicht an sich selbst glaubt, kann auch nicht erwarten, daß andere an ihn glauben. 80% der Menschen haben keinen Spaß an ihrer Arbeit. Das ist ein trauriges Ergebnis, wenn man bedenkt, wieviel seiner Lebenszeit man an seinem Arbeitsplatz verbringt. Die gleiche Umfrage zeigte, daß 60% der Erfolgreichen Freude an ihrer Arbeit haben. Können Sie sich vorstellen, daß jemand mit etwas ein Vermögen verdient, das ihm keine Freude bereitet? Wohl kaum! Damit haben Sie ein wesentliches Geheimnis des Erfolgs entdeckt: Die Freude an dem, was man tut. Die Umfrage zeigt ganz klar, daß dies möglich ist, ganz gleich, ob Sie schon erfolgreich sind oder es noch werden möchten. Die Freude am eigenen Tun führt dazu, daß man es gut tut, und wenn man etwas wirklich gut macht, ist man damit meist auch erfolgreich. So wird Freude zu einem direkten Weg zum Erfolg.

Lassen Sie sich nicht mehr von Ihrer Tätigkeit verbrauchen. Wenn diese Sie nicht zur Freude führt, dann ist es nicht oder nicht mehr die richtige Tätigkeit für Sie. Wenn Sie wirklich zu Höherem berufen sind, wird das Höhere nicht lange auf sich warten lassen, vorausgesetzt, Sie machen sich das ganz klar bewußt und sich selbst bereit für einen Wechsel. Arbeit sollte wie ein Hobby reine Freude sein, denn mit einer Arbeit, die Sie nicht mögen, belasten Sie auch Ihre Partnerschaft und Ihre Gesundheit. Je mehr Sie aber das lieben, was Sie tun, und sich diesem Tun ganz hingeben, desto mehr werden Sie bewirken und eine umso größere

Fülle damit anziehen. Überzeugen Sie sich, daß Sie das Richtige tun, und gehen Sie mit Optimismus und Begeisterung an jeden neuen Tag heran. Erwarten Sie von jedem Tag, daß er Ihnen Erfüllung bringt, und er wird Sie nicht enttäuschen. Positive Selbsterwartung ist ein weiterer Schlüssel zum Erfolg, der wie eine sich selbst erfüllende Prophezeihung zu Erfolg und Erfüllung führt. Denn Sie sind der Schöpfer Ihrer Lebensumstände, auch der des Erfolgs und der Erfüllung.

Wenn Sie wirklich glücklich sein wollen, brauchen Sie etwas, wofür Sie sich begeistern können. Ohne Begeisterung hat noch niemand etwas Großes vollbracht. Was immer Ihr Wunsch sein mag, Sie sollten wissen, daß uns niemals ein Wunsch gegeben wird, ohne die Chance, ihn auch zu verwirklichen. Es kann allerdings sein, daß Sie sich dafür anstrengen müssen. Jeder, der mit einem wirklich Begeisterten in Berührung kommt, spürt sogleich dessen Begeisterung, und man muß sich wirklich fragen, warum nicht mehr Menschen die Kraft der Begeisterung nutzen. Dabei denken wir alle „mitreißende" Gedanken, die uns erheben oder herunterziehen. Je größer die Begeisterung für eine Sache ist, desto leichter fällt Ihnen die Meisterung der Aufgabe, denn die Begeisterung erfüllt Sie und Ihr Tun mit dem Geist des Gelingens, der jede Aufgabe lösbar macht. Moltke hat einmal gesagt: „Die Vorbereitung ist die Entscheidung." Ich möchte sagen: „Begeisterung ist der wichtigste Teil der Vorbereitung." Ihre Begeisterung ist ein Schlüssel, der Ihnen alle Türen öffnet. Sie weckt Begeisterung bei anderen und bringt sie dazu, Ihnen zu helfen, Ihr Ziel zu erreichen. Die hohe Kunst des Führens besteht zu einem großen Teil darin, in den anderen die Energie der Begeisterung freizusetzen und sie so auf eine gemeinsame Wellenlänge zu bringen. Dies führt dann auch bei den anderen zu Erfolg und Erfüllung. Entzünden Sie also in sich und anderen die Flamme der Begeisterung, und nehmen Sie den Erfolg und die Erfüllung als angemessenen Lohn.

# Der dreiundzwanzigste Schritt zum Erfolg

*Bescheidenheit ist die Kunst,*
*andere so weit zu bringen,*
*daß sie von selbst merken,*
*wie bedeutend man ist!*

Der dreiundzwanzigste Schritt zum Erfolg heißt, sein Charisma zu entwickeln und wirken zu lassen. Charisma ist die Ausstrahlung eines Menschen, und ausstrahlen kann nur etwas, das da ist. Was da sein könnte, ist das Wesen des Menschen, sein wahres Selbst. Die Ausstrahlung wird konzentriert, wenn sie sich in einer bestimmten Aufgabe, in einer Mission ausdrückt.

Das Wort Charisma ist griechisch und bezeichnet die Fähigkeit, die Aufmerksamkeit auf sich zu lenken, dort festzuhalten und Erfolg zu haben. Das Wort ist verwandt mit dem Wort Charis, der Göttin des Geheimnisvollen und der Nächstenliebe. Wir sprechen von Charisma, wenn ein Mensch eine starke Ausstrahlung hat und damit auf die anderen anziehend wirkt. Charisma ist nicht an Alter, Geschlecht, Position oder Leistung gebunden. Es ist auch keine besondere Gabe, die ein freundliches Schicksal an wenige Auserwählte verschenkt, sondern kann von jedermann entwickelt werden und tritt ganz natürlich in Erscheinung, je mehr Sie echt, ehrlich und authentisch sind. Je mehr Sie der sind, der Sie in Wirklichkeit sind – **Sie selbst!**

Sie haben viel Charisma, wenn Sie ganz im Einklang mit sich selbst und dem Leben, das heißt auch dem Augenblick sind. Wenn Sie „synchron" mit dem Zeitstrom leben und voll im Lebensfluß stehen, ganz in Ihrer Mitte sind. Wenn Ihr Bewußtsein ganz weit ist und damit viele erreicht.

Sie haben kein Charisma, wenn Sie ganz eng sind, wenn Sie Angst haben, wenn Sie sich nicht trauen, Sie selbst zu sein. Wenn Sie voll sind mit Bildern, Programmen, Vorstellungen und sich dadurch vom Leben entfernen, von dem, was **jetzt** ist. In dieser Enge hat Ihr Wesen und damit das Leben keinen Platz, sich zum Ausdruck zu bringen.

Sobald Sie sich wieder mit sich selbst identifizieren und im Einklang mit sich leben, wirkt Ihr ganzes Tun charismatisch. Sie sollten ganz im Hier und Jetzt leben und offen sein für die Qualität des Augenblicks und für das, was jetzt zu tun ist. Dann fallen Ihnen auch günstige Zufälle zu, Türen öffnen sich, die anderen verschlossen bleiben, weil das Leben sich selbst hilft, sich voll zum Ausdruck zu bringen. So haben Sie auch in jedem Augenblick die Kraft, die erforderlich ist, das Notwendige zu tun. Das Leben kann Ihnen diese Dinge aber nicht zufallen lassen, wenn Sie gar nicht da sind. Was nützt Ihnen die ganze Fülle der Schöpfung, wenn Sie ein Bewußtsein wie ein Fingerhut haben, statt einzutauchen in einen Ozean an Erfüllung.

Zuerst müssen Sie also lernen, sich selbst als faszinierende Persönlichkeit zu betrachten, eigentlich zu erkennen, sich so anzunehmen, zu lieben, wie Sie sind. Dies aus der Erkenntnis heraus, daß Sie von der Schöpfung genau so gebraucht werden, daß das höchste Bewußtsein sich durch Sie so zum Ausdruck bringen möchte, wie Sie sind! Nicht so, wie Sie gern sein möchten. Nur so, wie Sie sind, können Sie Ihren Platz ausfüllen und nur als Sie selbst können Sie von Ihrem Platz aus den nächsten Schritt tun. Erkennen Sie sich als die einzigartige Persönlichkeit, die Sie sind, voll von Tatkraft, Möglichkeiten und voller Liebe. Liebe ist Ihr wahres Wesen!

Die natürliche Wirkung dieser einzigartigen Persönlichkeit, die Sie sind, ist die Ausstrahlung und Überzeugungskraft, die wir Charisma nennen. Charisma ist nichts anderes als die Verwirklichung der wahren Persönlichkeit, des – **Ich bin!** Kein anderer hat Ihre Anlagen, Talente und Fähigkeiten. Sie sind wirklich einzigartig. Noch nie hat es bisher einen Menschen wie Sie gegeben und in alle Ewigkeit wird es nie mehr einen solchen Menschen geben. Sie sind einzigartig, einmalig, faszinierend und Sie sind **eins mit dem einen!**

Aus dieser Einmaligkeit strahlen Sie Liebe, Selbstbewußtsein, Tatkraft und Hoffnung aus, sind den anderen Chance, ebenfalls zu sich selbst zu finden. Sie sind ein lebender Beweis dafür, daß es möglich ist, jetzt und hier.

Der Kontakt zu Ihnen ist für jeden eine Freude und ein Gewinn. Und Sie wissen, daß Sie noch nie etwas falsch gemacht haben. Auch wenn Sie es heute anders machen würden, war es doch wichtig und richtig. Sie geben in jedem Augenblick Ihr Bestes und wissen daher, daß auch **jetzt** alles was Sie tun, wichtig und richtig sein wird.

Aus diesem Selbstbewußtsein heraus geben Sie auch niemandem mehr die Schuld für etwas, das Ihnen widerfährt. Solange Sie noch den Dingen und Ereignissen Schuld geben, geben Sie den Dingen und Ereignissen die Macht, über Sie zu bestimmen. Das Zentrum der Macht aber liegt in Ihnen, Sie sind der Herr der Dinge und Ereignisse, der Herr Ihres Schicksals und bestimmen alle Lebensumstände selbst. Natürlich tragen auch Sie allein die Verantwortung für alles, was Ihnen widerfährt.

Aus diesem Selbstbewußtsein heraus wissen Sie in jedem Augenblick, was Sie wollen und können die richtigen Entscheidungen treffen. Sie sind sich in jedem Augenblick Ihres wahren Selbst bewußt und strahlen Ruhe und Überlegenheit aus, denn Sie wissen, daß Ihnen alles nur dienen und helfen will. Sie sind ein Gewinner, können gar nicht verlieren. Und so finden Sie in jedem Augenblick die richtigen Freunde und Mitarbeiter. Nach dem Gesetz der Resonanz ziehen Sie alles und jeden an, der jetzt zu Ihnen gehört, und lassen alles und alle los, die nicht mehr zu Ihnen gehören. Sie gehen ohne Ballast frei durch Ihr Leben. Durch Ihr Charisma werden die Menschen in Ihrer Umgebung von sich aus die Entscheidungen treffen, die Ihnen helfen, Ihre Aufgabe zu erfüllen und dem Ganzen zu dienen.

# Der vierundzwanzigste Schritt
# zum Erfolg

*Nur wer durchhält, kommt ans Ziel!*

Der vierundzwanzigste Schritt zum Erfolg heißt, durchzuhalten bis zum Erfolg! Es gibt sehr viel mehr Leute, die kapitulieren, als solche, die scheitern. Ein Mißerfolg ist immer nur ein Zwischenergebnis auf dem Weg zum endgültigen Erfolg und der beste Lehrmeister. Eine Aufgabe ist immer erst dann beendet, wenn Sie sie erfolgreich abgeschlossen haben.

Ein altes chinesisches Sprichwort sagt: „Dem Menschen wäre nichts unmöglich, hätte er die Beharrlichkeit". Die meisten Menschen aber suchen Gewinn ohne Einsatz, wollen alles und sofort. Bemühen wird nicht mehr akzeptiert oder als ein zu hoher Preis angesehen. Worum man sich aber nicht bemühen muß, das ist meist auch nicht der Mühe wert.

Sie gewinnen nur, wenn Sie entschieden, mutig, zuversichtlich, vor allem aber beharrlich ans Werk gehen. Diese Eigenschaften können trainiert werden, wenn sie nicht ausreichend vorhanden sind. Mit Beharrlichkeit können auch schwerwiegende Schwächen und Mängel, selbst angeborene, beseitigt werden, und zwar für alle Zeit.

Das Schicksal ist kein Glücksspiel, Sie haben die Freiheit zu wählen, aber Sie können nicht aufhören zu wählen. Wenn Sie sich nicht entscheiden, dann ist auch das eine Entscheidung. Selbst wenn Sie nichts tun, haben Sie gewählt. Das Leben kennt keine Unterbrechung, keinen Ersatzspieler, und jede Wahl, die Sie treffen, ist eine Ursache, die als entsprechende Wirkung auf Sie zurückkommt.

Also sollten Sie sich fragen:

1. Weiß ich, was ich will?
2. Glaube ich an mich selbst?
3. Lasse ich mich leicht entmutigen?
4. Halten mich andere und ich mich selbst für beharrlich?
5. Denke und spreche ich in positiver Weise über meine Ziele?
6. Führe ich zu Ende, was ich anfange?

Denken ist das Bewegen geistiger Energie. Beharrlich bewegte Energie verwirklicht sich materiell. Aber nicht das Beginnen wird belohnt, sondern einzig und allein das **Durchhalten!** Bei der Gymnastik erwarten wir ja auch nicht, daß der Bauch nach einem Tag Training weg ist!

Denken Sie nur an den wohl erfolgreichsten Erfinder, Thomas Alva Edison. Jahrelang hatte er bei dem Versuch, die Glühlampe zu erfinden, einen Mißerfolg nach dem anderen. Er hatte bereits 1.342 erfolglose Versuche hinter sich, als auch die treuesten Mitarbeiter aufgeben wollten. Seine Worte darauf können uns allen ein Beispiel sein, denn er sagte: „Nun wollt ihr aufgeben, wo wir kurz vor dem Ziel sind. Ihr sagt, wir hatten 1.342 Mißerfolge. Ich aber sehe nur 1.342 erfolgreiche Versuche, die uns gezeigt haben, daß es so nicht geht, und es bleiben nur noch wenige Möglichkeiten offen. Wie könnte ich jetzt aufgeben?" Der 1.344ste Versuch brachte den Durchbruch, und die Welt wurde „erleuchtet" durch seine Hartnäckigkeit und Beharrlichkeit. Lernen wir daraus, daß jede scheinbare Niederlage nur eine Aufforderung ist, es besser zu machen.

Nehmen Sie in einem andern Beispiel an, Sie wollten einen Kuchen backen und benötigen dazu drei Dinge: die Substanz, das beharrliche Feuer und eine Form. Haben Sie diese drei Dinge und setzen die Kuchenmasse der gleichbleibenden Hitze aus, verwirklicht sich Ihre Absicht und der Kuchen gelingt. Wenn Sie aber das Feuer löschen, bevor der Kuchen fertig ist, erhalten Sie ein ungenießbares Produkt. Versager geben auf, weil sie nicht begriffen haben, daß Fehlschläge ein unverzichtbarer Teil eines jeden Lernprozesses sind, der durchzumachen ist, damit Erfolg überhaupt möglich wird. Es ist unmöglich, stets beim ersten Versuch gleich

Erfolg zu haben. Hört man solchen „Versagern" zu, scheint ihre ganze Zukunft zerstört, nur weil sie halbherzig versuchen, mit unzureichenden Mitteln zu halben Taten zu schreiten und damit kein Glück haben. Sie sind mit Entschuldigungen schnell bei der Hand, daß eben die Umstände dagegen waren, anstatt sich die benötigten Umstände zu schaffen.

Das Leben belohnt nicht das Anfangen, sondern nur das Durchhalten. Selbst etwas so Unscheinbares wie eine Briefmarke hat eine Eigenschaft, die den meisten fehlt: Sie hält an einer Sache fest **bis ans Ziel!**

# Der fünfundzwanzigste Schritt zum Erfolg

*Wer seine Mitte gefunden hat,*
*steht automatisch im Mittelpunkt!*

Der fünfundzwanzigste Schritt zum Erfolg heißt, seine geistigen Qualitäten zu optimieren. Erkennen Sie, wer Sie wirklich sind und seien Sie **Sie selbst!** Sie brauchen sich nicht zu ändern, treten Sie einfach hervor! Die meisten Menschen sind damit beschäftigt, das zu tun, was andere ihnen raten. Folgen Sie ab jetzt nur noch sich selbst, denn Sie selbst tragen die Folgen. Erkennen Sie, daß Sie absolut einmalig sind und daß Sie so gebraucht werden, wie Sie sind, und nicht so, wie Sie vielleicht gern sein möchten. Nur **Sie selbst** können Ihren Platz im Leben optimal ausfüllen. Selbst wenn es Ihnen derzeit gut geht, ist das nur ein Bruchteil dessen, was sein könnte, wenn Sie Sie selbst wären.

**Mensch sein bedeutet Mensch werden!**

Wir alle suchen Erfüllung und glauben, sie im Außen zu finden. Jeder sucht die Erfüllung woanders. Der eine in einem gesunden Körper und gutem Aussehen, der andere in Geld und Besitz, ein Dritter vielleicht in der Macht und wieder ein anderer in der Partnerschaft oder in der Anerkennung durch andere. Das alles aber sind nur Scheinziele, denn selbst wenn der Wunsch vollkommen in Erfüllung geht, steht am Ende doch die Enttäuschung, denn Erfüllung kann man im Außen niemals finden. Wahre Erfüllung finden Sie nur, wenn Sie sich selbst, Ihr wahres Selbst gefunden haben, wenn Sie erkannt haben, wer Sie wirklich sind. Denn jede Sehnsucht ist immer die Suche nach sich selbst. Doch die meisten Menschen leben ein auf Anerkennung ausgerichtetes Leistungsstreben, suchen Bewunderung und Bestätigung von außen. Wenn ihnen das irgendwann einmal schmerzlich bewußt wird, dann ergreifen sie mit Vorliebe Angebote, die den Mangel nur äußerlich kompensieren und es ihnen ermöglichen, weiter an sich selbst vorbei zu leben. Was aber können Sie tun, um Sie selbst zu sein? Der erste Schritt ist die Erkenntnis, daß es Sie selbst gibt. Fangen Sie an, sich selbst zu entdecken. Erkennen Sie, daß Sie lange genug dadurch gelitten haben, daß Sie eine Rolle gespielt haben, anstatt Sie selbst zu sein. Entscheiden Sie sich **jetzt** ganz bewußt für sich selbst. Das braucht Erkenntnis und Änderungsbereitschaft, denn es ist bequemer, so zu sein, wie andere Sie haben wollen. Das braucht Selbstbesinnung. Augenblicke, Stunden, Zeiten, in denen Sie sich immer wieder fragen, warum Sie etwas Bestimmtes tun. Ob Sie das wirklich sind, wirklich wollen, sich dabei gut fühlen und ob Sie das nahe zu Ihnen selbst führt. Ob Sie das glücklich macht und Sie dazu von innen heraus **ja** sagen können.

Das erfordert den Mut, echt, ehrlich und authentisch zu sein, auch zu sich selbst. Das erfordert den Mut, die Konsequenzen aus den eigenen Erkenntnissen auch zu leben. Zu tun, was zu tun ist, auch wenn es schwer fällt. Das braucht auch den Mut, unter Umständen das Bild zu zerstören, das andere sich von Ihnen gemacht haben, und sie so zu „enttäuschen". Es braucht den Mut, zu sich selbst zu stehen, zur eigenen, scheinbaren Unvollkommenheit, die wie ein Rückschritt aussehen kann. Es braucht den Mut, sich nicht mehr von den Wünschen, Erwartungen und Bedürfnissen der anderen von sich selbst entfernen zu lassen. Den Mut, unbeirrbar den eigenen Weg zu gehen, beherzt und konsequent, auch wenn andere sagen, Sie seien stur geworden. Dabei aber achtsam zu bleiben, die „Sprache des Körpers" und die „Botschaft der Lebensumstände" zu beachten. Es braucht Mut, nicht mehr „ideal" sein zu wollen, sondern echt und dafür die volle Verantwortung zu übernehmen. Beobachter des eigenen Lebens sein. Wenn Sie ein Gefühl erleben, wie Ärger, Wut, Enttäuschung, Angst, Trauer, aber auch Freude, Dankbarkeit oder Glück, nicht aus dem Gefühl heraus zu handeln, sondern wahrzunehmen, wo es herkommt, wohin es will. Sich selbst so immer näher zu kommen. Das eigene

Verhalten und das Verhalten der Menschen zu beobachten und die Wirklichkeit hinter dem Schein zu erkennen. Über das Interesse an den Mitmenschen zum Wohlwollen und letztlich zur Liebe zu finden. Offen zu sein, Herzenswärme zu erlangen und jeden so anzunehmen, wie er ist. Jedem ebenfalls zu gestatten, er selbst zu sein. Verständnis zu haben, auch da, wo Sie nicht verstehen und so immer toleranter zu werden.

Seien Sie auch geduldig, aus der Erkenntnis heraus, daß die Dinge geschehen, ob Sie geduldig oder ungeduldig sind. Das wichtigste Ziel im Leben sind ohnehin Sie selbst, und da Sie Sie selbst sind, sind Sie in jedem Augenblick am Ziel. Wenn Sie aber das Geduldigsein nur spielen, dann werden Sie sehr schnell ungeduldig, als Botschaft, echt zu bleiben. Das führt dann zu einer unerschütterlichen Gelassenheit, denn Gelassenheit kommt von **lassen**. Erkennen Sie, daß Sie für alles, was Sie wirklich wollen, immer genügend Zeit und Geld haben, und lassen Sie so auch alle Sorgen los. Erfüllen Sie den Augenblick, tun Sie, was jetzt zu tun ist, und reihen Sie einen erfüllten Augenblick an den anderen, zu einem erfüllten Leben. Und vergessen Sie nicht, **den Weg zu genießen.** Erkennen Sie, daß auch jede Krise die Chance zur Wende, zum Besseren ist, und nutzen Sie Ihre Chance. Lassen Sie sich von Ihrer Intuition führen und werden Sie immer mehr so, wie Sie gemeint sind. Wahres Selbstbewußtsein ist nichts anderes, als ganz bewußt man selbst zu sein.

# Der sechsundzwanzigste Schritt zum Erfolg

*Solange Sie noch arbeiten, um Geld*
*zu verdienen, wird sich Ihr Erfolg*
*in engen Grenzen halten!*

Der sechsundzwanzigste Schritt zum Erfolg heißt, den Sinn Ihres Lebens und Ihre wahre Berufung zu erkennen, denn Erfüllung können Sie nur finden, wenn Sie Ihre Lebensaufgabe erkennen, annehmen und erfüllen. Der Beruf sollte eine echte Berufung sein, etwas, **wofür** und nicht nur **wovon** Sie leben. Damit ist der Beruf der ideale Weg zur Selbstverwirklichung. Wo Ihre Gaben liegen, da liegen auch Ihre Aufgaben. Fast alle Menschen neigen dazu, die äußere Form zu verändern, wenn sie mit einer Situation nicht zufrieden sind. Sie wechseln den Arbeitsplatz, den Partner oder die Lebensumstände, um so das Wesentliche zu erreichen: Lebensfreude und Erfüllung. Das führt aber in keinem Fall zum Ziel, auch wenn es immer wieder versucht wird, denn in Wahrheit beginnt die Wirklichkeit in umgekehrter Richtung. Die individuelle Vision ist der Ausgangspunkt der persönlichen Wirklichkeit. Je nach Klarheit Ihrer Vision gestalten sich Ihre Beziehungen und Ihre Lebenssituation. Diese Vision ist die innere Schau der Wirklichkeit, das intuitive Erleben der göttlichen Idee von sich selbst. Sich selbst zu erkennen, als Puzzle im Spiel des Lebens, mit bestimmten Eigenschaften, Fähigkeiten und Möglichkeiten. Zu erkennen, wo dieses Puzzleteil in der Schöpfung hingehört, wo es stimmt. Nehmen Sie Ihren Platz in der Schöpfung ein und tun Sie, was dort zu tun ist. Leben Sie die Einmaligkeit Ihres Soseins, so wie Sie von der Schöpfung gemeint sind. Ihre persönliche Vision, die Sie in der Zukunft ganz erfüllt haben werden, bestimmt dann in der Gegenwart Ihr Verhalten. Die Zukunft bestimmt also die Vergangenheit, verursacht in der Gegenwart die Umstände, die erforderlich sind, um Ihre Vision der Zukunft zu erfüllen. Indem Sie Ihre individuelle Vision erfüllen, werden Sie der, der Sie in Wirklichkeit schon immer waren und immer sein werden – **Sie selbst.** Start und Ziel sind identisch – das **ich bin!**

Bei erfolgreichen Menschen gibt es eine erstaunliche Übereinstimmung, was wahrer Erfolg im Leben ist. Das Wichtigste ist ihrer Meinung nach, einen Traum zu haben, eine Vision, der man folgt und die man zu verwirklichen sucht. Das Glück des Erfolgs wird mehr mit dem Weg zu diesem Ziel in Verbindung gebracht, als mit dem kurzen Moment, in dem man das Ziel erreicht. Wahrer Erfolg ist demnach das Streben nach Verwirklichung einer Vision, die zum Wohle aller verwirklicht wird und nicht auf deren Kosten. Dieser wahre Erfolg ist jedem sicher, der beharrlich nach der Verwirklichung seines Ideals strebt.

Auf diesem Weg von innerem zu äußerem Wohlstand sind drei Stationen zu bewältigen:

1. Die Meisterung des Lebens und das Zurechtkommen in der Welt, das Auskommen mit dem Einkommen und mit den anderen.
2. Die Suche nach dem Ursprung unseres wahren Wesens und die Befreiung von allem, was uns davon trennt.
3. Die beharrliche Arbeit an sich selbst. Das ist die Grundlage aller Meisterschaft, die Achtsamkeit, die allmählich zum wahren Selbstbewußtsein führt, zum Bewußtsein dessen, der Sie wirklich sind. Dann, und nur dann, leben Sie wirklich im Wohlstand.

Das führt dann auch dazu, daß Sie in jedem Augenblick danach trachten, stimmig zu leben. Wenn Sie stimmig leben, sind Sie nicht mehr höflich oder unhöflich, taktvoll oder taktlos, hart oder nachgiebig, sondern Sie lassen sich wie ein Wellenreiter auf der Welle vom Stimmigsein tragen. Dabei müssen Sie achtsam die Balance halten, bestimmen zwar Ihren Umgang mit der Welle, aber nicht, wohin sie Sie trägt. Wohin es auch sein mag, es wird immer stimmen. Doch Sie müssen dafür sorgen, daß Sie in jedem Augenblick in der Balance sind, sonst wirft die Welle Sie um. Sind Sie aber

stimmig, trägt die Welle Sie immer wieder über Sie hinaus –
zu neuen Ufern. Diese Vision ist kein starres Bild, dem man
folgt und das man erfüllt, sondern heißt, in jedem Augenblick im Einklang mit dem Ganzen zu sein. Das heißt auch,
offen zu sein für die Vision des Augenblicks, sonst folgen Sie
einer überholten Vorstellung und verfehlen Ihr Ziel. Leben
Sie aber stimmig, sind Sie in jedem Augenblick am Ziel und
damit auch erfüllt.

## Die Zukunft bestimmt die Vergangenheit!

Nach dem Kausalitätsprinzip hat jede Wirkung notwendiger-
weise eine Ursache, die sie hervorbringt. Diese Ursache suchen wir meist in der Vergangenheit, müssen aber feststellen,
daß sie in Wahrheit in der Zukunft liegt. So ungewöhnlich
das klingen mag, im Alltag ist es uns völlig vertraut. Wenn
Sie am Wochenende Gäste haben, dann müssen Sie in der Gegenwart die Vorbereitungen dafür treffen, und wenn das geschehen ist, hat diese Zukunft Ihre Vergangenheit bestimmt.

Die Vergangenheit ist so zwar von der Zukunft bestimmt,
aber nicht festgelegt, denn im Gegenwartspunkt, und nur
da, können Sie frei bestimmen, was, wieviel und wo Sie ein-
kaufen und wie Sie sich sonst noch auf diese Zukunft vor-
bereiten. Es kommt also darauf an, zu erkennen, was die
Zukunft von uns verlangt, um in der Gegenwart das Richtige zu tun, damit die Vergangenheit stimmt. Diese Erkenntnis dessen, was die Zukunft von uns erwartet, ist die persönliche Vision, die das Handeln in der Gegenwart bestimmt. Dazu gehört auch die Bereitschaft, das so Erkannte
praktisch zu leben. Weg vom Denken zu gehen, das nur ein
Nachdenken über das Leben ist, und statt dessen in ständi-
ger Verbindung mit dem Leben zu leben, im Zwiegespräch
mit dem **ich bin!** Das ist gelebte Weisheit, die ideale Verbindung von Meditation und Alltag. Dann sehen Sie Vergangenheit, Gegenwart und Zukunft als eine Einheit, führen
bewußt Ihr Leben nach Ihrer Vision und leben damit auch
in der Freude. Denn wo wirkliches Leben ist, da ist auch
Freude und damit Erfüllung.

Stellen Sie sich einmal vor, Sie seien alt und blicken zurück auf Ihr Leben. Auf was möchten Sie zurückblicken können? Wie sieht Ihre Wunschbiographie aus? Am besten schreiben Sie einmal wirklich Ihre Wunschbiographie ausführlich auf, so erkennen Sie am besten Ihre persönliche Vision. Machen Sie sich dann bewußt, was **jetzt** zu tun ist, um diese Vision zu erfüllen. Das ist leben von der Zukunft aus. Erkennen Sie dabei, daß das letzte Ziel immer ganz Sie selbst zu sein ist, und dieses Ziel können Sie in jedem Augenblick verwirklichen, und damit sind Sie in jedem Augenblick am Ziel. Denn das Leben findet nur **hier** und **jetzt** statt. Sie können nicht vorhin leben oder nachher, sondern nur **jetzt**! Also kann Erfüllung auch immer nur **jetzt** stattfinden – und **jetzt** – und **jetzt**! Ein erfülltes Leben ist nichts anderes als das Aneinanderreihen von vielen erfüllten Augenblicken.

# Der siebenundzwanzigste Schritt zum Erfolg

*Leben ist das, was geschieht,*
*während wir anderweitig beschäftigt sind!*

Der siebenundzwanzigste Schritt zum Erfolg ist die Erkenntnis, daß das Leben ein Spiel ist. Ein Spiel, das Ihnen zur Freude geschaffen wurde, und in dem Sie nur gewinnen können. In dem Sie Ihr Schicksal frei bestimmen und die Umstände, in denen Sie leben wollen. Ein Spiel, in dem Ihr Glück nicht abhängig ist von den Umständen, sondern von Ihrer Fähigkeit, das Spiel zu genießen.

Das Spiel des Lebens wird nach festen Regeln gespielt, die wir aber erst allmählich beim Spielen erkennen. Diese Regeln nennen wir geistige Gesetze, und in jedem Augenblick haben Sie die Chance, eine neue Regel zu erkennen, um so ein immer besserer Spieler zu werden. Solange Sie leben, **müssen** Sie mitspielen, aber Sie entscheiden, ob Sie als Spielfigur oder als Spieler teilnehmen. Jede Schwierigkeit, jedes Problem ist eine Aufgabe des Lebens an Sie, die sich Ihnen immer erst dann stellt, wenn Sie die notwendigen Kräfte und Fähigkeiten entwickelt haben, die zur Lösung erforderlich sind. Das heißt, daß Sie in diesem Spiel nie überfordert werden, denn die Aufgaben passen sich automatisch Ihren erwachenden Möglichkeiten an. Besonders interessant wird das Spiel des Lebens dadurch, daß es mehrdimensional stattfindet. Das heißt, es laufen mehrere Spiele gleichzeitig, in denen Sie auch gleichzeitig mitspielen. So spielt das Leben sehr oft

## Mensch ärgere dich nicht!

Immer wieder konfrontiert es Sie mit ärgerlichen Situationen, um zu prüfen, ob Sie sich noch ärgern oder ob Sie endlich bereit sind zu der Erkenntnis, daß Ärger eine ganz alberne Angewohnheit ist, die nur Kraft und Nerven kostet, Ihre Gesundheit belastet, Ihre Laune beeinträchtigt und Sie bei der nächsten Gelegenheit noch schneller ärgerlich werden läßt, aber keinerlei Vorteil bringt. Ärger macht alles immer nur noch ärger, und die Situation, über die Sie sich geärgert haben, ist danach unverändert – Sie könnten sich gerade wieder ärgern! Aber das Ärgerliche ist, daß die Lektion des Ärgerns so lange geduldig vom Leben wiederholt wird, bis Sie diese gelöst haben. Denn ein Homo Sapiens, der sich ärgert, ist ein Widerspruch in sich. Irgendwann erkennen Sie, daß in Wirklichkeit nichts und niemand auf der Welt die Macht hat, Sie zu ärgern. Nur Sie selbst können sich ärgern oder es lassen. Streichen Sie den Ärger dann ersatzlos aus Ihrem Leben, machen Sie sich frei davon, so daß Sie Ihre Kraft und Zeit zur Lösung der nächsten Aufgabe in Ihrem Leben nutzen können.

Gleichzeitig spielt das Leben mit Ihnen auch das Karrierespiel. Sie wollen **vorwärts** kommen und bewerben sich deshalb um eine bessere Stellung, bilden sich in Abendkursen weiter, erwerben ein Diplom nach dem anderen und damit immer höhere Qualifikationen. Als Folge davon werden Sie immer weiter befördert und leben in der Illusion, weiter gekommen zu sein. Schließlich beneiden Sie die anderen ja um das, was Sie erreicht haben. Aber irgendwann stellen Sie fest, daß die Karriereleiter nirgendwohin führt – Sie sind nicht am Ziel, sondern nur am Ende der Leiter und erkennen, daß Sie nicht vorwärts kommen, indem Sie von irgendwem befördert werden, sonder nur durch Selbsterkenntnis. Durch die Erkenntnis, daß **Sie selbst** das Ziel sind, schon immer da waren und immer da sein werden. Dadurch sind Sie in jedem Augenblick am Ziel. Das Besondere daran ist, daß Sie, sobald Sie Ihr Karrierestreben losgelassen haben, erst richtig bereit sind, Karriere zu machen. Sie kommen wirklich vorwärts, es geht auf einmal wie von selbst.

Wie weit Sie dabei kommen, ist abhängig davon, wie weit Sie in einem anderen Spiel sind – beim „Monopoly". Oft rackern Sie sich ab, opfern Sie in der ersten Hälfte Ihres Lebens Ihre Gesundheit, um zu Geld zu kommen, zu einem eigenen Haus, zu Besitz und Vermögen, um dann in der zweiten Hälfte Ihres Lebens das Geld wieder auszugeben, um Ihre Gesundheit zurückzubekommen – meist vergeblich. Wirklich vorwärts kommen können Sie erst, wenn Sie erkannt haben, daß alles, was man besitzen kann, nur Leihgaben des Lebens sind – Spielsachen, von denen Sie nichts mitnehmen können, wenn das Spiel zu Ende ist. Alles bleibt hier, für die Spieler, die nach Ihnen kommen. Wenn Sie das erkannt haben, können Sie auch Ihr Besitzstreben loslassen. Jetzt erwerben Sie nur noch soviel Besitz, wie es Ihnen für das Spiel hilfreich ist, denn alles andere ist nur Ballast auf dem Weg. Sie kommen so noch leichter vorwärts, sich selbst, dem eigentlichen Ziel, immer näher.

Wenn Sie das Leben als Spiel erkannt haben, werden Sie sich auch nicht mehr über Schwierigkeiten beschweren, denn die machen ja gerade den Reiz des Spiels aus. Würden Sie immer nur gewinnen, ohne auch einmal so richtig gefordert zu werden, wäre das Spiel bald langweilig. Das Interessante an den Schwierigkeiten ist, daß Sie in der Lage sind, jede zu meistern, ganz gleich, wie schwierig sie derzeit erscheinen mag. Wenn Sie das nicht glauben können, schauen Sie doch zurück auf Ihr Leben und erkennen Sie, daß Sie bisher **jede** Schwierigkeit gemeistert haben. Warum also sollte es mit der vor Ihnen Liegenden anders sein?

Der Sinn des ganzen Spiels aber ist, Ihnen zu helfen, das Geheimnis Ihres wahren Seins zu ent-decken und sich dabei von Ihrer inneren Sehnsucht führen zu lassen. Auf dem Weg zu sich selbst gibt es zwar unzählige Möglichkeiten, aber nur eine davon ist die richtige. Sie bestimmen, welchen Weg Sie wählen, den schnellsten, den sichersten, den bequemsten oder den, der jetzt stimmt. Und Sie bestimmen auch, wann Sie ihn gehen und mit welchen Schritten. Auf diesem Weg ist auch der Tod nur ein Übergang auf eine andere Ebene des Spiels. Ist eine Runde gespielt, kehren Sie „nach Hause" zurück, werten die Erfahrungen aus, die Sie in dieser Spielrunde gemacht haben, und bereiten sich auf eine neue Spielrunde vor, bis das große Spiel zu Ende ist. Bis dahin aber hat das Leben noch viele Geschenke für Sie, die meist als Probleme verpackt sind. Wie bei einem Geschenk müssen Sie auch hier erst das Geschenkpapier, die Verpackung, „lösen", um das Geschenk zu finden. Das Geschenk, die Erkenntnis, ist auch das einzige, was Sie von hier mitnehmen können. So erkennen Sie, daß Sie in diesem Spiel des Lebens immer nur gewinnen können. Sie sind ein Gewinner! Und auch **jetzt**, in jedem Augenblick, haben Sie die Chance, Ihr ganzes Leben zu ändern!

Wenn Sie das tun, ist scheinbar alles wie vorher. Sie leben mit dem gleichen Partner, üben den gleichen Beruf aus, fahren das gleiche Auto. Nur eins ist anders, Sie wissen von nun an, wer Sie wirklich sind und daß alles nur ein Spiel ist. Also, worauf warten Sie? Fangen Sie an und spielen Sie das Spiel des Lebens, und vergessen Sie nicht, daß dieses Spiel Ihnen zur Freude gespielt wird. Daß der Weg das Ziel ist und das scheinbare Ziel nur das Ende des Weges und der Anfang eines neuen Weges. Versuchen Sie nicht mehr, so schnell wie möglich das Ziel zu erreichen, sondern genießen Sie den Weg.

# Der achtundzwanzigste Schritt zum Erfolg

*Wenn in Deinem Leben keine Wunder geschehen,*
*machst du etwas falsch!*

Der achtundzwanzigste Schritt zum Erfolg ist die Erkenntnis, daß der wichtigste Augenblick Ihres Lebens **jetzt** ist, denn nur in diesem Augenblick haben Sie die Wahl und können wirklich alles ändern. Das Leben ist herrlich und gibt Ihnen alle Möglichkeiten in die Hand, Sie brauchen nur zu wählen und die Umstände zu bestimmen, in denen Sie leben wollen. Schaffen Sie sich ein Lebensqualitätsbewußtsein und nutzen Sie die Möglichkeiten, die das Leben so reichhaltig bietet, die Qualität Ihres Lebens in allen Bereichen zu erhöhen und damit ein wirklich erfülltes Leben zu leben. Viele wünschen sich dies, sehen aber keinen Weg. Es scheint eine so große Aufgabe zu sein, daß man den Anfang nicht findet. In Wirklichkeit ist der erste Schritt ganz einfach. Er lautet: „Erfülle den Augenblick! Tue das, was dieser Augenblick von Dir erfordert, und tue es so gut Du kannst." Wenn Sie in jedem Augenblick tun, was zu tun ist, und wissen, daß Sie Ihr Bestes gegeben haben, haben Sie den Augenblick erfüllt. So erfüllen Sie einen Augenblick nach dem anderen und blicken eines Tages auf eine Kette von erfüllten Augenblicken zurück – auf ein erfülltes Leben!

Alles Wesentliche kann immer nur **jetzt** stattfinden, doch der Verstand kann nicht im Jetzt sein. Sobald Sie nachdenken, verlassen Sie das **Jetzt**. Daher müssen Sie sich irgendwann einmal entscheiden, ob Sie aus dem Verstand oder aus dem Bewußtsein heraus leben wollen. Der Verstand ist linear, das Bewußtsein holistisch. Mit dem Verstand denken Sie nach, mit dem Bewußtsein nehmen Sie wahr. Um ins **Jetzt** zu kommen, brauchen Sie einen Weg, den Verstand sinnvoll zu beschäftigen, während Sie den Schritt ins **Sein** tun. Ein einfacher Weg dazu ist, ein Buch verkehrt herum zu lesen. Der

Verstand ist mit der ungewohnten Tätigkeit so beschäftigt, daß er Sie in Ruhe **sein** läßt. Meist genügt es schon, eine halbe Seite so zu lesen, dann fällt eine Last von Ihnen ab und Sie befinden sich in der „Leichtigkeit des Seins". Wenn Sie das einige Zeit geübt haben und ein Gefühl für das Sein bekommen haben, können Sie auch ganz normal herum meditativ lesen und dabei ganz im Hier und Jetzt sein. Das ist lesen, wie Musik hören.

Lesen Sie mit dem Bewußtsein und nicht mit dem Verstand. Denn erfolgreich können Sie nur sein, wenn Sie sich im **Sein** befinden. Der Grad des Seins entscheidet über den Grad des Erfolgs. Nur in dem Maße, wie Sie im Sein sind, können die einzelnen Schritte zum Erfolg wirksam werden. Im Sein ist Fülle, und das Bewußtsein läßt sie im Außen in Erscheinung treten. Natürlich können Sie Erfüllung auch nur im Jetzt erleben, weder vorhin, noch nachher, nur in diesem Augenblick – **jetzt**. Der wahre Erfolg liegt in der Tiefe des Seins. Zuerst kommt das Sein, damit der Erfolg aus dem Sein erfolgt. Sind Sie im **Sein**, brauchen Sie keine weitere Ursache mehr zu setzen, dann **sind Sie** die Ursache für ständigen Erfolg. Sobald Sie im Sein sind und damit im Einklang mit dem Leben, tritt der Erfolg zwangsläufig in Erscheinung. Dann sind Sie zur richtigen Zeit am rechten Ort, haben zur rechten Zeit die richtigen Einfälle, und es geschehen rechtzeitig die richtigen Zufälle. Mit einem Wort, dann **stimmt** Ihr Leben, und das ist der wahre Erfolg, der zur Erfüllung führt. Sobald Sie Ihr Bewußtsein darauf richten, stimmig zu sein, beginnen Sie stimmig zu sein. Und da die Umstände immer Ihrem Bewußtsein entsprechen, stimmen auch diese.

Eine andere Möglichkeit, ins Sein zu gelangen, ist, den „kosmischen Ton" zu hören. Wenn es still ist und Sie nach innen lauschen, hören Sie in Ihrem Kopf einen hohen Ton. Während Sie diesen Ton hören, stellen Sie sich einen Bergsee vor, dessen Oberfläche vom Wind bewegt wird. Beruhigen Sie nun die Oberfläche des Sees in Ihrer Vorstellung, bis sie ganz glatt vor Ihnen liegt und sich die Umgebung darin spiegelt. Dieses Bilderleben, in Verbindung mit dem Hören des kosmischen Tons führt Sie zuverlässig ins Sein. Sobald Sie ein Gefühl für das Sein bekommen haben, finden Sie Ihren ganz individuellen Weg dorthin. Wenn Sie es einmal erlebt haben, finden Sie auch den Weg.

Das führt auch zu einer neuen Art zu lesen. Es ist wie Musik hören, nicht analysierend, nicht konsumierend, sondern erlebend lesen, wie Sie das früher als Kind getan haben. Halten Sie ab und zu inne und machen Sie sich bewußt, was geschehen ist und noch immer geschieht. Dann erkennen Sie, daß Sie sehr viel mehr gelesen haben, als da steht. Sie sind über das geschriebene Wort hinausgegangen, in eine Ebene dahinter – ins Sein! Lassen Sie die Tür offen, bleiben Sie im Sein. Willkommen zu Hause!

# Der neunundzwanzigste Schritt zum Erfolg

*Suche den Weg nicht dort,*
*wo viele gehen!*

Der neunundzwanzigste Schritt zum Erfolg heißt, im **Tao** zu leben. Seine Mitte zu finden und aus dieser Mitte heraus zu leben. Zu wissen, daß der Weg das Ziel ist. Solange Sie auf dem Weg sind, sind Sie am Ziel, und das Leben ist Ihr individueller Einweihungsweg. Das bedeutet auch, den Weg zu genießen und in der Leichtigkeit des Seins zu leben, als Mittelpunkt Ihres Universums. Vielleicht haben Sie diesen Weg schon gefunden, wenn nicht, werden Sie ihn irgendwann finden. Sie können entscheiden, ob es ein schwerer Weg sein wird oder ob Sie voller Freude die Hauptrolle spielen und den Weg genießen – Sie haben die Wahl. Selbst wenn Sie einmal glauben, es gäbe keinen Ausweg mehr, sind Sie nur einen Schritt vom Weg entfernt – denn das Tor zum Weg geht nach innen auf. Sobald Sie sich auf den Weg gemacht haben, beginnt das eigentliche Leben. Sie haben die Wahl, darauf noch viele Jahre zu warten, doch Sie können dieses eigentliche Leben auch **jetzt** beginnen – in diesem Augenblick. Die beste Zeit ist immer **jetzt!** Auf diesem Weg werden Sie Kräfte und Fähigkeiten in sich ent-decken, von denen Sie bisher nichts wußten, und das Leben wird Ihnen Möglichkeiten bieten, von denen Sie bisher nicht einmal zu träumen gewagt hätten. All das ist Ihr geistiges Erbe – es wartet seit ewigen Zeiten darauf, daß Sie aufwachen und es in Besitz nehmen. Lassen Sie Ihr altes Ich los, damit Ihr Selbst jetzt hervortreten kann!

Viele Menschen glauben, daß es in unserer hektischen Zeit, mit ihren vielfältigen Verpflichtungen und Anforderungen nicht möglich sei, diesen Weg zu gehen. Viele glauben, es bedeute, Haus und Familie zu verlassen, um ein Leben am Fuße des Himalaya in Einsamkeit und Meditation zu führen. Ein solches Leben aber, mit dem Verzicht auf beruflichen Erfolg und materiellen Wohlstand, trennt die geistige Seite des Lebens von der materiellen und verfehlt die Ganzheit. Viele glauben auch, der Alltag würde die geistige Entwicklung behindern, aber in Wirklichkeit ist es umgekehrt, denn der richtige Platz für diesen Weg ist immer dort, wo Sie gerade stehen, denn nur von dort aus können Sie den nächsten Schritt auf Ihrem Weg tun.

Dazu gehört vor allem, das Denken wirklich zu beherrschen und ein Meisterdenker zu werden. Doch in dem Maße, wie wahre Intelligenz wächst, wird das Denken mehr und mehr überflüssig. Der Vollendete denkt nicht mehr nach, er weiß und handelt spontan. Denken ist ein Ersatz für wahre Intelligenz, und je größer diese Intelligenz ist, desto weniger brauchen wir zu denken. Dann nehmen wir wahr, was ist, erkennen die Wirklichkeit hinter dem Schein, ohne darüber nachdenken zu müssen. So lange unsere Intelligenz nicht vollkommen ist, müssen wir nachdenken und sollten wenigstens dafür sorgen, daß wir das beherrschen. Solange müssen wir vorausplanen und wenn die Situation gekommen ist, entsprechend unserem Denken handeln. Solange wir noch denken, handeln wir ständig aus der Vergangenheit heraus, aber alles wandelt sich, fließt, und es ist längst eine neue Situation eingetreten.

Denken ist eine wunderbare Sache, und wir sollten lernen, es wirklich zu beherrschen. Aber wir sollten wissen, daß es immer nur ein Ersatz ist für das eigentlich Wesentliche, das es zu erreichen gilt – das Leben auf der Ebene des Seins. Die meisten Menschen leben auf der Ebene der Reaktion, das Außen bestimmt das Innen. Nur wenige leben auf der Ebene der Aktion. Sie haben das Gesetz des Handelns in die Hand genommen und bestimmen bewußt die Umstände. Sie handeln aus Freude am Geschaffenen und übernehmen die volle Verantwortung für die Folgen ihres Tuns. Sie bestimmen ihr Ziel, den Weg, die Schritte und gestalten bewußt die Zukunft.

Leben aus dem Sein heraus wird nur möglich durch die Identifikation mit dem Selbst, was zu wahrem Selbstbewußt-**Sein** führt. Arbeit ist Erfüllung und dient dem Ganzen. Vergangenheit ist nur noch eine Erinnerung, die Zukunft voller unbegrenzter Möglichkeiten, das Leben aber ist Freude und findet in der Gegenwart statt – ein Leben im Ein-Klang mit der Schöpfung.

# Der dreißigste Schritt zum Erfolg

*Wer's erlebt, braucht keinen Beweis.*
*Wer's nicht erlebt, dem nützt kein Beweis.*

Als dreißigster Schritt zum Erfolg bleibt nur noch, alle Schritte sinnvoll in das eigene Sein zu integrieren und zu einer harmonischen Einheit zu verschmelzen – zu Ihrem unverwechselbaren, einmaligen Leben. Ihre erfolgreiche Zukunft erwartet Sie – nicht morgen – **jetzt!** Jeder Mensch ist potentiell ein Könner, der alles kann, was er denken und glauben kann. In einer verarmten Welt fehlen Vorbilder, die lebendig beweisen, wie ein erfolgreiches und erfülltes Leben möglich wird. Seien Sie ein solches Vorbild – ein lebender Beweis dafür, daß es geht. Dazu gehört auch, zwischen richtig und richtig unterscheiden zu lernen. Zwischen richtig und falsch zu unterscheiden, sollte jeder können. Es kommt also nicht nur darauf an, eine Aufgabe richtig zu bewältigen, sondern **die richtige** Aufgabe anzupacken und zu lösen.

Nun wird es sicher viele Zweifler geben, die sagen: „Wenn das so einfach wäre, dann würden doch sicher alle Menschen lieber erfolgreich sein." Denen sei gesagt, daß es zwar einfach, aber keineswegs leicht ist. Worum man sich jedoch nicht bemühen muß, das ist meist auch nicht der Mühe wert. Lassen Sie sich nicht entmutigen – erinnern Sie sich an die Hummel.

Erfolg ist machbar, aber das Wissen darum reicht nicht. Sie müssen es auch tun. Alle Voraussetzungen für den Erfolg tragen Sie in sich selbst, denn auch Sie sind ein potentieller Erfolg des Lebens. Haben Sie Vertrauen in sich selbst und Ihren Erfolg. Lassen Sie Ihr ruhendes Potential sichtbar werden als Ereignis, als Umstand, eben als das, was wir Erfolg nennen, ganz gleich, welche persönliche Form Sie ihm geben. Glauben Sie nicht, daß harte Arbeit die Ursache für Erfolg sei, eher das gründliche Nachdenken, besser noch das Überschreiten des Denkens zur wahren Intelligenz. Lassen Sie sich auch nicht einreden, daß Sie den falschen Beruf hatten und deshalb nicht erfolgreich sein konnten. Man kann in jedem Beruf, an jedem Platz Erfolg haben. Und vor allem lassen Sie sich nicht einreden, daß man an seiner Arbeit keine Freude haben dürfe und für dieses Vergnügen nicht auch noch bezahlt werde. Auch Ihre Ausbildung ist für den Erfolg nicht entscheidend, sonst müßten die Universitätsprofessoren die reichsten Leute im Land sein. Nein, was zählt, sind Sie. Erfolg kann hergestellt werden wie ein Produkt, und wenn man seine Gesetzmäßigkeiten kennt und beachtet, wird er unvermeidbar. Konrad Adenauer hat einmal gesagt: „Solange man an der Oberfläche bleibt, sind die Dinge alles andere als einfach. Sobald man aber in die Tiefe geht, sind die Dinge immer ganz einfach. Ob das aber immer auch leicht ist, ist eine ganz andere Frage."

Leider leben viele Menschen ständig auf einer geistigen Abmagerungsdiät von schockierenden Filmen und banaler Lektüre. Diese geistige Abfallnahrung führt zwangsläufig zu geistiger Unterernährung und Erfolglosigkeit. Es gibt Menschen, die bereit sind, alles für den Erfolg zu tun, ausgenommen dafür an sich zu arbeiten, in sich selbst hineinzufühlen, hineinzuhören. Es gibt auch solche, die sind beruflich Profis, aber privat absolute Amateure und scheitern daran.

Sie brauchen die Gesetze des Erfolgs nicht neu zu erfinden – sie sind seit Anbeginn gegeben. Sie brauchen sie nur zu befolgen. Das gibt Ihnen eine weit größere Chance, glücklich und reich zu werden, als jede Lotterie. Wenn Sie Ihre Investition in dieses Buch optimal nutzen wollen, dann sollten Sie es von Zeit zu Zeit noch einmal lesen, anstreichen, was Ihnen wichtig ist, und dies mit dem vergleichen, was Ihnen beim letzten Mal wichtig erschien – Sie werden staunen. Halten Sie auch eine kleine Nachschau, ob Sie das Buch wirklich sorgfältig durchgearbeitet haben. Welche Erkenntnisse Sie dadurch bisher gewonnen haben. Welche Konsequenzen sich daraus ergeben und wieweit Sie bereit sind, diese in die Tat umzusetzen.

Ich hoffe, Sie haben erkannt, daß es in Wirklichkeit keine Probleme gibt, nur eine problematische Einstellung zu den Aufgaben des Lebens. Mag sein, daß Ihnen der Preis für den

Erfolg hoch erscheint, der Preis für Mißerfolg ist jedoch ungleich höher!

Wie wäre es, wenn Sie sich heute ein neues Hobby zulegen würden – Erfolg und Erfüllung! Wenn Sie ab jetzt jeden Tag ein bißchen Umgang pflegen würden mit Ihrem neuen Hobby. Zuschauen, wie andere erfolgreich sind, bringt Ihnen nichts. Man könnte die Menschen in drei große Gruppen einteilen. Die größte Gruppe sind die Zuschauer, die zweitgrößte die Verlierer und dann gibt es noch die kleine Gruppe der Erfolgreichen, der Gewinner. Jeder einzelne hat **in jedem Augenblick** die Wahl zu entscheiden, zu welcher Gruppe er gehören möchte. Verschwenden Sie keine Zeit mehr damit, Wolken zu verjagen, die sich doch ständig erneuern. Machen Sie sich bewußt, daß es ab einer bestimmten Höhe keine Wolken mehr gibt, und erheben Sie Ihr Bewußtsein in diese Höhe. Eine gute Hilfe auf diesem Weg kann die Affirmation sein: „Ich gestatte ab jetzt **jedem,** meinen Erfolg zu unterstützen." Lassen Sie sich überraschen, was allein diese Affirmation bewirken kann, wenn sie regelmäßig über einen größeren Zeitraum ins Bewußtsein genommen wird. Sie wird dadurch Teil Ihrer Persönlichkeit und damit Ihres Lebens. Vielleicht schließen Sie sogar einen Vertrag mit sich selbst ab, denn Verträge pflegt man eher einzuhalten als bloße Vorhaben.

Machen Sie sich auch stets bewußt, daß Intuition und damit die Möglichkeit, Entscheidungen wirklich zu **treffen,** natürliche Fähigkeiten eines jeden Menschen sind. Und daß jede Schwierigkeit, jede Krise immer die Wende zum Besseren enthält und Sie letztlich zum Besten führen will, zu sich selbst. Denken Sie immer daran, daß das Beste erst noch kommt. Sie können Ihrer Zukunft vertrauen. Jetzt geht es erst richtig los.

Nun, da Sie das Buch gelesen haben, wo Sie wissen, was darin steht, und der Verstand befriedigt ist, haben Sie die Chance, ein wirkliches Abenteuer zu beginnen. **Fangen Sie noch einmal mit dem ersten Kapitel an, aber lesen Sie es nicht nur, lassen Sie jedes Wort lebendig werden.** Erleben Sie bewußt, jeden Schritt danach zu leben. So kann eine Information, die Ihr Verstand schon kennt, Ihr ganzes Leben grundlegend verändern, wenn Sie sie in Ihr Leben integrieren und lebendig werden lassen. Dann werden Sie nicht nur Erfolg haben, Sie selbst werden zum Erfolg und zur Chance für andere. Als Preis dafür wartet die Erfüllung – ein erfülltes Leben – Ihr Leben, so wie es gemeint ist.

Das Abenteuer kann gleich beginnen –

blättern Sie zur ersten Seite zurück – am besten **jetzt!**

### Das Märchen von der größten Kraft des Universums

Ein altes Märchen erzählt von den Göttern, die zu entscheiden hatten, wo sie die größte Kraft des Universums verstecken sollten, damit der Mensch sie nicht finden könne, bevor er dazu reif sei, sie verantwortungsbewußt zu gebrauchen.

Ein Gott schlug vor, sie auf der Spitze des höchsten Berges zu verstecken, aber sie erkannten, daß der Mensch den höchsten Berg ersteigen und die größte Kraft des Universums finden würde, bevor er dazu reif sei. Ein anderer Gott sagte: „Laßt uns diese Kraft auf dem Grund des Meeres verstecken." Aber wieder erkannten sie, daß der Mensch auch diese Region erforschen und die größte Kraft des Universums finden würde, bevor er dazu reif sei.

Schließlich sagte der weiseste Gott: „Ich weiß, was zu tun ist. Laßt uns die größte Kraft des Universums im Menschen selbst verstecken. Er wird niemals dort danach suchen, bevor er reif genug ist, den Weg nach innen zu gehen."

Und so versteckten die Götter die größte Kraft des Universums im Menschen selbst, und dort ist sie noch immer und wartet darauf, daß wir sie in Besitz nehmen und weisen Gebrauch davon machen.

## LESERSERVICE

### Prof. Kurt Tepperwein persönlich erleben:

Wünschen Sie tiefer in das Thema dieses Buches einzusteigen und die Chance zu nutzen, Prof. Kurt Tepperwein einmal live zu erleben? Wir bieten Ihnen die folgenden Seminare und Ausbildungen an:

*(Gewünschtes bitte ankreuzen!)*

**Seminare**

☐ Mentalkybernetik
☐ Heile Dich selbst

☐ Optimales Selbstmanagement
☐ Atman (Durchbruch zur Wirklichkeit)

☐ Perlen der Weisheit
☐ Erfolgreiche Praxisführung
☐ Erfolg-reich-sein

☐ Der Tepperwein-Prozess
☐ Märchenhaft leben
☐ Ferienakademien

**Ausbildungen**

☐ Dipl. Lebensberater
☐ Dipl. Bewusstseins-Trainer

☐ Dipl. Intuitions-Trainer
☐ Dipl. Seminarleiter

**Heimstudienlehrgänge**

☐ Dipl. Lebensberater
☐ Dipl. Intuitions-Trainer
☐ Dipl. Erfolgs-Trainer

☐ Dipl. Mental-Trainer
☐ Dipl. Seminarleiter
☐ Dipl. Mental-Gesundheitsberater

☐ Gesamtseminar- und Ausbildungsprogramm der IAW
☐ Neuheiten der Bücher, Audio- und Videoprogramme von Kurt Tepperwein

---

**Dazu ein persönliches Geschenk:**
☐ Die 20seitige Broschüre „Praktisches Wissen kurz gefasst"
von Prof. K. Tepperwein

---

**Sie erhalten Ihre gewünschten Informationen selbstverständlich kostenlos und unverbindlich bei:**

**Schweiz:** Internationale Akademie der Wissenschaften (IAW)
St.-Markus-Gasse 11, FL-9490 Vaduz
Tel. 0 04 23/2 33 12 12, Fax 0 04 23/2 33 12 14

**Deutschland:** Tel. + Fax 09 11/69 92 47 (Beratungssekretariat)